Malu Dreyer

MIT HAJO SCHUMACHER

Die Zukunft ist meine Freundin

Wie eine menschliche
und ehrliche Politik gelingt

QUADRIGA

Dieser Titel ist auch als E-Book erschienen

FSC MIX Papier aus verantwortungsvollen Quellen FSC® C083411

Originalausgabe

Copyright © 2015 by Malu Dreyer und Bastei Lübbe AG, Köln

Lektorat: Ramona Jäger
Textredaktion und Recherche: Carla Mönig, Berlin
Fact Checking / Verifikation: Dr. Sabine Giehle, Mainz;
Dr. Matthias Auer, Bodman-Ludwigshafen
Gesamtgestaltung: fuxbux, Berlin
Gesetzt aus der DTL Documenta und der Agenda
Druck und Einband: CPI books GmbH, Leck – Germany

Printed in Germany
ISBN 978-3-86995-083-9

5 4 3 2 1

Sie finden uns im Internet unter www.quadrigaverlag.de
Bitte beachten Sie auch www.luebbe.de

Für Klaus, Nils, Marie und Malte
UND
Katharina, Matthias und Elisabeth

Anmerkung zur geschlechts-neutralen Sprache

Ich bin eine bekennende Feministin, aber keineswegs besessen. Ich lege großen Wert darauf, eine höfliche Feministin zu sein, die ihre Weltsicht nicht bei jeder Gelegenheit und um jeden Preis durchsetzen muss. Unbestritten ist aber, dass Sprache Machtverhältnisse zementiert. Seit Jahrzehnten befindet sich Deutschland in einem Kulturkampf um eine geschlechtsneutrale, also diskriminierungsfreie Sprache. Es ist wohl nicht zu viel verlangt, dass wir von »Arbeitnehmern und Arbeitnehmerinnen« sprechen. Als Mitarbeiterin im Landtag hatte ich einst ein Gutachten zur geschlechtsneutralen Sprache anzufertigen. Früher habe ich das große »I« verwendet, also »ArbeitnehmerInnen« geschrieben. Andererseits ist es für den Lesefluss manchmal hinderlich, wenn bei jeder Gelegenheit die weibliche oder männliche Form hinzugefügt wird. Um der Lesbarkeit willen gibt es in diesem Text daher Ausnahmen, es sei denn, es steht eine geschlechterneutrale Formulierung zur Verfügung wie etwa »Studierende« – für mich ein Musterbeispiel für einen guten Kompromiss, der Kulturkämpfe beendet und höfliche Feministinnen zufriedenstellt.

INHALT

Warum ich eine soziale Optimistin bin

In meiner Jugend galt Bob Dylan als Hippie und Radikaler;
später spielte er vor dem Papst. *Die Zeiten ändern sich.*
Auch wir haben großartige Chancen, unsere Zukunft neu
zu gestalten – wenn wir Politik nicht nur als Reparaturbetrieb und Ritualbühne begreifen.

Meine jungen Mitarbeiter staunten, als sie meinen Mann Klaus
und mich im Gedränge entdeckten. »Was machen Sie denn
hier?« Ich staunte zurück. »Und was macht ihr hier?«
Ein Konzert von Bob Dylan ist ein generationenübergreifen-
des Ereignis. Ganz Rheinland-Pfalz schien sich an diesem Juni-
Samstag auf den Weg in den Volkspark nach Mainz gemacht zu
haben. Die Leute saßen sogar in den Bäumen, um besser sehen
zu können.

Der Mann mit der brüchigen Stimme fasziniert Menschen jeden Alters, vom Azubi bis zur Ministerpräsidentin. Bob Dylans
große Botschaft von Frieden und Freiheit ist in knappe Zeilen
gepackt, die mich immer wieder berühren. Aber Bob Dylan bedeutet noch mehr: Er steht für Mut zum Aufbruch, für die ewige Hoffnung auf ein besseres Morgen, für die Faszination dessen,
was da kommt.

Bob Dylan hat mich mein Leben lang begleitet, als orgelspie-
lende Teenagerin in Neustadt, als neugierige Austauschschülerin in den USA, als kritische Studentin in Mainz, als Staatsanwältin und Ministerin. Immer galt: Die Zeiten ändern sich, aber

das ist kein Grund zur Angst. Die Zukunft ist nicht Feindin, sondern Freundin – solange wir offen und selbstbewusst, aufmerksam und respektvoll auf sie zugehen.

Ich bin eine soziale Optimistin. Das heißt: Ich glaube an den gesellschaftlichen Fortschritt. Ich glaube an die Kraft der Menschen, für sich und andere ein besseres Leben zu erkämpfen. Und ich werde nicht müde, für die Abkehr von überkommenen politischen Ritualen zu werben. Die Bürger wollen kein politisches Konflikttheater, das sich selbst nicht ernst nimmt. Nein, die Menschen wollen nachvollziehbare Lösungen für ihre konkrete Lebenssituation.

Selbstkritisch stelle ich fest: Politik reagiert oft zu spät. Muss erst eine Finanzkrise die Welt erschüttern, bevor wir die entfesselten Kapitalmärkte mit Regeln zu zähmen versuchen? Wie viele Jugendliche ohne Schulabschluss braucht das Land, bis überall eine zeitgemäße Bildungspolitik verwirklicht wird? Warum dauert es so lange, bis Arbeit menschenwürdig bezahlt wird, bis Gleichstellung endlich Realität ist?

Ich bin als Regierungschefin von Rheinland-Pfalz angetreten, um zu zeigen, dass Politik mehr ist als ein Reparaturbetrieb. Natürlich müssen wir Fehlentwicklungen korrigieren. Aber wir müssen auch nach vorn schauen und neue Ideen entwickeln für die nächsten gewaltigen Aufgaben: Wie machen wir Arbeitnehmer und Unternehmer fit für die digitale Zukunft? Wie gehen wir mit dem demografischen Wandel um? Wie halten wir unsere bunte Gesellschaft mit ihren unzähligen Lebensentwürfen zusammen?

Angesichts dieser spannenden Fragen grenzt es an Zukunftsverweigerung, wenn Politik sich in den ideologischen Schützengräben des vergangenen Jahrhunderts einrichtet. »Die Zeiten ändern sich«, singt Bob Dylan, und er ist selbst der beste Beweis dafür.

Vor über 50 Jahren war er beim Civil Rights March dabei, als Martin Luther King seine historische Rede »I have a dream« hielt. Der Sänger lieferte mit »Blowin in the Wind« die Hymne für das gesellschaftliche Durchlüften, für den Ausbruch aus veraltetem Denken und Handeln.

Der Bob Dylan, den die Generation meiner Eltern als »Hippie« verdammte, brachte einen frischen Stil, ein neues Denken. Heute wird er als Geheimtipp für den Literaturnobelpreis gehandelt. 1997 spielte er für Papst Johannes Paul II. in Bologna, auch wenn das seinem Nachfolger Josef Ratzinger damals nicht gefallen hat. Das Bewahren von Traditionen ist eine gute Sache. Aber blinder Konservativismus hemmt jeden Fortschritt. Die Zeiten ändern sich.

Ich entdeckte Bob Dylan, als Willy Brandt Bundeskanzler war. Brandt hatte ein wenig vom Dylan'schen Geist in die Politik getragen. Er hatte sich aus einer Kindheit, die er selbst als »unbehaust« und »chaotisch« beschrieb, nach oben gekämpft. Er hatte im Widerstand gegen die Nazis gekämpft. Er war in Warschau auf die Knie gefallen. Brandt wollte mehr Demokratie wagen und breitete die Arme nach Osteuropa aus. Brandt war ein Zukunftspolitiker, der großen Anteil am späteren Mauerfall hatte.

In meinem Elternhaus hatte Willy Brandt nicht viele Freunde. Mein Vater war Kreisverbandsvorsitzender der CDU; bei uns zu Hause verkehrten viele konservative Lokalpolitiker, von denen sich einige als Hüter von Anstand und Moral verstanden. Am Tag, als Brandt als Bundeskanzler zurücktrat, waren sie vor lauter Triumphgefühl und Häme kaum wiederzuerkennen.

Als 13-Jährige teilte ich artig die politischen Ansichten meines Vaters, der Berufsschullehrer war. In kindlicher Solidarität hatte ich häufiger mal CDU-Flugblätter in die Briefkästen der Nachbarschaft gestopft. Umso erschrockener war ich über die unverhohlene Härte gegenüber Brandt, der ohnehin am Boden lag. Das war nicht fair. Wie konnte man christliche Werte reklamieren, sittliche Moral und Tugend, wenn der Umgang mit Menschen gleichzeitig so verächtlich war, selbst wenn es sich um einen politischen Gegner handelte? Seither weiß ich: Respekt erkennt man nicht nur am Umgang mit Freunden, sondern vor allem am Umgang mit Feinden.

Dieser Hass, diese Wut, das unversöhnliche Beharren passt bis heute nicht in mein Weltbild. Um unsere Zukunft menschenwürdig zu gestalten, brauchen wir Energie, Mut, Toleranz und vor allem: Aufrichtigkeit. Ich weiß, dass diese Welt eine bessere werden kann, wenn wir nicht gegen-, sondern miteinander für Veränderung kämpfen.

Ich möchte alle Menschen mitnehmen, die wie ich an Fairness und Gerechtigkeit glauben. Ich bin fest überzeugt, dass Bildung der zentrale Schlüssel zu einer modernen Teilhabe-Gesellschaft ist. Ich bin stolz darauf, dass Rheinland-Pfalz ein vorbildliches und durchgehend gebührenfreies Bildungssystem bietet. Ich bin stolz auf eine gesunde Mischung aus Industrie, Mittelstand und Start-ups. Ich kämpfe für die Gleichstellung von Mann und Frau, gute Arbeitsbedingungen und faire Bezahlung, für die Inklusion von Minderheiten, für eine gerechte Gesellschaft.

Mit diesem Buch lege ich dar, wie wir in Zukunft unsere Gesellschaft sozial gerecht, wirtschaftlich erfolgreich und nachhaltig gestalten können. Ich erläutere meine Positionen zu Themen wie Arbeit und Wirtschaft, Digitalisierung und Demografie, Gesundheit und Pflege, Inklusion und Einwanderung, Gleichstellung und Bildung – und beschreibe, was zu tun ist, damit die Zukunft unsere Freundin bleibt. Das Buch ist weder Partei- noch Wahlprogramm, es hat auch keinen Anspruch auf Vollständigkeit. Ich möchte damit meine Ideen zu zentralen Fragen der Politik deutlich machen und anhand meiner Biografie und meiner persönlichen wie politischen Erfahrung zeigen, wie ich zu meiner Haltung gekommen bin.

Was all die genannten Politikfelder benötigen, ist ein neuer Stil, Probleme zu erkennen, zu benennen und fair zu lösen – offen, pragmatisch, aber ohne den Furor der Glaubenskrieger. Der Respekt vor den Bürgern gebietet es, nicht jedes Thema in einen Kulturkampf münden zu lassen. Wollen wir wirklich über Begriffe zanken, darüber, ob Deutschland ein Einwanderungsland ist oder nicht? Müssen wir noch über die Gleichstellung von Mann und Frau diskutieren? Ist menschenwürdige Bezahlung von Arbeit nicht eine Selbstverständlichkeit?

Ich bin fest überzeugt, dass wir die besten Ergebnisse mit einem ehrlichen, kooperativen und dialogischen Stil erzielen. Wenn die Positionen geklärt sind, wenn Hohn, Hintergedanken oder versteckte Aggressionen unterbleiben, wenn sich erwachsene Menschen einig sind, dass Politik keine Religion ist, sondern Mittel, um unser aller Leben zu verbessern, dann können wir die Bürger auch wieder für unsere Arbeit begeistern.

In einem Interview wurde ich mal gefragt, woher meine unerschütterliche Zuversicht stamme. Ich musste nicht lange überlegen. Aus der Geborgenheit meiner Familie heraus habe ich einen immensen Freiheitsdrang entwickelt. Ich wollte früh die Welt kennenlernen, Dinge ausprobieren, Grenzen testen. Angst habe ich bis heute nur selten gespürt.

Ich kann mich noch an den Abschied am Flughafen erinnern, als ich mit 16 für ein ganzes, langes Jahr als Austauschschülerin nach Kalifornien aufbrach. Heute ist so ein Aufenthalt fast selbstverständlich, das war damals nicht so. Meine Oma und meine Mutter schluchzten, mein Vater riss sich zusammen. Die Gangway war offen. Ich begab mich ein letztes Mal in meinen Abschiedsschmerz.

Dann habe ich mich umgedreht und bin losgegangen, nicht ohne, sondern mit meiner Familie, im Herzen. Das Abenteuer konnte beginnen. Ich wusste, dass es gut ausgehen würde. Und so ist es bis heute geblieben. Die Aussicht auf Neues gibt mir Kraft. Ich weiß: Die Zukunft ist meine Freundin.

HALTUNG:
Am Anfang steht Gerechtigkeit

Die moderne Gesellschaft braucht den ständigen
Ausgleich: zwischen Arbeitgebern und Arbeitnehmern,
zwischen Kindern und Eltern, zwischen Staat und Bürgern.
Es geht dabei nicht um Sieg oder Niederlage, sondern
um faire Kompromisse, die aus Respekt erwachsen und
Vertrauen schaffen.

Ich bin überzeugte Sozialdemokratin. Aber aufgewachsen bin
ich in einem CDU-Haushalt. Meine Kindheit habe ich als ausgesprochen glücklich und behütet in Erinnerung. Unsere Familie
war eine gutbürgerliche, was damals bedeutete: Schule bis zum
Abitur, Instrument lernen, Samstagabend gemeinsames Fernsehen mit Schnittchen, sonntags Kirchgang, Mitglied in allerlei
Vereinen und: Der Vater ist das Familienoberhaupt.

Mein Vater war kein Tyrann, aber ein Patriarch, wenn auch
ein moderner. Er unterstützte meine Mutter, als sie sich auf dem
zweiten Bildungsweg von der Verkäuferin zur Erzieherin fort-
bilden ließ, und auch, als sie den Führerschein machte. Das war
ungewöhnlich. Denn Frauen, die dazuverdienten, signalisierten
bei den meisten Familien oft eine Notlage: Der Mann brachte
wohl zu wenig Geld nach Hause. Damals sollten Frauen vor allem Mutter und Hausfrau sein und an der Seite ihres Mannes
glänzen.

Ich wollte unbedingt studieren und entschied mich im zweiten Anlauf für Jura. Meinen Berufsweg suchte ich mir selbst aus.

Was heutzutage selbstverständlich klingt, war damals ungewöhnlich. Vielen Mädchen aus meiner Klasse war ein solch liberaler Vater nicht vergönnt. Bei manchen hieß es: »Warum willst du Abi machen und studieren? Du heiratest doch sowieso.« Junge Frauen wurden dazu erzogen, sich einen aussichtsreichen Mitarbeiter der lokalen Sparkasse zu angeln oder einen Beamten-Anwärter. Diese arrangierten Ehen scheinen aus einer anderen Welt zu stammen, kamen aber in den Sechziger- und Siebzigerjahren des vergangenen Jahrhunderts häufig vor. Gehorsam war Pflicht, für Töchter erst recht.

Mein Vater hatte mir von einer Laufbahn als Politikerin abgeraten; er hätte mich lieber als Arbeitsrichterin gesehen. Tatsächlich hatte ich den Ausgleich zwischen Arbeitnehmern und Arbeitgebern schon während meines Studiums als spannendes Thema identifiziert, das meinem Gerechtigkeitssinn entgegenkam. An der Schnittstelle von Politik, Wirtschaft und Recht verhandeln, nach Kompromissen fahnden, Grenzen ausloten – das erschien mir hochinteressant. Ich habe nie den Streit, aber die Auseinandersetzung und vor allem nach einer Lösung gesucht. Das Auswahlverfahren hatte ich gewonnen, aber dann habe ich mich anders entschieden, für die Politik. Mein Vater war dennoch stolz auf mich, auch wenn er fand, dass ich in der falschen Partei sei.

Ich gestehe: Fügsamkeit gehört bis heute nicht zu meinen auffälligsten Eigenschaften. Ich war kein aufsässiges Kind, aber wahrscheinlich ziemlich lästig mit meinem ewigen »Warum?«. Warum, so fragte ich zum Beispiel, durfte mein Vater immer über die Familie bestimmen? Schon als Mädchen stellte ich die Machtfrage, zu Hause, in der Schule, bei den Pfadfindern. Warum durfte jemand entscheiden, was andere zu tun hatten? Wie war diese Macht legitimiert? Und was geschah, wenn jemand seine Macht missbrauchte?

Ich erinnere mich gut an einen Herbsttag in der Familie Dreyer, als mein Bruder mit Noten aus der Schule kam, die einem Pädagogen-Haushalt nicht zur Zierde gereichten. Mein Vater, der strenge Berufsschullehrer, drohte meinem Bruder: Wenn die Noten bis zum Jahresende nicht besser würden, dann bliebe zu Weihnachten die elektrische Eisenbahn im Keller. Diese Eisenbahn, natürlich von Märklin, war Mittelpunkt eines wichtigen Rituals bei uns zu Hause.

An den Weihnachtstagen, und nur dann, wurde die Eisenbahn feierlich aus dem Keller geholt und von Vater und Sohn gemeinsam aufgebaut. Mein Bruder freute sich das ganze Jahr über auf das vertraute Bauen und Basteln, auf den Moment, wenn Vater und Sohn voller Stolz beobachteten, wie die Lichter der Lok tatsächlich zu leuchten beginnen und der Zug sich leise ruckelnd in Bewegung setzt. Hätte er die Wahl zwischen Geschenken und dem Aufbau der Eisenbahn gehabt – mein Bruder hätte sich gegen alle Geschenke entschieden.

Nun geschah es, dass sich die Noten meines Bruders bis Weihnachten nicht signifikant verbesserten. Der väterliche Bahnstreik hing in der Luft. Aber keiner von uns glaubte, dass mein Vater diese Drohung wirklich wahrmachen würde. Bis zum letzten Moment würde er meinen Bruder zappeln lassen, doch am Ende würde die Güte siegen. Es war schließlich das Fest der Liebe. Aber mein Vater blieb dabei: keine Eisenbahn. Strafe musste sein. Konsequenz war bei ihm eine nicht verhandelbare Säule der Erziehung.

Mein Bruder war nicht nur traurig, sondern zutiefst verletzt. Er hatte keine Chance, diesem Dilemma aus eigener Kraft zu entrinnen. Er war der patriarchalischen Macht ausgeliefert. Es schmerzt mich bis heute, wenn ich mich an diese durch und durch verfahrene Situation erinnere. Mein Vater hatte eine Entscheidung getroffen, an der er unbeirrt, man könnte auch sagen:

stur, festhielt, festhalten musste, weil er fürchtete, seine Glaubwürdigkeit zu verlieren.

Ein Patriarch kann von einer einmal getroffenen Entscheidung nicht abrücken. Ein Kompromiss gilt als Eingeständnis von Schwäche. Mein Bruder dagegen war einfach nur sprachlos. Meine Mutter versuchte zu schlichten, und ich war erschüttert, traurig, ja wütend.

Die Geschichte ist zwar eine Kleinigkeit, aber sie hat mir früh und eindringlich vor Augen geführt, wie vielfältig und zwiespältig Macht sein kann. Immer, auch bei vermeintlichen Kleinigkeiten, stellt sich die Frage: Wofür gebrauche ich Macht? Welche Wirkung hat sie? Nutzt die Macht einem Ziel, oder übe ich sie aus, nur um zu zeigen, wie mächtig ich bin?

Ich mache meinem Vater überhaupt keinen Vorwurf, denn er füllte eine undankbare Rolle aus, die damals jedes Familienoberhaupt innehatte: Der Ernährer und Beschützer stand unangefochten an der Spitze einer Machtpyramide. Mangels Geduld oder Argumenten wurde diese Position in vielen Haushalten oft genug mit körperlicher Gewalt untermauert. In manchen Familien wurde nie geschlagen, in anderen ständig. Das Züchtigungsrecht des Ehemanns gegenüber seiner Frau wurde immerhin 1928 ganz abgeschafft, aber Schläge für die Kinder sind erst seit dem Jahr 2000 ausdrücklich verboten. Ich erinnere mich noch an meine ersten Grundschuljahre, als der Lehrer den Kindern mit dem Lineal öfter mal auf die Finger schlug. Die Eltern protestierten selten. Ein Klaps oder ein Schlag waren damals noch akzeptiert.

Macht und Gewalt hängen eng zusammen. Wer seine Macht gewaltsam durchsetzen muss, ist meistens nicht durch eine Mehrheit dazu ermächtigt. In einer modernen demokratischen Gesellschaft ist Gewalt geächtet. Aber Macht muss sein. Macht gehört zu meinem Beruf. Ich muss Dinge durchsetzen, manchmal auch gegen den Willen anderer. Wer Macht hat, macht sich nicht nur beliebt; aber gerade in der Politik können und müssen Mächtige um Verständnis und Mehrheiten werben.

Seit meiner Kindheit weiß ich, dass es sehr unterschiedliche Arten von Macht und Stile von Machtausübung gibt. Macht ist wie ein Messer. Es lassen sich kunstvolle Schnitzarbeiten damit schaffen, notwendige Reparaturen erledigen, Überflüssiges abtrennen oder brutale Verletzungen verursachen.

In der Geschichte der Menschheit galt fast immer das Recht des Stärkeren. Macht hatte, wer sie sich nahm. In der Steinzeit fielen die stärkeren Horden über schwächere her, später schufen große Heere Weltreiche, Gewaltherrscher sicherten ihre Krone. Bis heute gilt in vielen Teilen der Welt das Faustrecht, ganz gleich, ob es ökonomisch, physisch, psychisch, mithilfe von Militär, Geheimpolizei oder Religion ausgeübt wird.

Einen der perversesten Auswüchse des Machtmissbrauchs haben wir in Deutschland erlebt. Die Erfahrungen der Nazi-Zeit verpflichten uns in besonderem Maße zu Aufmerksamkeit im Umgang mit Macht und Gewalt. Demokratische Macht braucht Verständnis, vor allem aber Vertrauen, dass der Inhaber der Macht behutsam damit umgeht, dass Debatten möglich sind, Kompromisse willkommen, dass jede Stimme zählt, auch wenn am Ende nicht jedes Interesse vollständig bedient werden kann.

Wo Macht ist, muss zugleich das Streben nach Gerechtigkeit herrschen. Ich bin überzeugt: Solange ein Kompromiss offen, respektvoll und fair zustande gekommen ist, solange Chancen und Lasten gerecht verteilt sind, gehen die Bürger mit, nicht aus Gehorsam, sondern aus Überzeugung, auch wenn sie vielleicht nicht all ihre Interessen durchgesetzt haben.

Erhalt und Ausbau der Gerechtigkeit ist Kern demokratischer Politik; die Mittel dazu sind sowohl Chancengleichheit und Teilhabe als auch Respekt. Dabei ist Gerechtigkeit keine milde Gabe, schon gar keine Bevorzugung. Wer Gerechtigkeit fordert, nimmt vielmehr die individuellen Fähigkeiten und Interessen der Menschen ernst und setzt gleichzeitig ihre Bereitschaft voraus, sich anzustrengen und mitzumachen.

Gerechtigkeit ist für mich eine Haltung, die in allen Bereichen unseres Zusammenlebens gefragt, aber oft komplex geschichtet ist. Gerechtigkeit hat beim Zugang zu Bildung ebenso zu gelten wie bei der Besteuerung, zwischen den Generationen genauso wie zwischen Mann und Frau. Auch der Schutz geistigen Eigentums ist, wie der Zugang zu schnellem Internet, ein Gerechtigkeitsthema.

Wie schaffen wir Gerechtigkeit für Menschen mit Behinderung, für Migranten, für griechische Rentner? Wie kann Gerechtigkeit zwischen Provinz und Metropole, zwischen Industrie- und Entwicklungsländern, zwischen Regionen und EU-Staaten, zwischen Unternehmen und Arbeitnehmern aussehen?

Gerechtigkeit hat zahllose Dimensionen, ob beim Kampf gegen Kartelle oder beim Starkmachen von jungen Menschen, die in sozialen Randlagen aufwachsen. Gerechtigkeit wird nie für alle Menschen dauerhaft erreicht sein, sie ist vielmehr eine unablässige Aufgabe, verbunden mit dem ständigen Streben, sich dem Ideal wenigstens anzunähern. Das Ringen um Gerechtigkeit erwächst aus dem Respekt vor Menschen und führt zu wachsendem Vertrauen untereinander.

Wobei Gerechtigkeit nicht zu verwechseln ist mit Gleichheit. Eines der historischen Missverständnisse aller linken Regimes war der Versuch, absolut gleiche Lebensbedingungen herzustellen – gleiche Wohnung, gleiches Auto, gleiche Kleidung. Diese Experimente sind kläglich gescheitert, weil sie der Natur des Menschen zuwiderlaufen. Wir sind eben auch Wettbewerbswesen, die sich voneinander unterscheiden und abgrenzen wollen. Aber fair muss es sein.

Wer keine Lust hat, sich bei der Ausbildung oder im Beruf anzustrengen, wird sein Leben bescheidener gestalten müssen als ein wagemutiger Erfinder, der jahrelang getüftelt und gerackert hat und womöglich hohe Risiken eingegangen ist. Ich gönne jedem sein Vermögen, wenn er es ehrlich erwirbt und sein Geld anständig in Deutschland versteuert.

Auf Gleichheit lege ich an einem Punkt allerdings größten Wert: bei den Chancen. Jedes Kind in unserem Land soll die gleichen Möglichkeiten haben, um ein erfolgreiches Leben als Unternehmerin, Sportler, Handwerksmeisterin, Künstler, Forscherin oder auch Politiker meistern zu können. Dass die Zukunft eines Kindes von Status und Einkommen der Eltern abhängt, ist eine Ungerechtigkeit, die sich eine erwachsene Demokratie aus zwei Gründen nicht erlauben kann: Erstens ist es unwürdig, und zweitens können wir es uns einfach nicht leisten, Talente nicht zu fördern. Die Zukunft unseres Landes kann nur gesichert werden, wenn absehbar viele Ältere den Jüngeren jede erdenkliche Chance zum Start in ein gutes Leben ermöglichen und ihnen im Zweifel auch eine zweite oder dritte Chance eröffnen.

Meine Lust an Politik, meine Freude an politischer Verantwortung, speist sich aus verschiedenen Quellen. Es ist das Land, das ich liebe, es ist die Freude, zu gestalten, vor allem aber sind es die Menschen, denen ich verbunden bin. Als verantwortliche Regierungschefin muss ich Entscheidungen treffen, die nicht jedem gefallen können. Zugleich trage ich aber auch Verantwortung für einen menschlichen Umgang miteinander, für eine politische Ordnung und Entscheidungen, die sich so weit wie möglich am Maßstab der Menschlichkeit orientieren.

Wie ich bereits in mehreren Reden und Beiträgen dargelegt habe, inspiriert mich immer wieder die Bergpredigt, die bis heute so radikal klingt in ihrem Ruf nach bedingungsloser Nächsten- und sogar Feindesliebe. In der Bergpredigt verheißt

Jesus nicht den Starken und Erfolgreichen das Himmelreich, sondern Verlierern, Trauernden, Friedfertigen und Leidtragenden. Kein anderer Text gibt so viel Hoffnung, fordert uns gleichzeitig aber auch so heraus. Denn mit der Heilszusage ist der Appell verbunden, barmherzig zu sein, geduldig, demütig und – gerecht.

Mit der Bergpredigt könne man keine Politik machen, findet Helmut Schmidt. Ich habe mit dem Altkanzler in Ludwigshafen lange zusammengesessen, um über die großen Linien der Politik zu sprechen. Ich bin immer wieder fasziniert von seinem Wissen und der Fähigkeit, Sachverhalte einzuordnen. Helmut Schmidt hat recht: Natürlich liefert die Bergpredigt keine konkreten Handlungsanweisungen, dafür aber provozierende und manchmal verstörende Denkanstöße, die das tägliche Tun infrage stellen. Sie formuliert einen Anspruch, eine Haltung, eine Maximalforderung, die zur Orientierung durchaus hilfreich ist.

Deshalb fühle ich mich dem Gedanken der Solidarität und der Gerechtigkeit so verbunden. Deshalb finde ich den Mindestlohn so wichtig und setze mich für Generationen- und Bildungsgerechtigkeit ein. Deshalb bin ich überzeugt: Niemand darf aufgrund von Armut, Krankheit oder Behinderung, von Geschlecht, Herkunft, sexueller Orientierung, Alter oder Jugend benachteiligt werden. Die Teilhabe aller an Arbeit und Leben ist mir wichtig. Gerechtigkeit ist unteilbar, unverhandelbar, unverzichtbar.

Aus der Bergpredigt erwächst kein politisches Programm. Sie ist kein Rezeptbuch, vielmehr ein Wegweiser und manchmal auch ein hilfreiches Haltezeichen. Sie sagt uns nicht, wie wir die Altersarmut konkret bekämpfen, aber sie spricht Tugenden selig. Sie lässt uns hinterfragen, fordert zur Selbstreflexion auf und bewahrt uns vor Fanatismus und falschem Perfektionismus. »Diese Welt wird in ihren Machtstrukturen nur überleben, wenn sie sich Schritt für Schritt den Grundwerten der Bergpredigt annähert«, hat der Theologe und Politiker Heinrich Albertz gesagt.

Für mich leite ich daraus unter anderem ab, eine grundsätzliche Gesprächsbereitschaft aufrechtzuerhalten, Versöhnungsbereitschaft zu signalisieren, sich einer möglichen Eskalation so lange wie möglich zu widersetzen und schließlich vergeben zu können, dann aber auch eigene Verantwortung zu sehen und sich dazu zu bekennen.

Im Sinne der Bergpredigt ist die Menschenwürde unteilbar. Das kommt ja auch im ersten Paragrafen unseres Grundgesetzes klar zum Ausdruck. Deshalb gibt es bei uns keine Todesstrafe. Die Menschenwürde muss auch im Umgang mit Straftätern gelebt werden. Deshalb haben wir die Aufgabe, Häftlingen die Chance zu geben, Perspektiven für ein Leben nach der Gefängniszeit zu entwickeln.

Zur Gerechtigkeit gehört aber auch, möglichst zeitnah zu einem Urteil zu kommen. Aus meiner Zeit als Jugendstaatsanwältin weiß ich, wie quälend die Warterei auf einen Gerichtstermin ist, für Täter wie Opfer. Deswegen haben wir in Rheinland-Pfalz die Häuser des Jugendrechts eingeführt, wo Jugendstaatsanwalt, Polizei und Jugendhilfe unter einem Dach sitzen und für zügige Verfahren sorgen. Zur Gerechtigkeit gehört es, möglichst niemanden zurückzulassen. Wenn aber Intensivtäter beim besten Willen keine Kooperationsbereitschaft erkennen lassen, muss der Staat Klarheit und Härte zeigen.

Versöhnungsarbeit ist eine Weise, Frieden zu stiften. Gute Beziehungen zu Nachbarn und Partnern beugen neuen Feindschaften vor. Für Rheinland-Pfalz als Grenzland war das immer ein besonderes Anliegen. Unsere Partnerschaften mit Burgund und der polnischen Woiwodschaft Oppeln sowie unsere Freundschaft zu Frankreich, Belgien und Luxemburg haben zur

Versöhnung der Völker und zum Zusammenwachsen Europas beigetragen, was vor 100 Jahren noch unvorstellbar war.

Ich bewundere Nelson Mandela. Er hat die Feindesliebe politisch gelebt und sein Land befreit. Er steht für eine Kultur der Gewaltfreiheit und der Gerechtigkeit. Als Mandela 2008 seinen 90. Geburtstag feierte, kamen 46 664 Gratulanten in London zu einem Benefiz-Konzert. 466/64, so lautete die Nummer des Inhaftierten Nelson Mandela, die er im Gefängnis auf Robben Island trug, wo er die meiste Zeit seiner Haft verbrachte. Doch als er 1990, nach insgesamt 27 Jahren, entlassen wurde, ging er ohne Zorn. Am Verhandlungstisch beendete er einige Jahre später die Apartheid in Südafrika, er verhinderte Rachefeldzüge und rief zum Miteinander auf. Nelson Mandela lebte Milde und Zähigkeit vor, Offenheit und Autorität. So tragisch es ist, dass seine Nachfolger sein Erbe riskieren, so unzweifelhaft ist dieser große Charismatiker mein politisches Vorbild.

Prägend war für mich auch die Zeit als Austauschschülerin in Kalifornien Mitte der Siebzigerjahre. Ich war 16 und habe das Thema Gerechtigkeit ganz neu zu betrachten gelernt. Es war die Zeit von Muhammad Ali und der längst nicht überwundenen Rassentrennung. Fred Fly ist keine Comicfigur, sondern einer meiner damaligen Mitschüler, den ich sehr gern mochte. Umso mehr hat es mich erschreckt, dass meine sonst so tolerante Gastfamilie höchst irritiert war, als ich den dunkelhäutigen Jungen eines Tages mit nach Hause brachte. In Neustadt an der Weinstraße hatten wir natürlich von den Konflikten gehört. Aber jetzt erlebte ich erstmals die ungewohnt harte Realität.

Bis heute bestürzt mich die Härte, mit der dort debattiert wird. Die politische Diskussion in den USA, zumal in Wahlkampfzeiten, wird für mein Empfinden zu brutal geführt und manchmal persönlich grob verletzend. Bei aller inhaltlichen Verschiedenheit lege ich größten Wert darauf, dass beim Umgang zwischen Regierung und Opposition, ganz gleich, ob in Berlin, Mainz oder im Kommunalparlament im Hunsrück, ein respektvolles Miteinander gewahrt bleibt.

Natürlich bedeutet Gerechtigkeit immer auch Kritikfähigkeit, und die hat zwei Richtungen. Der Kritisierende muss in der Lage sein, eine Kritik zu formulieren, die verständlich und nicht verletzend ist; der Kritisierte darf Kritik nicht als Majestätsbeleidigung abtun, sondern hat sich zu erklären.

Die Idee von der offenen Gesellschaft, wie sie der Philosoph Karl Popper versteht, basiert auf den »kritischen Fähigkeiten des Menschen«. Gesetzgeber, Institutionen, jeder Politiker, jede Politikerin hat sich der ständigen Kritik zu stellen und zu reagieren. Jede Lösung ist nur so lange gut, bis eine bessere kommt. Dieses Hinterfragen, das unentwegte Arbeiten an den Regeln unseres Miteinanders, macht für mich gesellschaftlichen Fortschritt aus. Als Sportbegeisterte liebe ich die Lust am Besserwerden. Aber jede Kritik findet ihre Grenzen in angemessenen Umgangsformen, die mit Fairness gut beschrieben sind.

Die offene Gesellschaft steht zwischen einer entfesselten Laissez-faire-Mentalität, wie sie Radikalökonomen ersehnen, und der totalitären Welt, die noch jeder Diktator versprochen hat. Die offene Gesellschaft basiert auf der Balance von Wirtschaft und Arbeit, von Alt und Jung, von Stadt und Land, von Reich und Arm, von Mann und Frau, von Neu und Alt, von Ich und Wir, kurz: auf Gerechtigkeit.

Als Mensch, der zwar mitten im Leben, aber nicht immer ganz sicher auf seinen Beinen steht, weiß ich: Balance ist kein statischer Zustand, sondern muss ständig erkämpft und zugleich behutsam verteidigt werden. Denn jede Balance reagiert empfindlich auf extreme Schwankungen wie Gewalt oder Wut. Weil die offene Gesellschaft so verletzlich ist, braucht sie eine behutsame, aber entschlossene Führung. Bedachtes Handeln ist nur für hysterische Menschen ein Zeichen von Schwäche. Die Herausforderungen in unserer heutigen Welt sind derartig komplex, dass ein schlauer und zu Ende gebrachter Gedanke oft mehr wert ist als zwei Dutzend Kurzmitteilungen. Politik, wie ich sie verstehe, ist permanenter Ausgleich von berechtigten Interessen in einem verbindlichen Wertegerüst. Immer wieder geht es darum, Balance zu schaffen und zu halten und uns zu fragen: Wie wollen wir leben? Was ist uns wichtig? Wie erreichen wir unsere Ziele und vermeiden Ungerechtigkeit?

Diese Themen beschäftigen mich seit meiner Jugend in verschiedensten Spielarten. Zu Hause war es das Patriarchat des Vaters, in den USA das Rassenthema, Anfang der Achtzigerjahre ging es vielen Studentinnen vor allem um die Rechte von Frauen und die globale Dimension der Menschenrechte, deren Bedeutung ich bei meiner Arbeit für Amnesty International begriff. Immer wieder wurde mir klar: Gerechtigkeit ist kein Gottesgeschenk, um Gerechtigkeit muss immer wieder gerungen werden, in Mainz, in Rheinland-Pfalz, in Deutschland, auf der ganzen Welt, jeden Tag.

Mag Deutschland wirtschaftlich vergleichsweise gut dastehen, so stellt die Armutsberichterstattung fest, dass die Schere zwischen Vermögenden und Armen jedes Jahr weiter auseinanderklafft. Man kann lange über die statistische Methodik des Armutsberichts streiten, aber der Trend bleibt klar: Die Zahl der Menschen, die weniger als 60 Prozent des deutschen Netto-Durchschnitts verdienen und damit als armutsgefährdet gelten gelten, ist im Jahr 2013 weiter gestiegen, von 15 auf 15,5 Prozent oder, anders und konkret gesagt, auf 12,5 Millionen Menschen bundesweit. So stellt es jedenfalls der Paritätische Wohlfahrtsverband fest. Ganz offenbar haben wir es in Deutschland mit einer zentralen Gerechtigkeitsfrage zu tun, wenn eine große Zahl arbeitender Menschen kaum genug Geld zum Leben verdient.

Es geht hier nicht etwa um »Umverteilungs-Ideologie«, wie Neoliberale gern bemäkeln. Nein, es geht um unsere Zukunft: Denn eine Gesellschaft wird labiler, wenn die Schere zwischen Arm und Reich sich weiter öffnet. Die Gerechtigkeitsfrage beeinflusst die Stabilität einer Gesellschaft in besonderem Maße.

Dass ich jemals Politik machen würde, kam mir als Studentin nicht in den Sinn. Heute weiß ich, dass es eben diese Gerechtigkeitsfrage war, die mich zunächst zum Theologiestudium und später zu FemMa gebracht hatte, einer Hilfsorganisation für junge Frauen, und schließlich in die Politik: Bis heute bewegen mich die grundlegenden Fragen unseres Zusammenlebens: Wie gestalten wir den demografischen Wandel fair? Wo bleibt die Jugend? Wie nehmen wir all die mit, die nicht mit Muskeln, Ellbogen und Selbstbewusstsein beschenkt sind? Und wie schaffen wir Sicherheit, vor Armut, vor Kriminalität, vor gesellschaftlicher Isolation? Wie schützen und fördern wir die Innovationskraft unserer Wirtschaft? Sicherheit für alle ist eben auch eine Gerechtigkeitsaufgabe des Staates.

Ich war am Ende meines Jura-Studiums nicht parteipolitisch festgelegt. Ich wusste nur: Die CDU meines Vaters war mit den aktuellen Fragen der Politik überfordert. Die Utopie der Konservativen ist nun mal die Nostalgie. Moderne Politik dagegen heißt die Zukunft willkommen. Das gilt auch heute noch. Wie viele Studierende habe ich mich gefragt, ob ich jetzt eher rot oder grün sei. Den Ausschlag haben für mich die sozialdemokratischen Grundwerte Freiheit, Gerechtigkeit und Solidarität gegeben. Darin habe ich mich wiedergefunden. Gleichwohl betrachte ich Rot-Grün als ideale Koalitionsoption, ob in Berlin oder den Bundesländern. Unsere Themen, unsere Milieus und unsere Protagonisten ergänzen sich fast immer, vor allem aber unsere Haltung.

Gerade die SPD in Rheinland-Pfalz ist mir weit mehr als eine politische Heimat. Das Miteinander, die Solidarität, ständiger Zuspruch, viele Ideen und Anregungen, Offenheit für neue Themen, ökonomischer Sachverstand, ein toller Teamgeist und hin und wieder auch ein Wort des Dankes – diese wunderbare Truppe gibt mir jeden Tag aufs Neue Kraft und Lust an der politischen Arbeit. Und vor allem spüren die Menschen in Rheinland-Pfalz: Sozialdemokratische Politik lässt sich sehr modern, erfolgs- und zukunftsorientiert machen – wenn die Haltung stimmt.

Haltung ist der Begriff, der mir zur SPD als Erstes einfällt. Wobei Haltung nicht mit Dickköpfigkeit zu verwechseln ist oder Verbohrtheit oder Dogmatismus. Im Gegenteil: Wer eine Haltung hat, der weiß, wo er steht. Wer seine Grenzen und Spielräume klar definieren kann, der ist überhaupt erst in der Lage, Kompromisse zu schließen. Wer aber ständig nach den meistdiskutierten Themen lugt, sich in jeder Debatte mit dem ersten naheliegenden Gedanken zu Wort meldet und seine Meinung ständig ändert, wird nach einer Weile als sprunghaft, als unberechenbar, als wenig verlässlich wahrgenommen.

Seit meiner Zeit als Bürgermeisterin – später als Sozialdezernentin, Ministerin und schließlich Ministerpräsidentin – habe ich meinen Stil, meine Prioritäten, meine Haltung beibehalten, auch gegen Widerstände. Ich will Macht gebrauchen, damit es den Menschen besser geht. Macht ist ein Instrument, kein Selbstzweck. Ich schätze Macht, weil ich mit ihr gestalten kann. Macht heißt für mich, eine gerechtere Zukunft möglich zu machen.

GUTE ARBEIT:
Würde, Respekt und fairer Lohn

Deutschland hat seit den Reformen von Schröders rot-
grüner Regierung ein Jobwunder erlebt. Trotz der guten
Zahlen gibt es für die Politik aber einigen Handlungsbedarf. Nicht jede Arbeit ist auch gute Arbeit.

Zu schade für einen Job war ich mir nie. Als Studentin habe ich
als Putzhilfe gearbeitet. Am liebsten habe ich in einem Friseur-
salon sauber gemacht; da konnte ich bequem am Sonntag hin,
nach dem Ausschlafen. Auf Weinfesten habe ich gekellnert,
ein Knochenjob. Für den Bertelsmann-Buchklub stand ich
schließlich in der Mainzer Fußgängerzone und habe Passanten
bequatscht, dass sie doch bitte Mitglied werden möchten.

Meine erste befristete Anstellung bekam ich als wissenschaftliche Hilfskraft bei den Juristen an der Uni Mainz. Wie jeder
HiWi durfte ich meine Fähigkeiten zunächst am Fotokopierer
beweisen. Ende der Achtzigerjahre stieg ich zur wissenschaftlichen Assistentin bei Prof. Dr. Hans-Joachim Pflug auf; dort
habe ich Vorlesungen vorbereitet und Arbeiten vorkorrigiert.
Nebenbei begann ich, bei Prof. Dr. Heide Pfarr zu promovieren.
Die Arbeit sollte, ganz überraschend, die Gleichstellung von
Männern und Frauen in der Arbeitswelt zum Thema haben.

Aber an der Uni war es mir oft zu theoretisch. Ich wollte in
die Praxis und, wie schon erwähnt, Arbeitsrechtlerin werden,
am liebsten eines Tages am Bundesarbeitsgericht in Kassel. Zuvor allerdings mussten wir Berufsanfänger als Richter auf Pro-

be zur Staatsanwaltschaft, weil dort Personalmangel herrschte. Also arbeitete ich für eine Weile als Jugendstaatsanwältin in Bad Kreuznach. Dort habe ich den Alltag an einem Gericht kennengelernt, vor allem diesen unglaublichen Aktenberg, den man vor sich herschiebt, ohne dass er jemals kleiner würde. Sisyphos hatte einen angenehmen Job dagegen.

Bis heute habe ich drei Erfahrungen für die tägliche Arbeit verinnerlicht:

1. Nimm jede Akte möglichst nur einmal in die Hand!
2. Lies sofort!
3. Triff eine Entscheidung und bring den Vorgang möglichst zu einem Ende!

Dieses Vorgehen ist in der Politik ebenfalls hilfreich. Andernfalls geht man im Meer des Halbfertigen und Halboffenen unter.

Damals, Anfang der Neunzigerjahre, fühlte ich mich sehr frei. Ich hatte eine Arbeit, die mich forderte und sinnvoll war, ich verdiente gut, aber ich stellte auch fest, dass ich eine romantische Vorstellung vom öffentlichen Dienst gehabt hatte: klare Zuständigkeiten, überschaubare Arbeitszeiten, wenig Stress, ordentlich definierte Abläufe – von wegen.

Es begann damit, dass ich als junge Staatsanwältin ein halbes Dezernat dazubekam, also auch ein weiteres Aktengebirge. Das Schicksal wollte, dass wir einen Vorgesetzten mit sehr traditionellem Macht- und Rollenverständnis zu ertragen hatten. Eine Kollegin kam regelmäßig mit Tränen in den Augen von diesem Staatsanwalt zurück, dessen Kommunikation zu oft aus Brüllen bestand. Ich habe mir diese Umgangsformen nicht gefallen lassen und sah mich zudem in der Pflicht, meine Kollegin zu unterstützen. Davon später mehr.

Als Staatsanwältin wurde ich in die Landtagsverwaltung ausgeliehen, wo ich juristische Gutachten für die Fraktionen erstellte. Dort lernte ich den Landtagsabgeordneten Carsten Pörksen kennen, der im Stadtrat von Bad Kreuznach Fraktionschef der SPD war. Man suchte dort damals gerade eine Frau als Bürgermeisterin, und Carsten Pörksen fragte mich, ob ich mir die Übernahme dieser Aufgabe vorstellen könne. Das Amt und die Möglichkeit, zu gestalten, haben mich gereizt, und ich sagte begeistert zu. Das Angebot war umso ungewöhnlicher, weil ich damals noch kein Parteimitglied war.

Berufsentscheidungen habe ich nie von Sicherheiten, Privilegien oder Statusüberlegungen abhängig gemacht. Mein Grundsatz lautet vielmehr: »Handele nie gegen deinen Bauch.« Klingt esoterisch, ist aber inzwischen von der Wissenschaft als vernünftiges Prinzip anerkannt. Hirnforscher haben herausgefunden, dass viele Entscheidungen aus dem Bauch heraus getroffen und erst nachher vom Hirn rationalisiert werden. »Die Frage ist nicht, ob überhaupt, sondern in welchen Situationen wir uns auf Intuition verlassen sollten«, schreibt der Psychologe Gerd Gigerenzer in seinem Buch *Bauchentscheidungen*. Die Kunst besteht darin, Fakten und Gespür in Einklang zu bringen. Als Juristin denke ich die sachlichen und rechtlichen Aspekte automatisch mit. Ein gesundes Gottvertrauen hilft obendrein. Und das habe ich auch.

Obgleich ich dem geburtenstarken Jahrgang 1961 entstamme und wir immer viele waren, in der Schule, in der Uni, überall, hatte ich nie Angst, arbeitslos zu werden. Klar, es gab Phasen des Übergangs, wo ich ein, zwei Monate lang keinen festen Arbeitsvertrag besaß. Da jobbte ich eben und fuhr dann in den Urlaub. Aber ich hatte nie das Gefühl, ausgebeutet zu werden oder abhängig zu sein. Ich konnte immer »Nein« sagen, genoss stets die Freiheit, von heute auf morgen abhauen zu können, wenn mir eine Arbeit, das Klima, der Vorgesetzte nicht passte. Heute weiß ich, welch unglaubliches Privileg diese Unabhängigkeit bedeutet. Und ich weiß auch: Viele haben diese Möglichkeit nicht.

Einen Eindruck, wie anstrengend und eintönig der Arbeits-alltag sein kann, bekam ich als Studentin bei der Post, beim Nachtdienst in Mainz im damaligen Briefzentrum. Es war zu der Zeit, als die Postleitzahlen noch vierstellig waren. Wir Stu-dierende wurden gut entlohnt, mussten kaum Steuern zahlen und wussten, dass wir nach vier bis sechs Wochen genug Geld erarbeitet hatten, um uns ausgiebig zu erholen.

Für mich hatte der Job bei der Post noch einen großen Vorteil: Ich verbesserte meine geografischen Kenntnisse. Ich gebe offen zu, dass ich viele Dinge besser kann als Geografie. Als ich mit meinem Auto einst nach Nizza wollte, lachte meine Familie nur und prophezeite, dass ich nicht mal Frankreich finden würde. Und wenn doch, dann würde ich nie zurückfinden. Navis gab es damals noch nicht, nur die gute alte Landkarte. Ich hab's dann aber doch geschafft, und alle mussten ihre Übertreibungen zu-rücknehmen.

Meine ersten Erfahrungen mit Akkordarbeit sammelte ich bei Junkers in der Nähe von Stuttgart, einem Hersteller von Warmwassergeräten. Mein damaliger Freund hatte mich für die Semesterferien dorthin vermittelt. Wir bogen Bimetalle für die Gehäuse und wurden nach Stückzahl entlohnt. Im Wissen, dass wir nur einige Wochen dort arbeiten würden, haben wir Studie-renden natürlich Tempo gemacht, um ordentlich Geld zu ver-dienen.

Die Festangestellten, überwiegend Frauen, fanden unseren Eifer gar nicht lustig; sie warfen uns Egoismus vor. Zu Recht. Denn mit unserer Geschwindigkeit versauten wir die Stückzah-len, das heißt: Die fest angestellten Frauen würden an uns jun-gen Heißspornen gemessen werden. Das war in etwa so, als ob wir, die Sprinterinnen, das Tempo für die Marathonläuferinnen vorgeben würden. Mit dem Unterschied, dass wir nach dem Sprint befreit waren vom Weiterlaufen.

Klar: Wer sein ganzes Leben lang Boiler montiert, der hat zu haushalten mit seinen Kräften und seiner Gesundheit. Ich, die eben noch stolz auf ihre Spitzenleistung war, kapierte plötzlich, was ich meinen Mitstreiterinnen damit antat. Es ging nicht um die Legitimierung von Langsamkeit, sondern um eine andere Form der Spitzenleistung, um ein dauerhaft sozial- und gesundheitsverträgliches Arbeiten.

In diesen Wochen habe ich gelernt, was es heißt, in der Industrie zu arbeiten, am Fließband, im Akkord, in der Produktion, jeden Tag ohne Aussicht auf allzu viel Veränderung. Seither habe ich eine ungefähre Vorstellung davon, was 45 Arbeitsjahre in diesen Jobs bedeuten können. Ich ahne, wie Menschen körperlich ruiniert werden, trotz aller Arbeitsschutzmaßnahmen. Ich weiß auch, was einen guten von einem schlechten Chef unterscheidet. Und ich kann mir ungefähr ausmalen, wie grausam ein dauerhaft schlechtes Betriebsklima ist.

Viele Arbeitnehmer stecken in Lebenslagen, die keine Wahl zulassen. Manchmal ist der Grund dafür die Ausbildung oder die private Situation oder aber der Arbeitsmarkt in einer strukturschwachen Region, der wenig Jobalternativen bietet. Aus eigenem Erleben weiß ich, dass jede Arbeit Respekt verdient. Hohe Einkommen, gerade wenn sie mit Boni angereichert sind, gaukeln eine fragwürdige Wertigkeit vor, so als seien Manager oder Showstars etwas Besseres, nur weil sie bisweilen ein Vielfaches von einfachen Arbeitskräften verdienen. Eine Frau, die mehr als die Hälfte ihres Lebens Boiler montiert, hat zumindest körperlich härter gearbeitet als Rechtsanwälte oder Ministerpräsidentinnen. Eine sichere Rente haben sich alle verdient.

Nicht jeder Mensch kann im Alleingang dafür sorgen, unter menschenwürdigen Bedingungen zu arbeiten, erst recht nicht, wenn er oder sie unsere Sprache nicht beherrscht und unsere Gesetze und Regeln nicht kennt. Auch deswegen brauchen Arbeitnehmer eine mächtige, manchmal lästige, auf jeden Fall selbstbewusste Interessenvertretung.

Es gehört zu den hartnäckigen Missverständnissen in diesem Land, dass Gewerkschaften grundsätzlich gegen alles seien. Das Gegenteil ist richtig: Unsere Arbeitnehmervertreter waren bis auf wenige Ausnahmen in den vergangenen Jahrzehnten ausgesprochen kooperativ. Die Beschäftigten in Deutschland haben im internationalen Vergleich sehr moderate Lohnerhöhungen mitgemacht und damit große Solidarität bewiesen. Deutschland hat auch deshalb ein Beschäftigungswunder erlebt wie kein anderes europäisches Land.

So haben die Arbeitsplatzbesitzer mit ihrer relativen Bescheidenheit auch dafür gesorgt, dass mehr Beschäftigungssuchende wieder in Arbeit kamen. Ich habe großen Respekt vor einer solchen Solidarität, die dem ganzen Land einen Erfolg beschert hat, den Unternehmern, den Aktionären und letztlich auch einem Finanzminister, der sich einer schwarzen Null im Haushalt 2014 rühmen darf. Die Bundeskasse stimmt, weil so viele Erwerbstätige wie nie zuvor historisch hohe Steuereinnahmen aufbringen und zudem die Zinsen niedrig sind.

Aus dem »kranken Mann Europas«, wie der *Economist* Deutschland im Jahre 1999 nannte, ist wieder eine ausgesprochen erfolgreiche Volkswirtschaft geworden, auch und vor allem dank der Gewerkschaften, die ihre Schwerpunkte oft auf Themen jenseits der klassischen Tarifdebatte gelegt haben. Ob Ausbildungsplätze, Altersteilzeit, Rente mit 67, Kurzarbeit – fast immer habe ich in Rheinland-Pfalz ausgesprochen konstruktive Gespräche und einen starken Lösungswillen erlebt. Ich bin stolz auf Gewerkschaften, die ihr Ziel nicht in der Blockade sehen, sondern sich als faire und kompetente, aber dennoch selbstbewusste und streitbare Gestalter einer sozialen Marktwirtschaft verstehen. Umso weniger habe ich Verständnis für Unternehmer, die erklären, man könne Arbeitnehmer nicht an den guten Gewinnen beteiligen, weil die Mehrausgaben den wirtschaftlichen Erfolg gefährden.

Deutschland hat etwas geschaffen, das weder Frankreich noch Spanien, weder Großbritannien noch die USA hinbekommen: eine Kultur des Miteinanders. Arbeitgeber und Arbeitnehmer setzen sich an einen Tisch, sie verhandeln hart, bisweilen kämpferisch, aber fast immer ergebnisorientiert. Statt eines Streiks steht am Ende meistens ein Resultat, mit dem alle leben können. Diese kulturelle Leistung ist, gerade im internationalen Wettbewerb, gar nicht hoch genug einzuschätzen. Der soziale Frieden ist ein hohes und geldwertes Gut, das der Volkswirtschaft nützt und Investoren darin bestätigt, sich in Deutschland anzusiedeln. Es mag hierzulande ein bisschen teurer sein, dafür bieten wir Sicherheit, Stabilität, Kontinuität.

Wichtige Faktoren, die das derzeitige Jobwunder mit ermöglicht haben, sind die Agenda 2010 und die Hartz-Reformen. Ich weiß, ein solcher Satz ist für viele Menschen und gerade Sozialdemokraten und Sozialdemokratinnen nicht einfach zu verdauen. Aber es gehört nun mal zur Wahrheit, dass wir nach 2005 in Deutschland einen erheblichen Anstieg der Erwerbstätigenzahl erlebt haben – gerade auch bei der sozialversicherungspflichtigen Beschäftigung. Ich kann sehr gut verstehen, warum die Arbeitsmarktreformen des damaligen Bundeskanzlers Gerhard Schröder zur Zeit ihrer Einführung heiß diskutiert wurden – weil viele Menschen schon die Begriffe als kalt und rein ökonomisch empfunden haben, man denke an die »Ich-AGs«. Ein Teil der Erwerbslosen erlebte finanzielle Einbußen. Und die Begründungszusammenhänge widersprachen manchem, woran die SPD und die Gewerkschaften seit Jahrzehnten festhielten.

Ich plädiere dennoch dafür, frühere Auseinandersetzungen ad acta zu legen und die Reformen in ihrer Bedeutung für den

Arbeitsmarkt nüchtern einzuordnen: als erfolgreiche Politik einer sozialdemokratisch geführten Bundesregierung. Denn es wäre politisch unverantwortlich gewesen, angesichts der damals fast fünf Millionen Arbeitslosen und eines an seine Belastungsgrenze gekommenen Sozialversicherungssystems einfach nichts zu tun. Das Ziel, mehr Menschen in Arbeit zu bringen, ist erreicht.

Etwas anderes steht ebenfalls auf der Haben-Seite der Reformpolitik: Die uralte Spaltung zwischen Arbeits- und Armenpolitik ist durch die Einführung von Hartz IV überwunden worden. Es ist ja mitnichten so, wie vor allem die Akteure der Partei Die Linke glauben machen wollen, dass die Situation vor der Reform für Erwerbslose paradiesisch gewesen sei. Nein, eine große Zahl hatte keinerlei Ansprüche gegenüber dem Sozialstaat, weder auf Qualifizierung noch auf Arbeitsmarktintegration. Sie waren auf die Fürsorgeleistungen der Kommunen angewiesen, die nach dem Motto liefen: »Die im Dunkeln sieht man nicht.« Hier hat die Reform einen richtigen Weg eingeschlagen: Wer arbeiten kann, soll auch die Möglichkeit dazu erhalten. Die Arbeitsvermittlung wurde deutlich professionalisiert.

Die Formel vom »Fördern und Fordern« brachte diese Idee zum Ausdruck, auch wenn gerade zu Beginn das Fordern leider stärker gewichtet wurde. An dieser Stelle muss ein wichtiger Kritikpunkt genannt werden: Die Debatten um Hartz IV haben dazu beigetragen, dass sich viele Menschen stigmatisiert gefühlt haben und ins soziale Abseits gestellt. Die damalige Bundesregierung, auch die SPD, hätte den Aspekt des Förderns, die Qualifizierungs- und Integrationsinstrumente viel entschlossener in den Blick nehmen und die Reformen gegenüber denjenigen verteidigen sollen, die sie pauschal als Bevormundung und Entwürdigung kritisierten. Dafür hätte die Säule des Förderns wirklich wirksamere Elemente beinhalten müssen.

Es war schon dramatisch, zu welchen Verwerfungen die neuen Gesetze geführt haben. Für viele Menschen, die bislang von Sozialhilfe lebten, bedeutete Hartz IV ja durchaus eine finanzielle Besserstellung. Für solche in der Arbeitslosenhilfe war es hingegen oft ein Abstieg. Die Ordnung am unteren Ende des Sozialgefüges wurde durcheinandergewirbelt. Und mancher ältere Arbeitnehmer hat teuer bezahlt für die Reformen. Hier haben wir ein klassisches Beispiel für die Paradoxien der Politik: Hartz war nötig, aber nicht alle haben ausnahmslos von den Gesetzen profitiert.

Diese Gerechtigkeitslücken versucht die SPD seit Jahren zu schließen und trifft hier häufig auf den Widerstand der Union. Vieles ist uns dennoch gelungen: Noch unter Kurt Beck als SPD-Parteivorsitzendem hat die Sozialdemokratie es geschafft, die Bezugsdauer für ALG-I-Empfänger zu verlängern und so der Lebensleistung älterer Arbeitnehmer und dem Wert der Arbeit gerecht zu werden.

Mit der Einführung des Landestariftreuegesetzes in Rheinland-Pfalz vor vier Jahren hat die SPD im Lande dazu beigetragen, die einsetzende Entwertung der Arbeit zu bremsen. Da die damalige Bundesregierung nicht bereit war, den Mindestlohn einzuführen und Sozialstandards festzuschreiben, habe ich als Arbeitsministerin mit dem Gesetz für öffentliche Auftragsvergabe ein faires Mindestentgelt festgelegt und gute Arbeitsbedingungen zur Voraussetzung gemacht.

Mit dem Mindestlohn ist 2015 eine weitere Gerechtigkeitslücke geschlossen worden. Für seine Einführung hat die Sozialdemokratie, habe ich ganz persönlich, seit vielen Jahren gestritten. Die Union und erst recht die FDP haben ihn erbittert bekämpft. Der Mindestlohn ist und bleibt ein historischer Erfolg der SPD, der Gewerkschaften und nicht zuletzt der Arbeitnehmerinnen und Arbeitnehmer im Ringen um ihre Interessen. Er bringt Gerechtigkeit, mit ihm wird der Wert der Arbeit nach unten abgesichert und das Lohndumping bis hin zur Ausbeutung verhindert. Auch ökonomisch ist der Mindestlohn übrigens sinnvoll, denn er stärkt den Binnenkonsum und schützt ehrliche Unternehmerinnen und Unternehmer vor Dumpingkonkurrenz.

Der Mindestlohn ist das zentrale Instrument, um wieder Ordnung auf dem Arbeitsmarkt zu schaffen. Nun geht es darum, den Missbrauch von Werkvertrags- und Leiharbeitsregelungen einzudämmen sowie Tarifbindung und Tariftreue zu stärken.

All diese Bemühungen zeigen: Die SPD sorgt für mehr Gerechtigkeit auf dem Arbeitsmarkt und stärkt die Arbeitnehmerinnen und Arbeitnehmer in ihrem Bemühen um gute, faire und sichere Arbeit. Mir ist darüber hinaus eines wichtig: Wir müssen etwas für diejenigen tun, die trotz des Jobwunders bisher nicht in den ersten Arbeitsmarkt vorgedrungen sind. Ehrlicherweise muss ich zwei Dinge festhalten: Erstens sind manche arbeitsmarktpolitischen Instrumente nicht so erfolgreich wie erhofft. Und zweitens wird es für einen Teil der Langzeitarbeitslosen auf Dauer sehr schwierig sein, ohne Weiteres auf dem Arbeitsmarkt eine Perspektive zu finden. Hier sollten wir keinen falschen Hoffnungen erliegen. Nicht jeder Mensch kann und muss Vollzeit im Arbeitsleben stehen, nicht jeder Mensch schafft es ohne Unterstützung. Wir brauchen vielmehr individuelle und passgenaue Lösungen, um möglichst vielen Menschen entsprechend ihren Fähigkeiten und Qualifikationen die Teilhabe am gesellschaftlichen Leben zu ermöglichen. Arbeit ist hierfür ein zentrales Element.

Ich stehe für eine Politik der zweiten und dritten Chance. Dies gilt auch für die Arbeitsmarktpolitik. Wir müssen den Menschen, die aus dem System der Erwerbsarbeit gefallen sind oder es schwer haben, überhaupt hineinzukommen, neue Wege und Perspektiven eröffnen. Wir dürfen niemanden aufgeben.

Für mich wie für die gesamte Sozialdemokratie galt immer: Wir lassen keinen zurück. Jeder soll Arbeit haben, aber nicht irgendwelche, sondern gute Arbeit – ordentlich bezahlt und zu anständigen Bedingungen. Dieses Ziel ist gewaltig, aber jede Mühe wert.

Die rheinland-pfälzische Landesregierung legt einen Schwerpunkt in der Arbeitsmarktpolitik auf die Integration von Langzeitarbeitslosen. Wir schaffen durch gezielte Fördermaßnahmen Arbeitsmöglichkeiten, gerade auch im ländlichen Raum. Der Dorfladen oder die Werkstatt ist dann nicht nur für die dort tätigen Menschen ein Gewinn, sondern auch für die Region.

Ich begrüße das von der Arbeits- und Sozialministerin Andrea Nahles initiierte Bundesprogramm »Soziale Teilhabe am Arbeitsmarkt«, mit dem Menschen durch Lohnkostenzuschüsse der Eintritt in ein Beschäftigungsverhältnis eröffnet wird. Ich trete darüber hinaus dafür ein, dass endlich Wege gefunden werden, solche Programme auf Dauer zu etablieren.

Mir ist es wichtig, dass wir wegkommen von der zeitlichen Befristung der Maßnahmen zur Arbeitsmarktintegration. Denn jeder gut gemeinte Förderansatz bleibt Stückwerk, wenn er nach einem halben Jahr beendet wird und die Menschen wieder in die Transferleistungsabhängigkeit geschickt werden, obwohl klar ist, dass sie gerne arbeiten, aber es ohne Unterstützung auf Dauer nicht packen können.

Nicht nur die Agenda 2010, auch ein anderes Phänomen hat großen Einfluss auf unseren Arbeitsmarkt. Die Demografie hat einiges verändert. Ein Land mit niedriger Geburtenrate und einem vergleichsweise geringen Anteil vollzeitbeschäftigter Frauen hat automatisch weniger Sorgen mit der Arbeitslosigkeit. So wird Arbeitskraft, die vor zehn Jahren überflüssig schien, plötzlich dringend gebraucht. Die Frühverrentungswellen von einst kann sich Deutschland nicht mehr leisten.

Richtig ist, dass die Menschen selbst entscheiden sollen, in welcher Form und wie lange sie arbeiten wollen. Es kann nicht sein, dass Gesetze verbieten, eine dringend benötigte Fachkraft zu beschäftigen, nur weil sie ein bestimmtes Alter erreicht hat. Es muss aber auch eine feste, zuverlässige Rentengrenze geben, sodass jeder Beschäftigte weiß, wann er sicher in den Ruhestand gehen kann.

Es gehört zur Redlichkeit, dass wir uns den sich dramatisch ändernden Bedingungen der neuen Arbeitswelt stellen. Zu lange sind die Politik, aber auch Wirtschaft und Arbeitnehmer vom klassischen Modell des lebenslangen Vollzeitarbeitsplatzes ausgegangen. Erziehungszeiten galten schon als großes Zugeständnis. Doch in der neuen Arbeitswelt wird alles, wirklich alles, neu definiert: die Arbeitszeiten, die Anwesenheit, die Bezahlung, das Miteinander der Kollegen, Auszeiten, Pflegezeiten, Weiterbildung, Jobwechsel.

Wer vor 20 Jahren Automechaniker gelernt hat, muss heute ein Software-Experte sein. Berufe wie Schriftsetzer oder Fotolaborant sind fast verschwunden, in internationalen Kleinunternehmen arbeiten dagegen ein Inder, eine Deutsche und ein Australier online zusammen, ohne sich je persönlich getroffen zu haben. Sie kennen sich dennoch gut, über Videokonferenzen. Wo aber zahlen sie Steuern? Zahlreiche Fragen, die die Globalisierung mit sich bringt, sind offen, haben aber zugleich konkrete Folgen für viele Millionen Arbeitsplätze und die dazugehörigen Volkswirtschaften.

Was ist Ausbeutung in der digitalen Welt? Wie sieht gute Arbeit aus, wenn ein Konzern in Palo Alto denkt, in China produzieren lässt, in Deutschland kassiert, in Irland versteuert? Wir befinden uns nicht am Ende von politischer Gestaltung der Arbeit, nur weil die klassischen Industriearbeitsplätze weniger geworden sind. Wir stehen vielmehr am Anfang einer Entwicklung, die nahezu keinen Arbeitsplatz unberührt lassen wird. Fairness und Gerechtigkeit müssen unentwegt neu verhandelt und erkämpft werden. Und Industriearbeitsplätze wollen wir auch in Zukunft.

Mögen wir stolz darauf sein, dass manche der Schlecker-Frauen, die plötzlich unverschuldet auf der Straße standen, wieder in Lohn und Brot stehen – die wirtschaftliche Dynamik ist derart hoch, dass wir praktisch täglich mit Fällen wie dem Schlecker-Desaster konfrontiert sein können. Zugleich fällt es uns immer schwerer, die alten Definitionen aufrechtzuerhalten. Ein junger Programmierer, der zwei, drei Jahre am Existenzminimum lebt, weil er wie verrückt für seine Idee arbeitet, der ist zwar arm, wird aber einige Jahre später einen gut dotierten Job haben oder gar seine eigene Firma. Ein anderer junger Mann, der als Geringqualifizierter anfangs vielleicht besser verdient, fällt womöglich in ein Loch, weil seine Tätigkeit nicht mehr gefragt ist. Was auf dem Papier sehr ähnlich aussieht, unterscheidet sich in Wirklichkeit womöglich gewaltig. Moderne Politik muss lernen, mehr auf individuelle Situationen zu achten.

Durch unsere drei Kinder weiß ich, wie unglaublich wechselhaft der Arbeitsmarkt sein kann. Sie arbeiten in Beratungsunternehmen, als Kommunikationsdesigner und im Gesundheitswesen. Sie wissen, dass sich ihre Jobs jederzeit verändern, abgewickelt oder völlig neu ausgerichtet werden können. Einen lebenslangen Arbeitsplatz erwartet keines von ihnen; wenn wir von unseren Eltern und den berechenbaren Lebensplanungen der Wirtschaftswunderzeit erzählen, dann lächeln sie nur milde.

Die Dynamisierung des Arbeitsmarktes bringt zudem Beschäftigungsverhältnisse mit sich, die wir auf Dauer nicht gutheißen können. Zeitarbeit, Leiharbeit und Werkverträge mögen in Ausnahmefällen wichtige Instrumente sein, um Beschäftigungshöhen und -tiefen auszugleichen. Aber solche Jobs dürfen normale unbefristete Arbeitsplätze nicht ersetzen. Und die aus der Start-up-Kultur stammende Ideologie, dass jeder Mensch gleichsam ein Unternehmer in eigener Sache sei, ist nun mal nicht auf jede Persönlichkeit und jedes Arbeitsverhältnis zu übertragen.

Die neue Arbeitswelt braucht nicht weniger, sondern mehr soziale Begleitung. Auch hier gilt: Die Gewerkschaften sind nicht Gegner, sondern Partner der ökonomischen Zukunft. Sie stehen vor einer besonderen Herausforderung. Denn je weiter die Menschen von einem regulären Arbeitsplatz entfernt sind, desto geringer ist die Neigung, sich gewerkschaftlich zu organisieren. Aber Menschen in prekärer Beschäftigung sind besonders dringend auf eine starke Interessenvertretung angewiesen.

Menschen, die 50, 60 Stunden die Woche schuften und dennoch nicht leben können von ihrem Lohn, werden ihr Zutrauen in unser Wirtschaftssystem und in die Macht der Politik verlieren, wenn sie keine Perspektive für sich sehen.

Vor allem dürfen wir Politiker, aber auch Wissenschaftler und Ökonomen nicht den Fehler machen, vor lauter Algorithmen eine Arbeitswelt herbeizufantasieren, in der nur noch Prozessoptimierer in Designerklamotten an ihren Laptops sitzen. In einem Gutachten des Fraunhofer-Instituts zur sogenannten »Industrie 4.0« heißt es, dass die Menschen künftig vor allem »Dirigenten« und »Koordinatoren« sein werden; die schwere Arbeit dagegen würden Maschinen und Programme übernehmen. Schöne, saubere, optimierte, prozessgesteuerte Welt. Alles riecht gut und ist glänzend weiß. Das Büro sieht aus wie ein iPad von innen, aber die Arbeit wird ja eh aus der Hängematte heraus erledigt. Was für eine Illusion.

Es stimmt zwar, dass der Anteil von einfacher Arbeit kontinuierlich sinkt. Aber: Wer reinigt die Wohnungen der Dirigenten und Koordinatoren? Wer bringt ihnen Essen, organisiert ihr

Leben, bügelt ihre Hemden, bringt ihr WLAN zum Laufen? Und wer schleppt die Pakete mit den Internet-Bestellungen in den vierten Stock?

Bei aller Unsicherheit steht zumindest eines fest: Die Arbeit wird uns nicht ausgehen. Gerade Fachkräfte werden immer gebraucht. Und besonders kleine und mittlere Unternehmen sind auf gut ausgebildete Mitarbeiterinnen und Mitarbeiter angewiesen. Bis 2030 werden wir in Rheinland-Pfalz über 200 000 Menschen, die am Erwerbsleben teilnehmen, weniger haben; im Rest der Republik sieht es ähnlich aus. Wir können es uns nicht erlauben, unsere Potenziale ungenutzt zu lassen.

Die Fachkräftesicherung ist meiner Ansicht nach die zentrale Herausforderung der Zukunft. Dabei müssen wir viele Dimensionen zusammendenken: altersgerechtes Arbeiten, Gesundheitsschutz für die Arbeitnehmer und Arbeitnehmerinnen vor allem in besonders herausfordernden Berufen, die Integration von Migranten sowie von Menschen mit Behinderung, gute Bildung, Ausbildung und Qualifizierung der jungen Generation, die Vereinbarkeit von Familie und Beruf sowie faire Chancen für Frauen auf dem Arbeitsmarkt.

Die von mir geführte Landesregierung hat daher 2014 die Landesstrategie zur Fachkräftesicherung auf den Weg gebracht. Sie ist ein Meilenstein in unserem Bestreben, wirtschaftliche Leistungsfähigkeit, gesellschaftlichen Wohlstand und individuelle Lebenschancen für die Bürgerinnen und Bürger miteinander zu verknüpfen. In einem Bündnis aus Arbeitgebern, Gewerkschaften, Kammern, der Bundesagentur für Arbeit sowie der Landesregierung sind über 200 Einzelmaßnahmen erarbeitet worden, die nun Schritt für Schritt umgesetzt werden. Das besondere Merkmal an unserer Fachkräftestrategie ist die hohe Verbindlichkeit: Alle Partner haben sich schriftlich darauf verständigt, Fortschritte regelmäßig zu evaluieren.

Bereits als Ministerin für Arbeit, Soziales, Familie und Gesundheit habe ich das konstruktive Miteinander zu schätzen gelernt, das in solchen Runden entsteht. Im von der rot-grünen Landesregierung initiierten Fachkräftebündnis kennen sich die Teilnehmer; vor allem wissen sie, dass sie sich regelmäßig wiedersehen. Da überlegt man erstens, welchen Ton man anschlägt, und zweitens entsteht durch die Verbindlichkeit eine positive Eigendynamik. Alle Teilnehmer erleben, dass konsensuales und kontinuierliches Arbeiten effektiver und angenehmer ist als gelegentliche Polterei, wie sie auch in der Politik oft so hingebungsvoll gepflegt wird. Nicht alles, was medienwirksam ist, dient auch dem Land und den Menschen.

Der entscheidende Nachteil am konfrontativen Stil ist der hohe Verschleiß: Zunächst müssen sich die Streithähne wieder vertragen, bevor sie überhaupt auf eine gemeinsame Ebene kommen, um konkretes Handeln zu vereinbaren. Die ständige Wieder-Annäherung und der sich wiederholende Abbau von Misstrauen sind jedoch zeitraubende und energiefressende Angelegenheiten. Bei der Landesfachkräfteinitiative vertrauen sich die Akteure. Sie lieben sich nicht alle, aber sie respektieren sich. Ein Ja ist ein Ja, ein Nein ist ein Nein. Keiner spielt falsch oder zetert übermäßig viel über die Medien. Wo aber Vertrauen herrscht, da wird schneller und sicherer entschieden. Auf diese Kultur des Miteinanders bin ich stolz.

GESUNDHEIT:
Was unser Wohl wert ist

Nicht nur aus meiner langen Zeit als zuständige Ministerin
bin ich mit dem deutschen Gesundheitswesen vertraut.
Unser System ist Vorbild für die ganze Welt. Aber es gibt
viel zu verbessern.

Ende der Achtzigerjahre verdiente ich als Rechtsreferendarin
zum ersten Mal kontinuierlich Geld. Jeden Monat ging zuverlässig ein stolzes Gehalt auf meinem Konto ein. Das war klasse.
Und was macht der junge Mensch, wenn er die Welt der Hochschule verlassen hat? Er muss sich um eine Krankenversicherung kümmern. Als Studentin war ich bei der Barmer versichert
gewesen. Und jetzt, als Beamtin auf Zeit? Mein Vater, der Schulleiter, riet mir zu einer privaten Krankenkasse, wo man als Beamter nun mal versichert sei.

Ich gestehe: Ich habe damals nicht verstanden, wie das deutsche Gesundheitssystem funktioniert. Mir schien die Privatversicherung preisgünstiger und leistungsstärker. Viel später erst
wurde mir klar, dass unser System unsolidarisch konstruiert ist.
Es war die Zeit, als meine Rückenschmerzen zunahmen. Nichts
Ernstes, beruhigte mich der Orthopäde, nur eine Überlastung
der Lendenwirbel L3 und L4. Rücken hatte fast jeder damals, der
zu viel in der Uni-Bibliothek gesessen hatte.

Ich fühlte mich mein Leben lang kerngesund. Ich war als
Kind nie krank, ich war supersportlich, kein Wasser konnte so
kalt sein, dass ich nicht hineingesprungen wäre, kein Kletter-

steig zu steil. Ich fühlte mich unverletzlich. Es gab eigentlich nur ein Handicap, aber das war früh behoben worden. Bereits mit 13 hatte ich meine erste Brille bekommen, weil ich ausgesprochen kurzsichtig war. Ich erinnere mich noch, wie ich damals auf meiner Couch saß und minutenlang die neue Brille immer wieder auf- und absetzte. Und noch mal. Und noch mal. Auf der gegenüberliegenden Seite meines Zimmers hing ein Landschaftsbild. Faszinierend, was ich plötzlich alles erkannte. Ich musste immer wieder testen, wie das Bild scharf aussah, mit Brille, und wie ich es bislang wahrgenommen hatte, nämlich eher als bunte Flecken. Schon wieder was gelernt fürs Leben: Auch wer schräg oder unscharf auf die Welt schaut, wird diese Perspektive für völlig normal halten. Er kennt ja keine andere und geht selbstverständlich davon aus, dass alle anderen Menschen das gleiche Bild sehen. Heute trage ich meistens Kontaktlinsen. Auch so eine segensreiche Erfindung.

Ansonsten war ich für die Krankenkasse eine willkommene Nettozahlerin. Zum Glück wusste meine Krankenkasse nicht, mit wem ich damals zusammen war, einem tollen Kerl, Seemann, Philosoph und Abenteurer. Er hatte eine Eigenschaft, die an Verrücktheit grenzte: Er konnte keinen normalen Weg gehen. Es musste immer die schwierige Strecke sein, ob Abkürzung übers Geröll oder Klettern am Hang. Ich wundere mich bis heute, dass er manchmal Treppen benutzt hat. Es hätte ihm eher entsprochen, wenn er draußen an der Fassade hochgeklettert wäre. Er war ein klassischer Risk Taker, einer, dem es Spaß bereitete, wenn das Adrenalin durch die Adern schießt. Und ich war mit dabei. Von meinem Vater hatte ich gelernt, dass ich mir alles zutrauen konnte. Ich würde es schaffen. Ob im Kanu oder im Hochgebirge, mir gefror immer mal wieder das Blut. Aber nur für einige Sekunden. Es war eine tolle Zeit, wenn auch nicht im Sinne der Krankenversicherung. Denn wir waren alles, aber nicht vorsichtig. »Malu unkaputtbar«, so nahm ich mich wahr. Wenn nur diese Rückenschmerzen nicht gewesen wären.

Mit 32 war ich wegen des Rückens erneut beim Arzt, in einer größeren Untersuchung. Wieder lautete die Diagnose: alles okay, keine Probleme, nur die Wirbel ein bisschen strapaziert. Macht nichts. Wird schon werden, mit Krankengymnastik.

Ich war 34 und bereits Bürgermeisterin in Bad Kreuznach, als ich mich 1995 zur nächsten Untersuchung begab. Ich spürte, da stimmt was nicht. Beim Inline-Skaten driftete mein rechtes Bein auf einmal ab; ich konnte es mit Muskelkraft nicht halten. Fühlte sich merkwürdig an. Das war mehr als Rücken. Jede Bewegung verlangte ungewöhnlich viel Kraft. Ich fühlte mich unsicher. Mein Orthopäde war ebenfalls skeptisch. Die Beschwerden, die inzwischen ins rechte Bein zogen, könnten mit dem Rücken nichts zu tun haben, sagte er und besorgte mir einen raschen MRT-Termin.

Es war abends kurz vor 22 Uhr, als ich in die Röhre gefahren wurde. Es ist unheimlich in diesen Dingern. Das Klackern des kreisenden Magneten hebt die Stimmung auch nicht. Ich fühlte mich einsam. Ich merkte, dass etwas Unheimliches im Gange war. Und ich hatte großes Pech, dass der zuständige Arzt womöglich eine medizinische Kapazität war, aber das Einfühlungsvermögen eines Eisberges besaß. Er meinte nur, dass man nichts Genaues sagen könne, vom Rücken stammten die Beschwerden jedenfalls nicht. Womöglich handele es sich um Multiple Sklerose, aber sicher könne er das jetzt nicht bestimmen, das müsse man sich mal in Ruhe angucken. Schönen Abend noch.

Peng. Die Tür der Praxis schlug zu. Ich stand draußen auf der Straße. Die Gedanken flogen wie glühende Flipperkugeln durch meinen Kopf: Multiple Sklerose? Das hatte ich natürlich schon mal gehört, konnte es aber überhaupt nicht einordnen. Mein Freund war in der Schweiz. Wahrscheinlich habe ich die ganze

Zeit geheult, während ich einen guten Bekannten anrief, der in der Nähe wohnte. Seine Frau war Ärztin. Sie hat mich erst mal beruhigt, so weit das möglich war. Half aber nichts. Der späte Abend ist keine gute Tageszeit für schlechte Nachrichten. Doch die Gedanken lichteten sich am hellen Morgen. Ein befreundeter Neurologe hat meine vielen turbulenten Emotionen dann erst einmal zu versachlichen versucht.

Zunächst einmal stand noch eine Reihe von Untersuchungen aus. Bei der MS gibt es zum Beispiel ähnliche Symptome wie bei der Borreliose, die durch Zecken übertragen wird. Mehr Klarheit bringt erst eine Untersuchung von Nervenflüssigkeit aus dem Rückenmark. Ich hatte allerdings keine großen Hoffnungen, dass sich die erste Vermutung in Luft auflösen würde. Ich wusste, dass das MRT recht hatte. Und so war es dann auch.

Während ich mich fragte, wie es weitergehen würde, ob es überhaupt weitergehen würde, hat mein befreundeter Neurologe mir erklärt, dass sich erst einmal nichts ändern müsse. Ich sei zwar krank, aber nicht akut. »Einfach weiterleben«, sagte er. Aber so einfach ist das nicht.

Es gehört zu den Tücken der MS, dass die Krankheit sehr überraschend auftaucht, sich verstärkt, wieder verkriecht oder sich gar nicht mehr zu erkennen gibt. Aber sie ist da. Unheilbar. Als »Sklerose« bezeichnet man die Verhärtung eines Organs oder Gewebes, in diesem Fall in den Nervenfasern. Wahrscheinlich greift der Körper sich selbst an, in der leider falschen Absicht, sich zu verteidigen. Meine Form der MS gehört zu einer seltenen Art. Zum Glück beeinträchtigt sie mich nur in meiner Mobilität. Aber das wusste ich am Anfang alles noch nicht. Ich hing völlig in der Luft, auch deswegen, weil sich mein Selbstbild völlig verdrehte. Meine vermeintliche Unverletzlichkeit war plötzlich dahin. Die starke Malu war auf einmal eine heulende MS-Patientin.

Die emotionale Phase ist nicht schön, aber wichtig. Wut, Zorn, Trauer, Verzweiflung – das muss alles erst einmal raus. Es wäre ungesund, die negativen Gefühle einzukapseln und sofort die Tapfere zu spielen. Lieber einige Zeit durchheulen, fluchen, zetern. Aber dann ist auch wieder gut. Opfer sein, das kann ich nicht, das will ich nicht. Ich will wissen, was ich aus eigener Kraft ändern kann.

Wenn ich die Emotionen erst einmal hinter mir gelassen habe, kann ich den Schalter gut umlegen und konzentriert nach vorn blicken. Dann übernimmt die Disziplinierte wieder das Kommando. Die starken Gefühle kommen immer mal wieder, am Anfang jeden Tag, nach einigen Jahren immer seltener. Bis heute leide ich darunter, dass ich kaum noch Sport treiben kann, jedenfalls nicht so wie früher, als ich mehrfach die Woche morgens um sechs Uhr am Rhein joggen war. Ich bin ein Bewegungsmensch. Dafür haben wir jetzt ein Rudergerät zu Hause, aus Holz, mit einem Wassertank, der bei jedem Zug wundervolle Wellengeräusche macht. Und eines Tages will ich auch wieder einen Berg besteigen. Es muss ja nicht gleich der Mount Everest sein.

Am Anfang hätte ich solche Pläne nicht geschmiedet. Denn der Verlust der gefühlten Unverletzlichkeit bringt Zweifel mit sich: Kann ich meiner Kraft noch vertrauen? Kann ich dem Leben überhaupt vertrauen, wenn es mir so etwas antut? Und: Rede ich mir meine Durchhalteparolen nicht allesamt nur ein?

Am Anfang bin ich heimlich zur Reha in die Schweiz gefahren. Ich war zwar schon Bürgermeisterin, aber mein Neurologe hatte mir geraten, die Krankheit nicht öffentlich zu machen. Nur meine Familie und die engsten Freunde wussten davon, später auch Kurt Beck. Weil ich Ministerin in seinem Kabinett wurde, musste der Regierungschef natürlich wissen, mit wem er da zusammenarbeitete. Es bleibt ja eine gewisse Unsicherheit, wie sich die Krankheit entwickelt. Und wie die Kranken. Ich habe Patienten mit der gleichen Verlaufsform der MS kennengelernt, für die es kaum Medikamente gab, die trotzdem alle möglichen Mittel in allen denkbaren Dosierungen ausprobiert haben, aus lauter Verzweiflung. Ich fand es faszinierend und vor allem ermutigend, wie entspannt Kurt Beck mit meiner Krankheit umgegangen ist.

MS ist physisch wie psychisch eine Herausforderung. Denn über die Krankheit ist vieles nicht bekannt. Woher sie kommt, wie sie ausgelöst wird, was genau passiert – viele Fragezeichen. Selbst der stabilste Charakter fragt sich: warum ich? Die Selbstzweifel können mächtig sein, zumal die Krankheit so gespenstisch ist. Fest steht, dass manche Nervenbahnen verletzt sind, wie beschädigte Stromkabel. So kommt es zu Kurzschlüssen und Entzündungen. Manche Patienten bekommen Cortison-Infusionen, wenn wieder ein Entzündungsschub losgeht, viele Verletzungen bilden sich zurück. Manche Beschwerden lassen sich lindern. Aber bei jedem Patienten nimmt MS einen anderen Verlauf – »die Krankheit mit den tausend Gesichtern«, wie die Deutsche Gesellschaft für Neurologie schreibt.

Zufall oder Erblichkeit, meine Schwester ist ebenfalls an MS erkrankt. Sie lebt ohne Einschränkungen. In der Medizin besteht noch keine Klarheit über das familiäre MS-Risiko. Ich leide an einer eher seltenen Form der primärchronisch-progredienten MS. Weil es hier wenige Patienten gibt, wird auf diesem Gebiet weniger geforscht als auf anderen. Deswegen gibt es auch kaum Medikamente.

Es hat eine Weile gedauert, aber inzwischen betrachte ich meine Krankheit als eine Art Lehrerin. Ich habe kapiert, dass ich auf mich achten muss, deswegen nehme ich meine Physiotherapie sehr ernst. Wenn ich mich dauerhaft ungesund ernähre, fühle ich mich unwohl. Und ich gehe bewusster durch die Welt.

Achtsamkeit ist neuerdings ein viel gebrauchtes Wort, zu Recht. Ich achte auf mich, ich achte auf andere. Ich nutze meine Zeit, auch die freie, ich schiebe möglichst nichts auf, ich lasse ungern etwas unausgesprochen.

Eine chronische Krankheit zwingt den Menschen im idealen Fall zu einem bewussteren Leben – Zeit bekommt einen größeren Wert. Und der Blick zurück ist häufig keine gute Idee: Soll ich mich darüber grämen, dass die Krankheit nicht schon bei den ersten Rückenschmerzen diagnostiziert worden war? Dann hätte ich ja noch früher auf Sport verzichten müssen. Soll ich dagegen protestieren, dass kein Medikament für meine Krankheit entwickelt wird? Nein. Ich trainiere lieber und freue mich über jeden Meter, den ich schaffe. Denn das ist die gute Nachricht: Heute geht es mir besser als vor zehn Jahren. Die Ärzte wundern sich. Ich freue mich. Und ich habe begriffen, wie Unabhängigkeit funktioniert. Denn erst als ich es geschafft habe, die Krankheit ohne Hass zu akzeptieren, als Teil von mir, da habe ich mich plötzlich frei gefühlt, so frei wie nie zuvor. Es mag paradox klingen, aber: Ich weiß, was mir wichtig ist. Und wenn ich mich entschieden habe, etwas zu tun, dann aus voller Kraft und aus vollem Herzen. Weil es mir etwas bedeutet.

Ich fühle mich außerordentlich gut behandelt im deutschen Gesundheitssystem, wobei wohl nicht ganz auszuschließen ist, dass Ministerpräsidentinnen hier und da eine Vorzugsbehandlung genießen. Selbst wenn ich ganz normal behandelt werden möchte, kümmert man sich manchmal auffallend aufmerksam um mich. Manche Politiker neigen dazu, diese Behandlung für den Normalfall zu halten.

Schwachstellen sehe ich allerdings trotzdem, zum Beispiel bei der Physiotherapie, zu der ich zwei- bis dreimal die Woche morgens gehe. Die Leistung dieser Menschen wird häufig unterbewertet und von der Krankenkasse nicht gut genug bezahlt.

Die Physiotherapeuten, die oftmals eine exzellente Ausbildung genossen haben und dichter am Kniegelenk sind als mancher Chefarzt, brauchen Handlungsspielräume. Aber die Kassen machen diese Räume enger. Statt wie früher zehn Anwendungen werden meist nur noch sechs bezahlt. Die Zeiten werden immer kürzer. 15 Minuten genügen beim besten Willen nicht für eine angemessene Behandlung.

Zugleich nimmt der Stress der Physiotherapeuten gewaltig zu. Für Geräte und Medikamente ist immer noch reichlich Geld da. Aber die Fachkräfte, die wirklich Nutzen bringen, werden zum Teil unterhalb des Mindestlohns bezahlt, wenn man von 15 Euro pro Krankengymnastikbehandlung die ganzen Kosten abzieht. Dafür haben Physiotherapeuten mindestens drei Jahre Ausbildung gemacht, oft aus eigener Tasche bezahlt, und dann noch eine kostspielige Zusatzausbildung oben draufgesetzt. Wollen wir wirklich zulassen, dass diese Helfer und Heiler reihenweise ihre Kassenzulassungen zurückgeben und nur noch Privatversicherte und Barzahler behandeln?

Ähnlich ist es beim Pflegepersonal, das häufig näher am Patienten dran ist als die Ärzte. Ich kämpfe seit Jahren dafür, dass Schwestern und Pfleger mehr Leistungen übernehmen dürfen, die bislang nur Ärzten vorbehalten sind. Sie brauchen ebenso wie Physiotherapeuten mehr Möglichkeiten zur Weiterentwicklung und einen höheren Status in unserem Gesundheitswesen. Und was steht dagegen? Ein sehr restriktives berufsständisches System und das immer noch verbreitete Standesdenken der Ärzteschaft, das so vieles verhindert, was die eigene Bedeutung gefährdet.

Ähnliches trifft auf die oftmalige Abwertung der Homöopathie zu. Natürlich gibt es eine Reihe esoterisch durchdrungener Gurus, die mit fragwürdigen Methoden mehr Unheil als Genesung schaffen. Ich mache aber gute Erfahrungen mit meinen homöopathischen Mitteln. Glücklicherweise hat mein Hausarzt noch eine Zusatzausbildung zum Homöopathen. »Wenn es dir guttut ...«, hat ein befreundeter Neurologe zu mir gesagt. Auch hier gilt also: Jeder muss seinen eigenen Weg gehen und herausfinden, was ihm persönlich hilft.

Ich halte wirklich viel vom deutschen Gesundheitssystem. Obgleich praktisch täglich eine Interessengruppe den Eindruck erzeugt, dass wahlweise Ärzte, Patienten, Krankenhäuser oder Pharma-Unternehmen am Abgrund stehen, ist die Versorgung im internationalen Vergleich sehr gut. Immer wieder bestätigen mir meine Mitstreiter in der Reha, dass sie ihre Anwendungen, Heilmittel und Kuren bekommen, ganz gleich welchen Alters, welcher Herkunft, welcher Krankheit.

Eine gute Gelegenheit, um mit dem verbreiteten Vorurteil vom »fordernden Patienten« aufzuräumen. Demnach lesen sich immer mehr Patienten im Internet medizinisches Halbwissen an, um die Doktoren mit teuren Therapie-Forderungen zu behelligen. Mehrere internationale Studien, so berichtet die *Süddeutsche Zeitung*, hätten jedoch ergeben, dass Patienten »mit unklaren Beschwerden keineswegs primär auf Hightech-Untersuchungen drängen oder Medikamente einfordern, sondern emotionale Unterstützung suchen und auf ihre Ängste und Sorgen hinweisen«. Es würde einer oftmals hochemotional geführten Gesundheitsdebatte helfen, wenn sich alle Beteiligten darauf einigten, den vorherrschenden Alarmismus zu dämpfen.

Zwei Themen kommen mir im Gesundheitswesen deutlich zu kurz: Das eine ist die Prävention, das andere die psychische Begleitung. Ich hätte gern mehr Leute kennengelernt, die gut mit MS leben. Ich hätte gern öfter Erfolgs- und Fortschrittsgeschichten gehört. Aber ich habe keine gefunden. Auch wenn ich selbst in keiner Selbsthilfegruppe war, so halte ich doch viel von offenem Austausch der Betroffenen.

Die meisten chronisch Kranken haben das Glück, auf einen klugen, einfühlsamen Arzt zu treffen. Auf meinen Neurologen und meinen Hausarzt lasse ich nichts kommen. Manche Patienten aber bleiben völlig allein mit ihren Gedanken. Und die können ganz schnell düster werden. Es soll andere Menschen geben, die die Krankheit einfach vergessen. Ich gehöre nicht dazu. Die Krankheit ist nie immer da und nie ganz weg. Vielleicht will ich auch gar nicht vergessen, sondern suche eine konstruktive Auseinandersetzung.

Ich bin überzeugt, dass eine starke, optimistische Seele den Krankheitsverlauf durchaus beeinflussen kann. Viele Patienten berichten zum Beispiel von starken Schuldgefühlen. Sie sehen die Krankheit als Strafe für was auch immer. Warum ich? Was habe ich getan, dass ich bestraft werde? Warum trifft es nicht andere, die viel ungesünder leben? Solche Gedanken mögen nicht rational sein. Aber sie tauchen auf, bisweilen unterbewusst. So kommen zu den körperlichen Beschwerden auch noch psychische Leiden. Gerade psychische Beschwerden betreffen nicht nur den Patienten, sondern auch seine Mitmenschen. Ob Essstörung, Depression oder Trauma: Familie, Freunde, Kollegen leiden mit. Die Wechselwirkungen sind beträchtlich und nicht immer leicht zu verstehen.

Ich sehe den Menschen als Ganzes, als System von Systemen. Im Bauch, so heißt es, sitze ein zweites Gehirn. Falsches Atmen kann Menschen krank machen. Permanentes Mobbing kann körperliche Reaktionen verursachen. Ursachen und Wirkungen verzahnen sich zu einem vielschichtigen Wechselspiel, etwa bei psychosomatischen Beschwerden. Das System Mensch ist hochkomplex und hochindividuell. Eines aber steht fest: Je früher wir uns darum kümmern, Beschwerden in den Griff zu bekommen, desto erträglicher wird es für den Patienten und meist auch für die Krankenkasse.

Leider haben wir in Deutschland ein massives Präventions-
problem. Stattdessen herrscht eine weitverbreitete Reparatur-
mentalität. Erst wenn wir uns so richtig tief in den Burn-out
hineingestresst haben, schleppen wir uns zum Arzt, der uns erst
einmal lange krankschreibt. In Schweden, Norwegen und Irland
wird deutlich mehr Wert auf Prävention gelegt, die die Experten
auch »die vierte Säule« im Gesundheitssystem nennen.

Wir brauchen schleunigst eine Gesamtstrategie Prävention,
die die Bürger einerseits ermutigt, zweitens befähigt und drittens auch sanft dazu bewegt, Krankheiten zu vermeiden, anstatt
darauf zu warten. Ich hoffe, dass das Präventionsgesetz, das die
Bundesregierung vorgelegt hat, sich als gute Grundlage für eine
Strategie erweisen wird. Chronische Beschwerden lassen sich
präventiv vielfach gut in den Griff bekommen, über die Bedeutung der Ernährung, Bewegung und Erholung weiß inzwischen
wohl jeder Bescheid.

Einige Mitarbeiterinnen und Mitarbeiter haben zwar ver-
nehmlich gestöhnt, aber ich habe als Gesundheits- und Arbeitsministerin schon Ende 2005 ein Rahmenkonzept zum »Ge-
sundheitsmanagement in der Landesverwaltung« vorgelegt. Mir
war wichtig, dass sich alle Landesbediensteten auf dieselben
Standards verlassen können. Die Aspekte sind schließlich unglaublich vielfältig: Es geht um Arbeitsschutz und respektvolle
Führung, um Arbeitszeiten, Telearbeit, Nichtraucherkurse und
Mobbing-Schutz, um Grippeschutzimpfung und altersgerechte
Arbeitsplätze. Genau diese Themen machen Prävention aus.

Ich weiß, dass Prävention erst einmal schick klingt, aber im
richtigen Leben manchmal ganz schön anstrengen kann. »Wer
ständig vorbeugt, kann sich nie zurücklehnen«, hat Werner Bartens von der *Süddeutschen Zeitung* einmal treffend formuliert.
Auch wenn man es nicht übertreiben soll: Wenn ich abends in
Trier bin und nach Hause komme, setze ich mich fast immer

noch auf unser Rudergerät und mache ein paar Züge, manchmal nur zehn Minuten lang. Aber es fühlt sich gut an, den Körper nach einem Tag des Sitzens zu spüren. Ich gehe regelmäßig morgens zu einem Physiotherapeuten, einem dieser Wunderknaben, die am linken Zeh drücken, und am rechten Ohr tut's weh. Ich finde die Idee der Bewegungskette sehr einleuchtend. Wer viel am Computer sitzt, belastet nicht nur die Hand mit der Maus, sondern auch die Schultern, die Rückenmuskulatur, den Sitz- und Stützapparat.

Einmal im Jahr suche ich den Neurologen auf, der einen Blick auf meine MS wirft. Seit Jahren gehe ich mit guten Nachrichten aus der Praxis. Die Lage bleibt stabil oder bessert sich. Es tut mir gut, wenn ich mich fit fühle. Deswegen kümmere ich mich gern um meine Gesundheit. Auch diese Einstellung habe ich meiner Krankheit zu verdanken. Ich bin bewusster, aufmerksamer, vorsichtiger und gleichzeitig konsequenter als früher.

Und ich bin gelassener. Wollen wir denn wirklich die Zeit damit verschwenden, über den Vorzug von Heilpraktikern oder Schulmedizinern zu streiten? Diese Polarisierung gehört doch wohl der Vergangenheit an. Bei leichten Beschwerden vertraue ich Hausmitteln oder der Homöopathie, auch wenn klassische Schulmediziner milde den Kopf schütteln. Wie in der Politik gilt auch in der Medizin: Es kommt auf das Ergebnis an.

Meine Ärzte und ich kennen die Chancen und die Grenzen der alternativen Medizin, und wir wissen die Schulmedizin und ihre immensen Möglichkeiten zu nutzen. Oft liegt das Geheimnis in der Kombination. Hausärzte und Heilpraktiker sind Zuhörer, Nachfühler, Erspürer – sie merken schnell, ob tatsächliches körperliches Leiden vorliegt oder ein psychisches Problem.

Die heilende oder aber zerstörerische Kraft von Gedanken ist gewaltig. Und jeder dritte bis vierte Deutsche wird im Laufe seines Lebens psychisch krank. Zum Glück hat sich das Bild psychischer Erkrankungen in der Öffentlichkeit stark verändert. In meinem Heimatort sprachen damals, als ich noch Kind und Jugendliche war, alle von der Irrenanstalt in Klingenmünster. Sie meinten damit die Klinik für psychisch kranke Menschen ganz in der Nähe; seit der Psychiatriereform und seitdem Prominente ihre psychischen Probleme öffentlich machten, hat sich viel geändert.

Zudem hat der Begriff »Burn-out« offenbar auch eine entlastende Wirkung gehabt. Plötzlich ließen sich psychische Probleme unter einem gesellschaftlich anerkannten Label subsummieren. »Burn-out« klingt nach Hochleistung, »Depression« eher nach Verweigerung. Am Ende ist die Tatsache entscheidend, dass Menschen ihre Beschwerden nicht verschleiern oder unterdrücken, sondern offensiv dagegen vorgehen.

Ich bin glücklich, dass es mir als Gesundheitsministerin von Rheinland-Pfalz gelungen ist, den Umbau von der zentralisierten Großklinik zu einer dezentralen Versorgung begleitet zu haben. Tageskliniken, Ambulanzen und die sogenannte Gemeindepsychiatrie sind wohnortnah und menschenwürdig. Mir ist es wichtig, die Menschen herauszuholen aus ihrer Isolation und sie, sofern es medizinisch vertretbar ist, besser in die Gesellschaft zu integrieren – das wünschen sich auch viele Kranke. Unterstützt werden wir dabei von Psychiatriebeiräten und dem Landesverband Psychiatrie-Erfahrener. Aber auch die eben angesprochenen großen Fachkliniken sind mittlerweile zur treibenden Kraft der gemeindenahen Psychiatrie geworden. Psychisch Erkrankte im beruflichen und gesellschaftlichen Leben zu halten ist ein Thema, das mir sehr am Herzen liegt. Etwa 29 Milliarden Euro betrugen 2008 die volkswirtschaftlichen Kosten seelischer Störungen, die inzwischen einer der Hauptgründe für Fehlzeiten und Frühverrentungen sind. Mehr Aufmerksamkeit als bisher haben außerdem die Kinder psychisch kranker Eltern verdient, auch weil sie ein erhöhtes Risiko tragen, selbst zu erkranken.

Ich habe über meine Krankheit zurückgefunden zu dem Urvertrauen, dass es eine höhere Macht gibt, die über uns wacht. Zum Glück habe ich nie an den strafenden und zürnenden Gott geglaubt, sondern immer an einen liebenden, gütigen, verzeihenden Gott im Himmel. Und ich habe die Krankheit genutzt, um über mich nachzudenken. Krankheit als Chance, das klingt ein wenig abgedroschen. Aber für mich ist es ein Weg, dem Unerklärlichen einen Sinn zu geben. Fakt ist zum Beispiel, dass die Krankheit mich regelrecht ausgebremst hat. Ich wurde zwangsentschleunigt. Plötzlich rannte ich nicht mehr durchs Leben, sondern spazierte eher. Warum bin ich früher so viel, vielleicht zu viel gerannt? Wohin wollte ich so schnell?

MS hat mir die Chance gegeben, mich mit mir und meinem Leben auseinanderzusetzen und auch meinen Frieden mit mir zu machen. Ich habe es früher nicht hinterfragt, wenn ich mit den anderen Ministern um die Wette durch die Flure gehetzt bin. Schließlich bekommt derjenige das Blitzlichtgewitter, der zuerst in den Sitzungssaal schießt. Ich habe mir das tägliche Wettrennen nun abgewöhnen müssen. Und ich vermisse es nicht.

So zwingt die Krankheit mich dazu, mich mit mir, meiner Geschichte, meinen Prägungen und Mustern auseinanderzusetzen. Ich verstehe mich seit 1995 besser. Ich bin mir nähergekommen. Ich habe gelernt, mir häufiger mal zu verzeihen. Und ich habe Dankbarkeit gelernt, für jeden Tag, für gute Freunde und für einen fairen Umgang miteinander.

Ich sehe Themen, auch politische und gesellschaftliche, deutlich klarer als zuvor. Ich war immer eine Befürworterin einer Bürgerversicherung in unserem Gesundheitssystem. Wir können ein weiteres Auseinanderklaffen von privater und gesetzlicher Versicherung nicht zulassen. Zu Recht fragen sich viele

Bürger, warum ein Teil der Gesellschaft das Privileg hat, sich aus der allgemeinen Solidarität zu verabschieden, und damit in der Regel Vorteile gegenüber der großen Mehrheit erzielen kann. Der zentrale Gedanke einer solidarischen Versicherung, in der die Gesunden und wirtschaftlich Starken mit ihrem Beitrag auch für die chronisch Kranken und Einkommensschwachen einstehen, ist in der privaten Krankenversicherung außer Kraft gesetzt.

Auch deswegen kämpfe ich unverdrossen weiter: Es ist über zehn Jahre her, dass wir mit der früheren SPD-Gesundheitsministerin Ulla Schmidt versucht haben, unsere Idee von der Bürgerversicherung durchzusetzen. 2003 ist das Konzept eines solidarischen, fairen, gerechten Gesundheitssystems auf dem Bochumer Parteitag erstmals von Karl Lauterbach vorgestellt worden. 2004 wurde das Konzept in den Parteigremien diskutiert, 2005 war das Thema einer der Gründe, warum wir bei den Neuwahlen die Union fast noch eingeholt hätten. Denn die Bürger sind große Befürworter eines gerechteren Gesundheitssystems.

Leider blockiert die Union seither jede Reform, eher aus taktischen als aus inhaltlichen Gründen. Die gute Konjunktur der letzten Jahre hat den Handlungsdruck zudem sinken lassen. Aber ich bin optimistisch, dass der Tag kommen wird, an dem wir Sozialdemokraten die Bürgerversicherung einführen werden. Dann werden wir die deutsche Realität eines zweigeteilten und in dieser Form ungerechten Gesundheitssystems endlich korrigieren.

Unser Modell der Bürgerversicherung basiert darauf, dass alle Menschen einzahlen und die gleichen Leistungen erhalten. Die Anreize für Ärzte, Patienten ungleich zu behandeln, gehen so verloren, weil die höheren Vergütungsmöglichkeiten der Privaten wegfallen. Die privaten Krankenversicherungen sammeln viel mehr Geld ein, weil sie mehr Gutverdiener und weniger teure Kranke in ihren Reihen haben. Sie profitieren also von der geteilten Solidarität in unserem Gesundheitswesen. Das ist nicht gerecht, auch unter der reinen marktwirtschaftlichen Lehre von Wettbewerbschancen nicht. Ich glaube nicht an einen ruckartigen Systemwandel, aber ich finde, dass die Systeme sozial und ökonomisch angeglichen werden müssen. Private und gesetzliche Krankenkassen müssen in Zukunft nach den gleichen Spielregeln funktionieren, erst dann wird es zu einem positiven Wettbewerb im Interesse der Bürger kommen.

Ich bin bekennende Hausarzt-Lobbyistin. Und ich empfinde es als hochgradig unfair, wenn ausgerechnet Ärzte der »sprechenden und ganzheitlichen Medizin« oftmals vergleichsweise ungerecht bezahlt werden. Es ist den jungen Medizinstudenten ja nicht zu verdenken, wenn viele von ihnen Radiologen werden wollen, weil dort das große Geld zu verdienen ist. Im gesellschaftlichen Interesse aber ist es, dass solche Fehlanreize wegfallen und alle unsere Ärzte gerecht entlohnt werden. Wenn heute nur zehn Prozent der Medizinstudenten Hausarzt werden wollen, aber der Anteil der Allgemeinmediziner unter den ambulant tätigen Ärzten bei mindestens 50 Prozent liegen muss, damit die Versorgung der Bevölkerung sichergestellt ist, wird deutlich, vor welchem Problem wir stehen. Hausärzte sind weder »Barfußmediziner« noch »Überweisungsärzte«, sondern hochqualifizierte Fachkräfte, denen es gelingt, die Beschwerden ihrer langjährigen Patienten im Gesamtzusammenhang der betroffenen Person zu beurteilen.

Es gibt immense Sparpotenziale in unserem Gesundheitswesen, mit denen wir eine Menge Gutes tun könnten. Hier unterstützt uns wieder einmal das Internet. Das digitale Übermitteln von Röntgenbildern, Labortests oder Untersuchungsberichten hilft dabei, unnütze Doppelleistungen und überflüssige Fahrten von Arzt zu Arzt zu vermeiden. Wenn ein Patient mit komplexen Beschwerden auf dem Land zu seinem Hausarzt kommt, wäre normalerweise eine Überweisung zum Facharzt nötig, mit entsprechender Wartezeit. Die Telemedizin ermöglicht nun eine sofortige Diagnose durch einen Experten, der womöglich viele Hundert Kilometer entfernt sitzt, weil Daten durch den digitalen Fortschritt in Echtzeit um die ganze Welt gesendet werden können. So sparen alle Beteiligten Zeit und Wege. Patienten haben schneller Gewissheit und mehr Expertise, wenn Fachleute von überall auf eine Diagnose oder Therapie schauen können.

Das Krankenhaus in Prüm etwa arbeitet in einem Modellversuch mit einer Partnerklinik in St. Vith in Belgien zusammen. Beide Häuser haben unterschiedliche Experten, die sich durch die moderne Technik prima ergänzen. Das Gesundheitszentrum Glantal in Meisenheim wiederum betreibt seine Radiologie in Zusammenarbeit mit einer in Idar-Oberstein gelegenen radiologischen Praxis und überträgt die Bilder per Teleradiologie. Das erspart auch den ambulanten Patienten aus der Region erhebliche Warte- und Fahrzeiten. Um die optimale Versorgung von Patienten zu gewährleisten, wird es schon in wenigen Jahren möglich sein, wichtige Daten in einer digitalen Patientenakte zu speichern. Weil es sich um sensible Daten handelt, wird auf Datensicherheit und auf die Einhaltung gesetzlicher Vorgaben besonders geachtet. Wenn wir Chancen und Risiken abwägen, dann gilt für mich ein Grundsatz: besser ein System, das unserem Recht, unseren Standards und auch der deutschen Skepsis unterliegt, als ein internationales Angebot, bei dem wir nur ahnen können, was mit unseren Daten möglicherweise geschieht.

Wenn ich etwas an meinem Beruf liebe, dann sind es all diese faszinierenden Gestaltungsmöglichkeiten, die sich immer wieder auftun, manchmal ganz unvermittelt. Deswegen gibt mir das

Amt der Ministerpräsidentin eine solche Kraft. Es hält mich fit. Denn ich tue, was ich gern tue, was mich ausfüllt. Ich fühle mich an der richtigen Stelle, und da möchte ich bleiben.

Ich kann aber auch abschalten. Das hat mir die Krankheit ebenfalls beigebracht. Und ich kann anderen Kraft geben, Menschen, denen es nicht so gut geht, die mir schreiben, die mir ihre Geschichte erzählen, die mir ihr Vertrauen schenken. Ich betrachte es als Auszeichnung und Auftrag, dass mich andere MS-Kranke als Vorbild oder Orientierung sehen.

Zur Wahrheit gehört allerdings auch, dass ich erst innerlich gefestigt sein musste, bevor ich mit meiner MS an die Öffentlichkeit gegangen bin. Für Politiker ist es nun mal ungewöhnlich, sich zu einer Erkrankung zu bekennen. Wolfgang Schäuble ist der einzige prominente Politiker, der im Rollstuhl sitzt. Matthias Platzeck hat gesundheitliche Probleme öffentlich gemacht, Kurt Beck auch. Bei vielen anderen Politikern gilt Krankheit dagegen als Schwäche, die auf keinen Fall bekannt werden darf. Schließlich kann der politische Gegner eine Krankheit mehr oder weniger perfide ausnutzen. Zum Glück pflegen wir in Rheinland-Pfalz einen solchen Stil nicht. Und durch fast 15 Jahre in Regierungsämtern habe ich meine Belastbarkeit ja durchaus unter Beweis stellen dürfen.

Das habe ich auch dem Vertrauen von Kurt Beck zu verdanken. Er hat akzeptiert, dass ich nicht sofort an die Öffentlichkeit gegangen bin. Ich habe die Krankheit weder als Last noch als Geheimnis gesehen. Aber ich fühlte mich die ersten Jahre einfach noch nicht reif, nicht stark genug, um damit umzugehen, was immer auch passieren würde. Ich habe auf die Phase der Gelassenheit gewartet, den Moment der Freiheit. Dann fiel mir das Gehen langsam schwer. Es war an der Zeit. Ich fühlte mich bereit.

Im Oktober 2006 war es dann so weit – mein Coming-out.

Es gab kein Vorbild, keine Blaupause, an der ich mich hätte orientieren können. Mir war mulmig zumute. Ich habe Wert darauf gelegt, dass nicht vorher schon Informationen an die Öffentlichkeit drangen. Zugleich wollte ich möglichst vielen nahen Menschen die Nachricht persönlich überbringen – ein unlösbarer Widerspruch. Ich habe immer wieder hin und her überlegt, was alles passieren könnte. Ich wollte auf keinen Fall von den Medien als die »kranke Frau« eingeordnet werden. Am Dienstag habe ich das Kabinett informiert, am Mittwoch die Fraktion, die Mitarbeiterinnen und Mitarbeiter im Ministerium und dann die Öffentlichkeit.

Ich war auf alles und nichts gefasst. Würde es ein befreiender oder ein belastender Moment? Wie würde die Presse mit mir umgehen? Als ich mich schließlich äußerte, schlug mir unglaublich viel positive Energie entgegen. Manche äußerten Mitgefühl, andere klopften mir auf die Schulter und gaben mir gut gelaunte Durchhalteparolen mit auf den Weg – jeder auf seine Art, aber ohne ein einziges böses Wort: Ich war tief bewegt, spürte aber gleichzeitig, dass ich die nötige Distanz hatte, um mich nicht von meinen Emotionen überwältigen zu lassen.

Natürlich prasselten unzählige Talkshow-Angebote auf mich ein, die ich aber überwiegend abgelehnt habe. Ich wollte nicht durch meine Krankheit definiert werden. Andererseits wollte ich aber auch nicht überkompensieren, also dauernd beweisen müssen, wie unglaublich fit ich bin. Es hat eine ganze Weile gedauert, bis ich eine öffentliche Rolle gefunden habe, mit der ich leben kann, in der ich mich wohl und angemessen dargestellt fühle.

Es gibt ja durchaus Gründe, sich über unsere Medien zu ärgern. Wer wüsste das besser als Politiker und Politikerinnen. Ich muss aber auch feststellen, dass die Presse mit mir bemerkenswert fair umgegangen ist. Nur eine Kleinigkeit ist mir aufgefallen.

Vor der Bekanntgabe wurde ich immer mal wieder zum engeren Kreis derer gezählt, die Kurt Beck eines Tages würden nachfolgen können, seit der Bekanntgabe schlagartig nicht mehr. Aber das war sicher Zufall. Außerdem wollte ich damals ja ohnehin nie Ministerpräsidentin werden.

In diesen Tagen habe ich mich sehr stark gefühlt. Ich war dankbar für die Anteilnahme und habe mich an meine Kommilitonin Susan erinnert, eine gute Freundin aus Mainzer Uni-Tagen, die noch vor dem zweiten Staatsexamen an Krebs gestorben ist. Sie hat damals eine unglaubliche menschliche Größe gezeigt. Sie hat immer zu uns gesagt: Ich will nicht, dass euch das belastet oder ihr nicht wisst, wie ihr mir begegnen sollt. Ich will es euch so einfach wie möglich machen. Meine Erkrankung nimmt mir nicht die Verantwortung, auf euch und andere zuzugehen.

Diese Stärke im Moment der größten Krise hat mich sehr beeindruckt und bewegt und mir auch 20 Jahre später noch Kraft gegeben. Ich habe damals auch verstanden, was der Neurologe in den Tagen der Diagnose meinte: Der innere Druck ist groß genug, da muss man sich nicht noch mit äußerem Druck stressen. Ich würde alles wieder so machen.

Was mich manchmal mehr stresst als die Krankheit, ist das Reden darüber. Denn ich fühle mich gar nicht krank. Ich will auch nicht tapfer sein. Ich habe meine Einschränkungen akzeptiert. Und seit ich meine Grenzen kenne und respektiere, fühle ich mich gut. Ich brauche kein Mitleid.

»Bist du noch auf der Flucht, oder lebst du schon?«, habe ich neulich irgendwo gelesen. Ein toller Satz. Viele Menschen, gerade in meinem Geschäft, machen tatsächlich den Eindruck, dauernd wegzurennen.

Ich bin so frei, hin und wieder langsamer zu sein, in dem Wissen, dass dies nicht die Kraft meines Handelns mindert. Neben meinem Schreibtisch stehen zwei Wanderstöcke. Ich bin auf niemanden angewiesen. Aber ich nehme auch unbeschwert Hilfe an. Mit meinem Mann war ich in New York und Paris, nirgendwo gab es Probleme, die sich mit einem netten Wort nicht hätten lösen lassen. Bin ich krank? Mag sein. Aber ich fühle mich nicht so. Bin ich eingeschränkt? Oh ja. Aber es ist kein Problem. Ich könnte keinen Fünftausender erklimmen. Aber das könnte Sigmar Gabriel auch nicht.

Weil ich mich nicht krank fühle, bin ich immer wieder verblüfft, wenn mir Menschen mit demonstrativem Mitgefühl entgegentreten. Natürlich ist es schön, wenn Anteil genommen wird. Aber es gibt auch eine Tonlage, bei der ich mich deutlich kränker fühle, als ich bin, auch wenn es nett gemeint ist. »Hoffentlich schaffen Sie das.« Natürlich schaffe ich das. Was mich am meisten stärkt, ist ein herzliches Lachen.

Zwischen Familienbetrieb und Industrie 4.0

Start-up und Landwirtschaft, Weltkonzerne und Familien-
betriebe – so verschieden deutsche Firmen, so ähnlich
sind ihre Interessen. Alle wollen unternehmerische Freiheit, aber zugleich tolle Fachkräfte, billigen Strom, Rechts-
sicherheit und perfekte Infrastruktur. Die Politik soll sich
raushalten, aber um alles kümmern. Kein Problem.

Bei meinen ersten Ferienjobs stand ich am Fließband. Familie
Dreyer war nach Lachen-Speyerdorf gezogen, einem Vorort von
Neustadt, weil dort die Einfamilienhäuser bezahlbar waren. Wie
damals überall in der Pfalz gab es bei uns eine Papierfabrik, Spe-
zialgebiet Briefumschläge. Ich war 15, ein Kind des Bildungs-
bürgertums und hatte bei der Arbeit bis dahin die frische Luft im
Weinberg genossen. Der Papierstaub behagte mir gar nicht. Jeder, der über Feinstaubbelastung milde lächelt, hätte damals nur
eine Schicht lang in einer Briefumschlagfabrik arbeiten sollen.

Die Bögen wurden von einer Maschine gestanzt, dann ge-
faltet und geklebt. Das ging ruck, zuck. Meine Aufgabe bestand
darin, Papier aufzulegen, die Umschläge zu kontrollieren und
schließlich zu packen, immer 100 Stück greifen, in einen Karton,
die nächsten 100 andersherum, bis 500 beisammen waren. De-
ckel drauf. Nächster Karton.

Die Arbeit am Band ist mir bis heute in Erinnerung geblieben.
Es war hart, aber auszuhalten, zumal ich wusste, dass der Job

nach den Ferien vorbei sein würde, mein Konto aber für damalige Verhältnisse gut gefüllt. Bis heute sehe ich mir jeden Briefumschlag sehr genau an, ob die Ecken akkurat gefalzt sind und der Umschlag ordentlich geklebt ist.

Sobald Kuverts unsauber aus der Maschine kamen, musste die gesamte Produktion angehalten werden. Der Maschinenführer kam, natürlich ein Mann. Und am Band warteten die Frauen, bis es weiterging. Eine willkommene Pause für alle, etwa einmal pro Schicht. Heute gibt es in der Pfalz kaum noch Papierindustrie. Umschläge werden dort gefertigt, wo die Kosten niedriger sind. »Made in Germany« ist für viele Kunden kein Kriterium, jedenfalls nicht bei Briefumschlägen. Der Preis zählt. Sonst nichts.

Bei manchen Zeitgenossen lösen Begriffe wie »Industrie« oder »Unternehmer« ja spontan Abwehrreflexe aus. Bei mir nicht. Ich kenne Unternehmer vor allem als bodenständige, verantwortungsvolle, fleißige und risikobereite Menschen, die die Gesellschaft voranbringen, mit Umsatz, Steuern, Ausbildungs- und Arbeitsplätzen. Engagierte Unternehmer wie Gerhard Braun, Präsident unserer Landesvereinigung Unternehmerverbände, zeichnen sich durch eine gelebte Verantwortung für das Land, die Menschen, den Standort aus. Auch Unternehmerfamilien wie die Hornbachs mit ihrer europaweit erfolgreichen Baumarkt-Kette und Boehringer Ingelheim, das größte forschende Pharma-Unternehmen in Deutschland, nehmen ihre Verpflichtungen gegenüber den Menschen ernst. Ich habe auch großen Respekt vor Personen wie etwa Ralph Dommermuth, der ganz früh erkannt hat, welche Möglichkeiten die digitale Wirtschaft bietet, der mit dem Internet wohlhabend geworden und dennoch in Montabaur geblieben ist. Diese Unternehmer könnten überall in der Welt wohnen. Ihre Heimatverbundenheit ist eine freiwillige Entscheidung, die ich sehr begrüße.

Wer das Unternehmer-Gen hat, der setzt viel Zeit und Energie ein, um einen Traum zu verwirklichen. Unternehmer nehmen hohe Risiken in Kauf, um ihrer Idee Gestalt zu geben. Sie investieren, haften mit ihrem Eigentum und denken in Generationen. Unternehmertum hat viel mit Leistungssport gemeinsam. Für sein Ziel opfert jemand einen großen Teil seines Lebens, ohne Garantie, dass der Erfolg zustande kommt.

Unternehmer und Gründer zeichnen sich durch hohes Selbstvertrauen aus. Sie glauben an sich, den Markt und erwarten von der Politik einen vernünftigen Rahmen. Unternehmer wissen, dass man scheitern kann. Aber wahre Unternehmer machen auch nach einer Niederlage weiter.

Als der französische Philosoph Voltaire im 18. Jahrhundert in Großbritannien weilte, war er beeindruckt von den Kaufleuten, die von der Insel aus die ganze Welt bereisten und mit ihrem Elan die industrielle Revolution vorbereiteten. Anders als im absolutistischen Frankreich hatte die Krone weniger Macht, der Unternehmergeist konnte sich auch dank bürgerlicher Freiheitsrechte entfalten. Arbeitnehmerrechte spielten damals natürlich keine Rolle. Die vielfältigen Missstände wurden seither zum Glück beseitigt. Aber es gilt seitdem auch: Ohne erfolgreiche Unternehmen kann kein Staat funktionieren.

Als Bürgermeisterin, später als Sozialdezernentin, als Sozialministerin und heute als Ministerpräsidentin war und ist mir eine zentrale Haushaltsregel bestens bekannt: Das Geld, das wir in unsere Gesellschaft investieren, muss zuvor erarbeitet und erwirtschaftet worden sein. Deswegen gilt: Wir müssen dieses Erwirtschaften leichter, gerechter und sicherer machen. Es gibt überhaupt keinen Grund, Politik und Wirtschaft gegeneinander auszuspielen. Nur im Miteinander profitieren alle Beteiligten, vor allem dann, wenn der Konsens herrscht: Jeder gibt stets sein Bestes.

In meinem Menschenbild spielt Leistung eine große Rolle. Dabei geht es nicht darum, dass jeder von uns Goldmedaillen oder Nobelpreise gewinnen muss. Leistung bedeutet eher, dass der Mensch etwas vollbringt, etwas schafft oder bewältigt, worauf er hinterher stolz sein kann. Leistung bedeutet Selbstbewusstsein und Wertschätzung, für mich selbst und andere. Der Wunsch nach Anerkennung ist unsere stärkste Triebfeder, davon bin ich überzeugt. Wer Leistung liebt, der geht dann und wann auch einen Schritt mehr, die »Extrameile«, wie die Amerikaner sagen. Und er weiß diesen Einsatz bei anderen zu schätzen.

Mein Vater war Meister im Herauskitzeln von Leistungen. Wenn wir am Meer waren, rief er sofort: »Wer ist als Erstes im Wasser?« Und schon rannten alle los, egal, wie kalt die See war. Wer traut sich, vom Zehn-Meter-Brett zu springen? Wer hat zuerst die Milchkanne mit Heidelbeeren vollgepflückt? Spielerisch macht Leistung Spaß. Zugleich lernen Kinder und Jugendliche, dass sie etwas schaffen können, wenn sie wollen und sich manchmal überwinden.

Wer häufiger die Erfahrung macht, dass Wollen und Überwinden zu Erfolg und Anerkennung führen, der traut sich auch mehr zu. Manchmal zu viel: Im sicheren Glauben, dass ich eine tolle Schwimmerin sei – immerhin hatte ich meinen DLRG-Rettungsschwimmerschein –, wäre ich in meiner Zeit als Austauschschülerin in Kalifornien fast ertrunken. Wegen einer Sturmwarnung war es damals verboten, ins Meer zu gehen, aber ich bin zum Schrecken meiner amerikanischen Mitschüler dennoch in den Pazifik gerannt, wo mich sofort die Strömung erwischte und ins offene Meer zog. Mit großem Glück habe ich es zurückgeschafft. Die Wucht des Pazifiks wird mir immer in Erinnerung bleiben.

Wer Spaß an Leistung hat, wirft manchmal alle Reißleinen ab. Denn Leistung bedeutet auch Risikofreude, Mut und die Bereitschaft, mit Unsicherheiten zu leben. So ungefähr kann man wohl das Unternehmer-Gen beschreiben.

Als Ministerpräsidentin finde ich es wichtig, regelmäßig Betriebe zu besuchen. Geschäftsführer oder Vorstand präsentieren die wirtschaftliche Entwicklung. Wenn wir die Plastiküberschuhe anziehen oder die Einwegmützen aufsetzen, lernen wir den Unternehmensalltag kennen. In den Produktionshallen treffe ich auf Arbeiter und Angestellte, die meistens selbstbewusst genug sind, offen über Arbeitsbedingungen oder Probleme zu reden. Auch hier werden mir jede Menge Forderungen und Anregungen präsentiert.

Spätestens in diesem Moment habe ich ein relativ gutes Gefühl entwickelt, wie es um das Betriebsklima bestellt ist. Ich finde es immer wieder faszinierend, dass es weder Unternehmern noch Mitarbeitern immer nur ums Geld geht. Wenn der Markt danach verlangt, schieben die Leute klaglos Sonderschichten; in der Krise stehen in vielen Unternehmen Geschäftsführung und Belegschaft sehr solidarisch beisammen.

Ich habe Verwaltungen geleitet, aber nie ein Unternehmen. Entscheidungen treffen, Konsequenzen tragen, Erfolge feiern, Misserfolge ertragen – diese Mischung haben Politik und Wirtschaft gemeinsam. Auch der Unternehmer muss sich Wahlen stellen, denen seiner Kunden, die sich für seine Produkte und Dienstleistungen entscheiden. Politiker müssen sich dagegen zusätzlich mit ihren Parteien abstimmen. Diese sehr spezielle Erfahrung hat der Unternehmer nicht. Sofern er kein Einzelunternehmer ist, hat er dafür Aufsichtsrat, Gesellschafterversammlung oder Betriebsrat, deren Zustimmung unerlässlich ist.

Rheinland-Pfalz ist ein Unternehmerland. Ob Hofladen oder BASF, Handwerksbetrieb oder Start-up, bei uns findet sich an jeder Ecke ein florierender Betrieb, in dem sich Kreativität und Tradition, Ausbildungsfreude und Geschäftssinn treffen. Auch wenn die globalen Konzerne tagtäglich in den Medien zu finden sind, so sind es die kleinen und mittleren Betriebe, die die Wirtschaftskraft von ganz Deutschland ausmachen.

Gerade die Kombination von Global Playern, Mittelstandsunternehmen und Start-ups, von ständig nachwachsenden neuen Firmen und Traditionsbetrieben macht die Stärke eines Wirtschaftsstandorts aus. Es ist wie in einem klug angelegten Garten: Große und Kleine gedeihen je nach Talenten in Sonne oder Schatten, ergänzen sich, befruchten sich, und aus dem Verwelkten wird Humus für Neues. Die Aufgabe der Politik ist es, den Boden zu bereiten, zu düngen, zu jäten und auch mal Ruhe zu geben.

Mein Ziel ist es, Rheinland-Pfalz weiter zu einem der führenden Innovationsstandorte in Europa auszubauen. Wir stehen schon sehr gut da. Aber ich bin sicher: Da geht noch was. Schließlich leben wir mitten in einer Phase des Wandels.

Was die digitale Revolution für uns bedeutet, habe ich in einem eigenen Kapitel skizziert. Wer sich dieser Entwicklung zu entziehen versucht, wird es schwer haben am Markt. Man muss sicher nicht jeden digitalen Hype mitmachen. Aber man sollte wissen, welche neuen technischen Möglichkeiten und Geschäftsmodelle es gibt und wofür sie gut sein könnten. Viele der Entwicklungen, die uns in den nächsten Jahren begegnen werden, sind im Kern bereits heute angelegt. Unsere Forscher an den Hochschulen und außeruniversitären Einrichtungen blicken modellhaft in die Zukunft.

Was unumstritten ist: Auch digitaler Fortschritt braucht die Ressourcen unseres Planeten. Nachhaltigkeit ist zwar ein Modebegriff, der inzwischen auf jedem Schokoriegel zu finden ist, aber die Idee dahinter ist und bleibt richtig. »Nachhaltig« bedeutet »verantwortungsvoll« und nicht auf Kosten von Mensch, Tier, Natur oder Gesellschaft. Nachhaltiges und wertebasiertes

Wirtschaften ist zu einem entscheidenden Argument für Kunden in aller Welt geworden: Werner & Mertz, Eckes-Granini und der Fertighausbauer Okal sind wegweisende rheinland-pfälzische Unternehmen. Zufall, dass rheinland-pfälzische Unternehmen immer wieder für den Deutschen Nachhaltigkeits-preis nominiert werden – wie die Schott AG, die übrigens 2013 auch deutschlandweit als familienfreundlichstes Unternehmen bewertet wurde, die BASF oder die Kübler GmbH in Ludwigs-hafen? Nein, in Rheinland-Pfalz gehören Nachhaltigkeit und wirtschaftlicher Erfolg schon lange zusammen.

In der Zukunftsinitiative Rheinland-Pfalz (ZIRP) tauschen sich zum Beispiel Unternehmen, Hochschulen und Politik aus, um Nachhaltigkeit zum Wettbewerbsvorteil zu machen. Das gilt für Herstellungsverfahren, Produkte und die gesamte globale Zuliefererkette. Übrigens auch für die öffentliche Hand. Es gilt aber vor allem für die Mitarbeiterinnen und Mitarbeiter. Sozial engagiertes Unternehmertum hat auch als attraktiver Arbeitge-ber die Nase vorn im Werben um junge, an Werten interessierte Fachkräfte.

Dass wir unsere Kabinettssitzungen regelmäßig mit den größten Unternehmen des Landes abhalten, zeigt das gute Ver-hältnis von Politik und Wirtschaft. Ebenso treffen wir uns mit Gewerkschaften, Kirchen und Wohlfahrtsverbänden. Das gute Gespräch ist gerade in beschleunigten Zeiten unersetzlich. Viele Probleme und Missverständnisse lösen sich von allein auf, wenn der eine weiß, wie der andere tickt und welchen Zwängen er oder sie ausgeliefert ist. Zu meinen Aufgaben gehört es, unser Bundesland in Berlin und Brüssel zu vertreten und zu verteidi-gen. Ein guter Kontakt zum Bundeswirtschaftsminister ist da übrigens nicht hinderlich.

Wer wegweisende politische Entscheidungen trifft, muss auch die Kraft haben, nachzusteuern, wenn unvorhergesehene und unerwünschte Effekte auftreten, zum Beispiel bei der Leih- und Zeitarbeit. Natürlich müssen gerade kleinere Unternehmen die Chance haben, befristete Arbeitsverträge abzuschließen. Es kann aber nicht angehen, dass solche Regelungen missbraucht werden, um Arbeitskräfte auszubeuten. Für mich ist und bleibt die sozialversicherungspflichtige Beschäftigung ein Pfeiler unserer sozialen Marktwirtschaft. Der Mindestlohn schützt auch die überwiegende Zahl der Unternehmer, die ihre Mitarbeiter anständig bezahlt, vor einer gewissenlosen Konkurrenz.

Ähnlich verhält es sich mit der abschlagsfreien Rente. Auch hier hat die SPD eine Lücke geschlossen, für Arbeitnehmer und Arbeitnehmerinnen, die 45 Jahre lang mit höchstens kurzfristigen Unterbrechungen gerackert haben. Die überwiegende Mehrheit der Bürger befürwortet diese Reform, die Arbeits- und Sozialministerin Andrea Nahles in der Großen Koalition konsequent durchgesetzt hat.

Aber es gilt eben auch der andere Fall: Wer nach langen Jahren des Studiums, der Praktika und Austauschjahre erst mit Ende 20 ernsthaft ins Arbeitsleben eingestiegen ist, der wird mit 63 keine volle Rente beziehen. Schon heute gibt es viele Menschen, die keine lückenlose Arbeitsbiografie vorweisen können. Wir werden die Generationen nicht gegeneinander ausspielen, sondern jedes Arbeitsleben künftig genau betrachten und bewerten müssen.

Deutschland ist ein Industrieland und Rheinland-Pfalz eines der industriestärksten Bundesländer. Trotz toller Landschaft und atemberaubender Natur stammt rund ein Drittel unserer Bruttowertschöpfung aus der Industrie. In Gesamtdeutschland liegt der Wert etwas niedriger, im Rest Europas meist deutlich darunter. Wann immer ich in Frankreich bin, werde ich auf den Erfolg der deutschen Industrie angesprochen. Dort hat die Industrie noch gut zehn Prozent Anteil. Aber radikale Deindustrialisierung wie etwa in Großbritannien hat sich als Irrweg erwiesen.

Zahlreiche kleine und mittlere Unternehmen haben sich auf dem Weltmarkt etabliert, darunter viele sogenannte Hidden Champions, also versteckte Gewinner. Als Auftragnehmer hängt der wirtschaftliche Erfolg kleiner und mittlerer Betriebe oft von den Aufträgen der großen Industrieunternehmen ab. Bei meinen Besuchen bei der BASF, bei Mercedes-Benz in Wörth, bei Opel in Kaiserslautern, bei Boehringer Ingelheim oder Clemens Technologies in Wittlich kann ich mich immer wieder überzeugen: Die Industrie steht in unserem Land für gute Arbeitsplätze, für technologischen Fortschritt und Innovation, für Wohlstand und Stabilität, auch in Krisenzeiten.

Zugleich ist Rheinland-Pfalz, wie Deutschland insgesamt, ein Handwerksland. Über 130 Ausbildungsberufe gibt es bei uns, 250 000 Menschen arbeiten im Handwerk. Die duale Ausbildung in Deutschland lobt sogar US-Präsident Barack Obama. Und unseren Handwerksmeister werden wir in Brüssel und anderswo auch weiterhin verteidigen – bei aller Harmonisierung, die in Europa stattfindet, dürfen wir unsere Kernkompetenzen nicht riskieren.

Der Meister-Titel gehört zu diesen schutzwürdigen deutschen Besonderheiten. In Deutschland ist kurz nach dem Millenniumswechsel der Meisterzwang für über 50 Berufe abgeschafft worden, etwa für Fliesenleger. Für gut 40 Berufe in Industrie und Handwerk aber gilt der Meisterzwang unverändert, vom Augenoptiker bis zum Zahntechniker.

Die EU-Kommission bestreitet zwar, dass es dem Meisterbrief an den Kragen gehen solle. Andererseits gibt es in der EU bis auf Österreich keine vergleichbare Ausbildung, womit klar wäre: Die Mehrheit der EU-Länder hat kein Interesse an der deutschen Handwerksordnung.

Es gehört zu den Paradoxien der Politik, dass sich Besucher aus aller Welt für das Geheimnis der niedrigen deutschen Jugendarbeitslosigkeit interessieren und das Ansehen der deutschen Handwerker. Die Antwort: Genau die Regelungen, die mancher in Brüssel gern abschaffen würde, sind Teil des Erfolgsgeheimnisses.

Nach dem Verschwinden des Meisterzwangs bei den Fliesenlegern können wir ungefähr absehen, was im Markt geschieht. In Baden-Württemberg zum Beispiel hat sich die Zahl der Fliesenlegerbetriebe mehr als verdreifacht, aber nach einem Jahr haben 15 Prozent bereits aufgegeben, im Vergleich zu fünf Prozent bei den regulierten Kollegen. Was passiert nun im Falle von Gewährleistungen und Schadenersatzansprüchen? Wer bildet noch die jungen Menschen aus? Kann es sein, dass exakt der umgekehrte Weg der richtige wäre, dass nämlich Europa die deutschen Regelungen übernimmt?

So ist höchste Vorsicht geboten, wenn in Brüssel plötzlich Papiere mit ganz unverfänglichen Titeln auftauchen, beispielsweise über die »Bewertung der nationalen Reglementierungen des Berufszugangs« wie im Herbst 2013. Die Idee dahinter ist erst einmal nicht verkehrt: Brüssel will die gegenseitige Anerkennung von Berufsabschlüssen harmonisieren. Alle EU-Länder sind gehalten, ihre Vorschriften zu prüfen und zu modernisieren. Wir Deutschen haben mit dualer Ausbildung und Meisterprüfung zwei Spezialitäten, die den Marktzugang für andere Anbieter erschweren. Nach einem gemeinsamen Zeitplan sollen bis 2016 die Qualifikationsvoraussetzungen in ganz Europa durchforstet sein. Zentrale Frage: Werden EU-Bürger anderer Staaten diskriminiert, weil sie für einen bestimmten Beruf gar keine Ausbildung haben können?

Ein deutscher Handwerksmeister kennt die Rechtslage, versteht sich auf Materialkunde, ökologische Belange und Betriebswirtschaft. Der Meister kann einen kleinen Betrieb zum effektiven Spezialanbieter machen, der sich dank seiner Expertise gegen Wettbewerber mit Dumpingpreisen behauptet.

Das deutsche Handwerk mit seiner einzigartigen Mischung aus Traditionsbewusstsein und Zukunftsfreude ist ein Kulturgut, das es zu schützen gilt. Dass wir daneben inzwischen über tausend duale Studiengänge anbieten, beweist, wie innovationsfähig Handwerk, Industrie, Handel und Hochschulen in Deutschland gemeinsam sind.

Das Erfolgsgeheimnis unserer Wirtschaft ist eine Vielfalt, die kein Förderprogramm schaffen könnte. Es sind Menschen, die über Generationen hinweg ihren Leidenschaften folgen, ihre Ideen verwirklichen und ihre Ausdauer beweisen, der eine im Labor in Ludwigshafen, der andere als Förster im Nationalpark Hunsrück-Hochwald oder als Unternehmensgründer. Nach den Stadtstaaten Hamburg und Berlin hat Rheinland-Pfalz eine der lebendigsten Gründerszenen Deutschlands.

Vielfalt ist das Gegenteil von Monokultur und beruht auf einer gesunden Mischung aus Innovation und Tradition. Ob das nach Aussagen von Canyon aus Koblenz leichteste Fahrrad der Welt, ob NASA-Objektive von Schneider Optische Werke aus Bad Kreuznach, Heinen & Löwenstein aus Bad Ems mit wegweisenden Medizinprodukten oder die Familie Schumacher mit ihren innovativen Mähwerken aus Eichelhardt – überall in unserem Land sind Weltmarktführer zu finden, oft Familienunternehmen, die in der Provinz stolz und fest verwurzelt sind, aber die ganze Welt beliefern. Diese Vielzahl von Hidden Champions ist auch so eine deutsche Spezialität. Ein hoher Standard bei der Ausbildung, qualifizierte Fachkräfte, ein verlässlicher Rechtsrahmen inklusive Patentschutz und nicht zuletzt eine lange Kultur des Tüftelns und Machens – das ist der sehr deutsche Mix von Bedingungen, der uns vom Rest der Welt unterscheidet. Eine industrielle Exportquote von deutlich über 50 Prozent spricht für die Wettbewerbsfähigkeit der rheinland-pfälzischen Produkte; eine Arbeitslosenquote dauerhaft unter den drei besten Bundesländern beweist die Qualifikation unserer Menschen. Der soziale Friede, der zwischen Arbeitnehmern und Arbeitgebern herrscht, ist ein weiterer Erfolgsfaktor. Wenn mich Kollegen aus anderen europäischen Ländern fragen, wie wir es schaffen, unsere Konflikte so geräuschlos, fair und zuverlässig auszuräumen, fällt mir die Antwort leicht: Vertrauen, Verlässlichkeit und ein solider gesetzlicher Rahmen. In Rheinland-Pfalz wissen wir, dass wir uns aufeinander verlassen können. In der Finanz- und Konjunkturkrise ab 2008 haben unsere Sozialpartner bewiesen, wie stark dieser Zusammenhalt wirklich ist, wenn es darauf ankommt. Ich halte unseren Gemeinschaftssinn für einmalig und werde alles tun, diese kulturelle Errungenschaft zu pflegen und zu verteidigen.

Zu diesem traditionell gewachsenen und bewährten Miteinander gehört das Prinzip der Tarifeinheit: ein Betrieb, ein Tarifvertrag. Niemand kann sich die Spaltung der Belegschaften wünschen, wie wir es bei der Bahn mit beiden konkurrierenden Gewerkschaften GdL und EVG oder auch beim Flugpersonal vor Augen geführt bekommen haben. Deswegen war es richtig, dass die Bundesregierung mit dem im Mai 2015 vom Bundestag beschlossenen Tarifeinheitsgesetz die Tarifautonomie und damit letztendlich auch die Gewerkschaften gestärkt hat. Wenn wir die Tarifeinheit aufgeben, würden wir eine historische Errungenschaft riskieren – den sozialen Frieden zwischen Arbeitgebern und Arbeitnehmern. Aus anderen Ländern wissen wir, dass Splittergewerkschaften nicht die Lösung, sondern eine Reihe neuer Probleme bedeuten.

Es ist gutes Recht, ja, Pflicht, dass die Belange der Arbeitnehmer und Arbeitnehmerinnen vertreten und verteidigt werden. Wir müssen uns gleichzeitig darüber klar werden, dass sich diese Welt rapide verändert. Deutschland ist ein Hochlohnland. Diesen Status können wir nur rechtfertigen, wenn wir entsprechend viel besser sind als andere.

Der größte Fehler, den wir machen könnten, wäre, genügsam und bequem zu werden. Bei meinem China-Besuch 2014 bekam ich mal wieder einen Eindruck, mit welcher Dynamik, welchem Hunger, welcher Kraft in anderen Teilen der Welt um wirtschaftlichen Erfolg gerungen wird. Werden sich die Chinesen damit begnügen, deutsche Autos und Handys amerikanischer Marken zu erwerben? Oh nein – der Ehrgeiz besteht natürlich darin, eine eigene Produktion aufzuziehen.

Wir dürfen gespannt sein, wie sich die Marke Xiaomi entwickelt, die die ersten chinesischen Smartphones der Oberklasse anbietet. Die Zeiten sind vorbei, da sich China als preiswerte Werkbank der Welt verstand. Andererseits muss sich jeder Konsument fragen: Was bewirke ich mit dem Kauf eines Produkts? Landet wenigstens ein Teil meines Geldes bei Menschen, die es dringend benötigen? Wäre andererseits den Menschen in China geholfen, wenn wir alle Kontakte abbrächen?

Mir ging es 2014 wie vielen China-Besuchern. Ich war fasziniert, bei allen offenkundigen Problemen. Das Tempo dort ist atemberaubend. Die Veränderungen sind gigantisch. Zugleich stellt sich aber die Frage: Wie viel kann man den Menschen dort zumuten? Was hält die Umwelt aus? Wie stabil bleibt eine Gesellschaft, die aus Millionen Wanderarbeitern besteht, enorm fleißigen Industriekräften, aber auch Superreichen?

Sehr anrührend erschienen mir die Senioren, die in den Parks im Sonnenaufgang Tai-Chi machen oder einfach nur singen. Beklemmend dagegen finde ich, wenn an der Ampel in Fuzhou ein Porsche Cayenne neben einem Bus voller Tagelöhner zu stehen kommt. Solche Spannungen zwischen Arm und Reich hält ein

Gemeinwesen nur aus, wenn die Armen daran glauben, eines Tages auch vom Bus in den Sportwagen umsteigen zu können. Es ist die Hoffnung vom sozialen Aufstieg, die ein solches System zusammenhält.

Welche unglaubliche Dynamik in China herrscht, habe ich beim geplanten Weinzentrum in Changle erlebt, mit dem unsere rheinland-pfälzischen Winzer einen Liefervertrag abgeschlossen haben. Die deutsche Weinkönigin war auch mit dabei. Weinzentrum in China? Was mag das sein, haben wir uns gefragt. Eine Art Supermarkt oder Lagerhalle vielleicht? Nicht ganz. Uns wurde das Modell eines gewaltigen Gebäudekomplexes gezeigt, mit Park, Kanälen, Bootsanlegern und weiteren Gebäuden, also eigentlich ein ganz neues Stadtquartier, das innerhalb eines Jahres fertiggestellt sein soll.

Natürlich ist es weder realistisch noch wünschenswert, dass die deutsche Wirtschaft plötzlich chinesisches Tempo entwickelt. Demokratie bringt nun mal eine gewisse Entschleunigung mit sich, die durchaus ihre Vorzüge hat, relative Zuverlässigkeit zum Beispiel oder vergleichsweise wenig Korruption. Ausgerechnet ein chinesisches Sprichwort lautet: Wer langsamer rennt, kann früher umkehren, wenn er merkt, dass es die falsche Richtung ist.

Zu moralischer oder kultureller Überheblichkeit besteht allerdings kein Anlass. Denn der Aufschwung Chinas hat ursächlich auch mit wachsenden deutschen Schwächen zu tun. Ein großer Teil des chinesischen Wirtschaftswunders hat seine Wurzeln im Ausland.

Zum einen kaufen Chinesen hochspezialisierte Familienfirmen, die beispielsweise keinen Nachfolger finden, und das weniger wegen deren Wirtschaftskraft als vielmehr wegen des Know-hows. Eben deswegen dürfen deutsche Unternehmen in bestimmten Branchen nur dann in China tätig werden, wenn sie einen chinesischen Partner haben. Langfristig dienen beide Spielarten dieses Know-how-Transfers nicht der deutschen Wirtschaft.

Zum anderen macht es mir Sorgen, dass deutsche Unternehmer immer wieder eine wachsende Fortschrittsskepsis im Land der Denker und Ingenieure beklagen. Und da haben wir es nicht nur mit den üblichen Beschwerden zu tun, sondern mit konkreten Zahlen. Die Investitionen in Deutschland sind rückläufig. Natürlich ist es Teil einer lebendigen Demokratie und gelebten Verantwortung, auch mal gegen neue technologische Entwicklungen zu protestieren. Heute wissen wir, dass uns die große Euphorie früherer Jahre bezüglich der friedlichen Nutzung der Atomenergie in eine tödliche, schier ausweglose Sackgasse geführt hat. Tschernobyl, Fukushima, aber auch die ungelöste Frage der atomaren Mülllagerung mahnen uns, potenzielle Gefahren gewissenhaft auszuschließen. Nicht alles, was machbar ist, darf umgesetzt werden, vor allem dann nicht, wenn es mit großen Risiken für kommende Generationen verbunden ist. Umgekehrt dürfen wir uns aber auch nicht wundern, wenn die Industrie zunehmend unser Land verlässt, um an scheinbar unkomplizierteren Standorten zu investieren.

Forschungen und neue Ideen unserer Unternehmen müssen probehalber zugelassen werden, um Erkenntnisse und Erfahrungen zu sammeln, auf deren Grundlage sich Fragen präziser beantworten lassen als auf der Basis von Gefühlen. Wir müssen Chancen und Risiken neuer Produkte und Verfahren in unserem Land genau abwägen und dann schnell über mögliche Zulassungen entscheiden. Sonst drängen wir Unternehmen ins Ausland und werden technologisch abgehängt.

Ich bin immer dann irritiert, wenn keinerlei Kompromissbereitschaft zu erkennen ist. Erneuerbare Energien sind in Zeiten des Klimawandels ein Segen für die Menschheit. Aber neue

Stromtrassen und Windkraftanlagen werden zu oft mal nach dem Sankt-Florian-Prinzip, mal im Schulterschluss von Teilen der Politik und Anwohnern verhindert. Dabei kann man einem Windpark weniger skeptisch gegenüberstehen, sobald die Erträge der eigenen Kommune zugutekommen.

Eine der vielen Zukunftsfragen lautet: Wie halten wir die Industrie im Land, die uns seit vielen Jahrzehnten stark und wohlhabend gemacht hat? Wie halten wir die Begeisterung für den Fortschritt wach? Wie bewahren wir unsere Frische, unseren Ehrgeiz, unseren Hunger, der die Wirtschaft hier stark macht?

Ich bin immer fasziniert, was Unternehmer in Rheinland-Pfalz stemmen, auch und gerade dort, wo der Metropolen-Bewohner höchstens mal hinkommt, wenn er eine Autopanne hat, in der angeblichen Provinz, in Kirn zum Beispiel. Kirn galt einst als »Stadt des Leders«. Hier waren viele Handwerksbetriebe ansässig. Wegen des Konkurrenzdrucks aus Entwicklungs- und Schwellenländern schrumpfte die Lederindustrie – wie in ganz Deutschland. Immer mehr Produktionsstätten wurden ins Ausland verlagert. Von 40 000 Mitarbeitern der deutschen Lederwarenindustrie 1970 blieben bis 2013 etwa 1 800, von 745 Unternehmen überlebten 18 – eine dramatische Talfahrt.

Wie in der Textilbranche auch begegneten sich zwei gegenläufige Trends: Die deutschen Lohnkosten waren zu hoch, die deutschen Verbraucher griffen vermehrt zu preiswerten Produkten. In Kirn gibt es nur noch wenige Lederwarenunternehmen, unter anderem die Firma Braun Büffel, die in vierter Generation Ledernes produziert: Taschen, Geldbörsen, Gürtel. Das Markenzeichen der Firma ist ein Büffel und illustriert trefflich die Mentalität des Unternehmens.

Die Büffel von Braun haben die Vorteile der Globalisierung genutzt und die Nachteile möglichst ferngehalten. Design und Prototypen entstehen in Kirn, aber der größere Teil der Produktion findet in anderen Ländern statt. Weil der Einzelhandel für Lederwaren kontinuierlich schrumpft, erfolgt der Vertrieb einerseits verstärkt über das Internet, andererseits über eigene Läden, die es von Moskau bis München gibt. So wird der gute Ruf, den die Familie seit 1887 kontinuierlich mit Qualität erarbeitet hat, ins digitale Zeitalter transformiert.

Seit zehn Jahren führt die Urenkelin des Firmengründers Johann Braun die Geschäfte. Christiane Brunk hat die Trends des Marktes erkannt und setzt konsequent auf höchste Qualität, womit ordentliche Preise erzielt werden. Immer wieder heimsen die Büffel-Produkte Design- und Qualitätsauszeichnungen ein. Kopf und Herz des Unternehmens liegen in Kirn, produziert wird weltweit.

Kaum verwunderlich, dass Christiane Brunk anfangs belächelt wurde: jung, Frau, Akademikerin, das konnte ja nichts werden. Aber die selbstbewusste Mutter hat den Laden charmant und beharrlich umgekrempelt. Eigentlich wollte sie Ägyptologie studieren und als Archäologin arbeiten, wie sie mir mal erzählte. Aber ein Onkel, Professor für Betriebswirtschaft, hat sie zur Ökonomie bekehrt. Nach ihrem BWL-Studium und einem Ausflug in die Unternehmensberatung ist sie schließlich bei Braun als Assistentin der Geschäftsführung eingestiegen und hat sich kontinuierlich an ihre Führungsaufgabe herangearbeitet. Sie sagt ganz offen, dass ihr die Familientradition viel bedeute, aber nicht der alleinige Grund sei, das Geschäft zu führen. Sie betont auch, dass sie den Job freiwillig mache, weil sie Spaß daran habe. So fügen sich »Made in Germany«, familiäre Atmosphäre und wirtschaftlicher Ertrag zu einer Erfolgsgeschichte aus Rheinland-Pfalz.

Doch nicht jeder Betrieb ist unablässig auf Erfolgskurs. Daher ist es für die Landespolitik selbstverständlich, dass wir Unternehmen zu helfen versuchen, die eine Schwächeperiode überbrücken müssen. Wie viel Energie braucht es, um ein Traditionsunternehmen weit über 100 Jahre zu führen und den ständigen Veränderungen anzupassen? Und welche sozialen und ökonomischen Kosten entstehen, wenn solche Unternehmen schließen müssen?

Natürlich kann der Staat nicht jede schlingernde Firma subventionieren. Zudem sind wir strikten Beihilferegeln aus Brüssel unterworfen. Dennoch sehe ich es als zentrale Aufgabe der Politik an, Unternehmen zur Seite zu stehen, die handwerklich und kaufmännisch ausbilden, die Steuern zahlen und sich in der Region sozial engagieren. Wenn ein solcher Leuchtturm erst einmal verschwunden ist, braucht es unvorstellbare Anstrengungen, einen neuen zu errichten.

Christiane Brunk zeigt bei Braun, worauf es ankommt in modernen Unternehmen. Als Mutter, die viel unterwegs ist, weiß sie am besten, wie wichtig eine zuverlässige Kinderbetreuung ist. Dieses Wissen zeichnet viele unserer Betriebe aus: Denn 90 Prozent der rheinland-pfälzischen Unternehmen sind familiengeführt. Als Hüterin von höchster Produktqualität weiß Christiane Brunk außerdem, wie wichtig hochspezialisierte Fachkräfte sind, eine Ausbildung auf höchstem Niveau und natürlich eine angemessene Bezahlung. Elternzeit oder Kita-Plätze sind eben nicht nur Kostenposten, sondern ökonomische Erfolgsfaktoren.

Eine betrieblich geförderte Vereinbarkeit von Beruf und Familie steigert die Attraktivität der Unternehmen und schafft einen klaren Vorteil beim Ringen um junge Fachkräfte. Außerdem sinken Fluktuation und Fehlzeiten, das Betriebsklima verbessert sich. Das haben sich nicht etwa rot-grüne Fantasten ausgedacht, nein, diese Ergebnisse stammen aus einem unabhängigen Audit der Hertie-Stiftung. Ein weiterer Faktor kommt hinzu: Junge Menschen, die das Gefühl haben, ihr Betrieb fördere familienfreundliche Arbeitszeitmodelle und Wiedereinstiegshilfen, sind weitaus eher bereit, eine Familie zu gründen. Beruflicher Stress oder Ängste um den Arbeitsplatz sind ein schrecklich stark wirkendes Verhütungsmittel.

Zugleich brauchen wir in der Politik permanent das nötige Feingefühl dafür, wann wir Unternehmer überlasten, wo wir sie fordern können, bei welchen Themen wir Überzeugungsarbeit zu leisten haben. Wie übersichtlich waren doch die Zeiten von Karl Marx, als die Rollen von Unternehmern und Arbeitern ganz klar definiert waren.

Die moderne Wirtschaft ist deutlich komplexer, beschleunigt von einer rasanten Digitalisierung. »Industrie 4.0« heißt das Schlagwort, unter dem jeder etwas anderes versteht, das unser Leben und Arbeiten aber massiv verändern wird. Im sogenannten »Internet der Dinge« kommunizieren Systeme und Komponenten weitestgehend ohne menschliches Zutun. Produktionsprozesse werden noch schneller, noch präziser, noch individueller, noch komplexer ablaufen. Wer sich darauf nicht einstellt, kann nicht zu den Gewinnern gehören. Diese vierte industrielle Revolution führt uns in ein neues ökonomisches Zeitalter. Und nach »4.0« kommt irgendwann »5.0«. Wir haben es hier nicht mit einem Programm-Update zu tun, sondern mit einer neuen Welt, die Verlage und Musikindustrie bereits kennengelernt haben. Derzeit sind die Automobilbauer an der Reihe, die sich mit E-Mobility, selbst steuernden Systemen und Sharing-Modellen befassen.

Ich betrachte diese Entwicklung als große Chance für unsere deutsche Wirtschaft, die sich als ebenso innovativ wie krisenfest erwiesen hat. Es dürfte nicht viele Regionen in der Welt geben, in denen bessere Voraussetzungen herrschen, um die neuen Wertschöpfungspotenziale zu heben. Über die Notwendigkeit einer flächendeckenden Breitbandversorgung müssen wir nicht lange debattieren. Hier sind die Bundesländer, Berlin und auch Brüssel gemeinsam gefordert.

Aber es stellt sich nicht nur die Frage, wie weit die Infrastruktur ist. Wo steht denn eigentlich die deutsche Wirtschaft beim digitalen Fortschritt? Eine Studie der Unternehmensberatung Accenture, die für die Tageszeitung *Die Welt* regelmäßig die Entwicklungen der Top-500-Unternehmen analysiert, gibt bestenfalls Anlass zu verhaltenem Optimismus. Die Berater stellten Anfang 2015 »Kopflosigkeit« und »Blindflug«, »Trägheit« und »Alleingänge« fest, nicht in der gesamten deutschen Wirtschaft, aber bei einem großen Teil der Unternehmen. Immerhin: Fast allen deutschen Firmen ist klar, wie wichtig die Entwicklung von digitalen Strategien ist.

Der Weg in das digitale Zeitalter führt über die enge Zusammenarbeit von Wirtschaft und Wissenschaft. Eine Zahl, die mich deshalb besonders besorgt: Zwei Drittel der befragten Firmen arbeiten überhaupt nicht mit Universitäten oder Forschungseinrichtungen zusammen und haben solche Kooperationen in der Zukunft auch nicht geplant. Zwischen Wirtschaft und Wissenschaft herrscht in Deutschland in manchen Gegenden ein vorbildliches Verhältnis, nur leider noch längst nicht bei allen Akteuren auf beiden Seiten. Selbstverständlich sollen unsere Universitäten unabhängig sein und bleiben. Dennoch gibt es unglaubliche Potenziale des Miteinanders, die zum gegenseitigen Nutzen gehoben werden können.

Innovationen sind der Schlüssel für die Zukunft der Wirtschaft, auch in unserem produktionsstarken Land. Von der Erfindung bis zum marktreifen Produkt ist es ein manchmal steiniger Weg. Der enge Austausch von Wirtschaft und Wissenschaft kann Hürden abbauen: Viele mittelständische Unternehmen haben gar nicht die Kraft, Ressourcen in eigene Entwicklung zu stecken oder in die Erforschung von Produktneuerungen. Umgekehrt: Anwendungsorientierte Forschung verlangt nach Umsetzung. Der Transfer zwischen Betrieb und Hochschule ist der Einlass-Code für die Märkte der Zukunft.

Dass wir Theorie und Praxis virtuos kombinieren, haben wir schon vor Jahrhunderten bewiesen, als Johannes Gutenberg in unserer Landeshauptstadt Mainz den Buchdruck erfand. Gutenberg hat ähnliche globale Wellen der Innovation ausgelöst wie gut 500 Jahre später die Sprache HTML, das Transferprotokoll HTTP und die URL, die Tim Berners-Lee erfand – die Geburtsstunde des Internets.

Seit viele der neuen globalen Giganten aus einer staubigen Ecke hinter San Francisco stammen, fragt sich die Welt: Lässt sich dieser Gründergeist, der Apple, Facebook, Google, eBay und viele andere Milliarden-Unternehmen hervorbrachte, lässt sich dieser Spirit kopieren? Wie bekommt man ein Silicon Valley vor die Tore Moskaus, Rios oder in die Mitte Berlins? Was muss die Politik tun, um die Schaffenskraft junger Menschen zu entfesseln?

Eine gute Frage, aber womöglich die falsche. Der Aufstieg des Silicon Valley zur neuen Traumfabrik der Welt hat viel mit US-amerikanischen Eigenheiten zu tun. Und mit Zufällen. In der zweiten Hälfte des 20. Jahrhunderts trafen ein visionärer Professor, einige Risikokapitalgeber, eine fundamental neue Technologie, ein paar ziemlich bizarre Studenten und das aufkommende Hippie-Wesen zusammen. Die seinerzeit noch nicht sehr legendäre Stanford University hatte Absolventen wie William Hewlett und David Packard hervorgebracht, die sich eher widerwillig durchrangen, in der unwirtlichen Gegend um Palo Alto zu produzieren. Ein gewisser Steve Jobs machte ein Praktikum bei den beiden. Und so ging die Geschichte von Aufbruchsgeist, Zufall und Exzellenz bis heute weiter.

Einige Kilometer südlich von San Francisco paarten sich also

Zufall, Genie, Wahnsinn und reichlich Geld, vor allem öffentliches. Das US-Militär gehörte stets zu den großzügigsten Finanziers der neuen Technologien. Jeder amerikanische Präsident weiß: Die Weltherrschaft wird nicht mehr nur auf den Weltmeeren entschieden, sondern ebenso mit Satelliten im Weltall und den Servern im virtuellen Raum. Als in Deutschland noch über den Acht-Minuten-Takt am Schnurtelefon diskutiert wurde, arbeiteten im Silicon Valley bereits Tausende von komischen, aber hochbegabten Vögeln an unser aller Zukunft – weil die USA und insbesondere Kalifornien diesen Aufstieg möglich machten.

Sicher können wir eine Menge lernen von dieser urwüchsigen und uroptimistischen Kraft, die nach wie vor in den USA herrscht. Vor allem würde ich mir eine neue Fehlerkultur in Deutschland wünschen. Wenn junge Leute ihr erstes Unternehmen ohne böse Absicht vor die Wand gefahren haben, dann darf man unterstellen, dass sie beim zweiten Anlauf deutlich klüger zu Werke gehen. Wir Deutschen neigen dazu, einen, der einmal gescheitert ist, auf ewig zu verdammen.

Wir sollten aber auch festhalten: Es hat wenig Sinn, das Silicon Valley und seinen spezifischen Kampf um Investitionsmillionen kopieren zu wollen. Schlauer erscheint es mir, unsere spezifisch deutschen Qualitäten zu nutzen. Und die liegen eher im Bereich der Steuerung, des Maschinenbaus, der zuverlässigen Prozesse. Wir haben eine unglaublich lebhafte Start-up-Szene, vor allem rund um unsere Spitzen-Unis. Ob die Bio- und Lebenswissenschaften in Mainz, die TU in Kaiserslautern oder die Gründungsbüros der Universitäten Koblenz-Landau und Trier: Überall versuchen sich junge Menschen als Unternehmer, oft in Kooperation mit unseren alteingesessenen Industrieunternehmen. Und in Montabaur sitzt die United Internet AG von Ralph Dommermuth.

Viele unserer jungen Firmen bleiben schon deswegen weitgehend unbekannt, weil sie nicht mit Apps auf unseren Smartphones landen. Deutsche Gründer sind vielmehr bei den Materialwissenschaften aktiv, beim Nutzfahrzeugcluster in Kaiserslautern oder im Innovationscluster Metall-Keramik-Kunststoff im Westerwald. Das mag nicht ganz so sexy klingen wie Twitter oder YouTube, aber im Stillen haben sich unzählige Erfolg versprechende Kooperationen zwischen Wirtschaft und Wissenschaft ergeben.

Berlin ist hipper, keine Frage. Aber nach der Hauptstadt und Hamburg gilt Rheinland-Pfalz als gründerfreundlichstes Bundesland, so sagt es der KfW-Gründungsmonitor. Was unsere jungen Start-upper sich so alles ausdenken, habe ich beim Koblenzer und Mainzer »Startup SLAM« erleben dürfen. Das Unternehmen viewple hat eine App vorgestellt, die dem Fernsehzuschauer während der Sendung zusätzliche Informationen oder Abstimmungen anbietet. Mit dem 3-D-Konfigurator »holzgespür« lassen sich Möbel individuell designen. Und das Unternehmen sapite hat eine App programmiert, die Patienten in der Therapie begleitet und sie an Übungen und Medikamente erinnert. Ich bin gespannt, wann die erste Regier-App präsentiert wird, die in hochkomplexen Geflechten die optimale und dann noch mehrheitsfähigste Entscheidung errechnet.

Ich warne allerdings davor, jegliche Unternehmensgründung kritiklos zu bejubeln, nur weil da »was mit Internet« gemacht wird. So manches Unternehmen, das im Silicon Valley ersonnen wurde, dient eben nicht dazu, das Leben aller Menschen auf dieser Welt besser und glücklicher zu gestalten. Manche Geschäftskonzepte sind vielmehr darauf angelegt, über Jahrzehnte erstrittene Errungenschaften des Sozialstaats aggressiv über den Haufen zu fahren.

Vordergründig scheint es etwa bei Sharing-Modellen um

das Teilen zu gehen, von Autos, Wohnungen oder Werkzeugen. Aber fast immer steht dahinter das Ziel, eine neue, monopolistische Plattform zu etablieren, die permanent Transaktionsprovisionen kassiert. Häufig werden Risiken wie Krankheit oder Unfall privatisiert und damit die Errungenschaften des Sozialstaats teilweise oder gänzlich ausgehebelt.

Tatsache ist, dass die Unternehmer aus dem Silicon Valley der Welt nicht nur Geschäftsmodelle bringen, sondern zugleich eine neue, radikale Weltsicht. Das Ziel der neuen Industriellen ist nicht etwa ein Nischenmarkt, sondern immer gleich die ganze Welt. Regulierte Märkte wie in Deutschland sind den neuen Unternehmern ein Graus.

Wir erleben die Vorboten einer gesellschaftlichen Transformation, die kaum einen Lebensbereich auslässt. Es geht natürlich um Umsätze, vor allem aber um die Betriebssysteme der Zukunft. Google will nicht nur Werbung verkaufen, sondern die Datenbasis für unser aller Leben. Kalifornische Hippie-Kultur und amerikanische Marktradikalität haben zu einer aggressiven Expansionslust zusammengefunden, die den deutschen Sozialstaat vermutlich als lästiges Relikt einer alten Zeit betrachtet.

Hinzukommt: Alles, was im digitalen Kosmos geschieht, vollzieht sich mit einer Geschwindigkeit, die in der Geschichte der Menschheit noch nie dagewesen ist. Nehmen wir das Beispiel von Nokia: Um die Jahrtausendwende war in jeder Zeitung der Welt die Geschichte vom märchenhaften Aufstieg dieses finnischen Unternehmens zu lesen – vom Gummistiefelproduzenten zum Handy-Giganten. Wir waren alle Nokia. Dann kam Apple mit den iPhones. Plötzlich taumelte der Global Player und verkaufte schon bald keine Handys mehr. Das Tempo, mit dem Unternehmen zu globaler Größe aufsteigen und sich wieder auflösen, ist beträchtlich.

Die Anpassung der Gesellschaft an diese neuen Bedingungen

ist eine gewaltige Aufgabe. Es wäre schon einiges damit getan, wenn all die Börsenstars für anständige Arbeitsbedingungen überall auf der Welt sorgen und ihre Steuern so zahlen würden, wie es jeder Bürger auch tut. Hierfür kann nur eine einheitliche europäische Politik sorgen. Entsprechende Entscheidungen sind längst überfällig. Immerhin steht es Konsumenten frei, sich mit ihrem Kauf und ihren Nutzungsgewohnheiten auch für und gegen bestimmte Unternehmenskulturen zu entscheiden.

Beim Thema Wirtschaft finden wir uns in einigen heiklen Spannungsfeldern wieder. Wenn es ökonomisch gut läuft, verbitten sich Wirtschaftsvertreter reflexartig jeden Eingriff der Politik. Mit Hinweis auf die Freiheit des Unternehmers wird gegen Steuern, Regeln, Arbeitsschutzgesetze oder Kartellbedenken gewettert. Kaum trübt sich die wirtschaftliche Lage ein, rufen genau dieselben Protagonisten als Erste nach Rettungsmaßnahmen, Stützungsfonds und Sanierungsmillionen. Und schon stehen wir erneut vor der Frage der richtigen Balance: Welche Investitionen aus öffentlichem Geld sind richtig, sinnvoll, sozial und zukunftsgerichtet? Und wo werfen wir gutes dem schlechten Geld nach? Eines kann ich mit Sicherheit sagen: Hinterher sind immer alle schlauer.

Auch die Politik ist Moden und Trends unterworfen. Eine Zeit lang galt es als schick, dass jede Stadt ihr eigenes Musical-Haus hatte, weil *Cats* in Hamburg so erfolgreich war. Zehn Jahre später gab es ein derartiges Überangebot an Musicals, dass die Tickets verramscht wurden.

Auch das Cross-Border-Leasing erfreute sich bei vielen Kommunen einer großen Beliebtheit. Städtische Einrichtungen wurden an internationale Investoren verkauft und zurückgemietet, vor allem um Steuervorteile zu nutzen. Oh Wunder – das Konzept scheiterte irgendwann. Den Bürgern blieben Schulden. Das Geschäft hatten Investoren gemacht.

Oder das Thema Flughäfen: Mit dem Aufkommen der Billigfluglinien und der Liberalisierung des europäischen Flugverkehrs entstanden viele Regionalflughäfen, teilweise aus dem Nichts; vielfach so wie am Hahn und in Zweibrücken, wo militärische Flughäfen bereits existierten und durch die Umwandlung der Wegfall vieler Arbeitsplätze mehr als kompensiert wurde. Die Wachstumsprognosen für Passagiere und Fracht schienen positiv.

Zum Flughafen Hahn gab es den Vorwurf, die damalige Landesregierung habe Beihilfen geleistet, die nicht im Einklang mit EU-Recht gestanden hätten. Doch Brüssel hat inzwischen klar entschieden und damit einen Strich unter die Bezahlung vergangener Konversionslasten gemacht sowie eine neue Chance für Hahn ermöglicht. Am wesentlich kleineren Flughafen Zweibrücken war die Lage anders. Hier kam die EU-Kommission zum Ergebnis, dass die Konkurrenzsituation gegenüber dem älteren Flughafen Saarbrücken nur über Zuschüsse vom Land aufrechterhalten worden und damit nicht regelkonform gewesen sei. Da der Flughafen die Beihilfen nicht zurückzahlen konnte, musste Insolvenz angemeldet werden.

Mein Vorgänger hatte damals entschieden, in Infrastruktur zu investieren. Es war ihm darum gegangen, wirtschaftlich schwache Regionen zu stärken. Seien wir ehrlich: Investitionen in die Zukunft sind immer mit einem Risiko behaftet. Was heute klug und weitsichtig und ökonomisch vernünftig erscheint, kann sich zehn Jahre später unter anderen Rahmenbedingungen auch als schwierig erweisen. War es wirklich so falsch gedacht, die Militärflughäfen Hahn und Zweibrücken vergleichsweise kostengünstig in zivile Flughäfen umzuwandeln, um strukturschwachen Regionen nach dem Abzug der US-Streitkräfte neue Impulse zu geben?

Ähnliche Motive spielten auch bei Investitionen am Nürburgring eine Rolle; hier aber gepaart mit völligen Fehleinschätzungen. Für viele waren die Formel-1-Fahrer damals Helden, Schumi holte einen WM-Titel nach dem anderen, und die Jagd auf den Rennstrecken dieser Welt lockte ein Millionenpublikum vor die Fernsehgeräte. Da schien es plausibel, einen Traditionskurs wie den Nürburgring zu einem Erlebnispark auszubauen. Die Aussicht, Arbeitsplätze zu schaffen und die Anziehungskraft einer strukturschwachen Gegend zu erhöhen, konnten viele Menschen in Rheinland-Pfalz nachvollziehen.

Es ist viel Geld in den Ausbau des Nürburgrings geflossen, Geld der Steuerzahler, das man vernünftiger hätte einsetzen können. Es sind Fehler gemacht worden; strategische, aber auch handwerkliche.

Vor allem führte eine Mischung aus mangelnder Erfahrung mit den EU-Beihilferegeln und etwas zu viel Lokalpatriotismus dazu, dass die Akteure seinerzeit die Wettbewerbsregeln der EU unterschätzt haben. Die Beteiligten haben daraus eine Menge gelernt, und auch wir werden in Zukunft vorsichtiger agieren. Als Ministerpräsidentin habe ich von Anfang an Wert darauf gelegt, mit der EU-Kommission ein gutes und vertrauensvolles Verhältnis zu pflegen. Ich habe die Zusammenarbeit zwischen unserer Landesregierung und Brüssel professionalisiert, ihr einen höheren Stellenwert eingeräumt und bei den Verfahren zum Nürburgring und den Flughäfen Hahn und Zweibrücken Klarheit hergestellt. Wir stimmen uns nun sehr viel früher und intensiver mit Brüssel ab.

Dass Fehler gemacht worden sind, ist unbestritten. Aber zur Wahrheit gehört auch, dass diese Projekte seinerzeit eine Menge Befürworter hatten – viele von ihnen konnten sich daran später allerdings nicht mehr erinnern.

Ich will nichts entschuldigen oder relativieren. Es gehört zur politischen Redlichkeit, Fehler auch Fehler zu nennen. Fehler kommen immer wieder vor, in allen Härtegraden und auf allen Ebenen.

Manchmal verlaufen Projekte, mit denen viele Menschen große Hoffnungen verbinden, anders als geplant, manchmal laufen sie auch schief. Dennoch müssen Politiker und Bürger weiterhin den Mut aufbringen, Dinge zu ändern und die Gesellschaft zu gestalten. Denn nur so sind wir den Herausforderungen der Zukunft gewachsen. Ein Bereich, in dem nach wie vor großer Handlungsbedarf besteht und der mir besonders am Herzen liegt, ist der Energiesektor.

Wer seine Investitionen an den Prinzipien der Nachhaltigkeit ausrichtet und weniger am Lockruf des schnellen Geldes, steht meist auf der richtigen Seite, auch ökonomisch. Das ist zum Glück heute nicht nur meine Erfahrung. Fukushima hat auch den letzten Befürwortern gezeigt, welchen Irrweg die Atomkraft bedeutet.

Ich finde faszinierend, dass Unternehmen aller Größen ihre Energie inzwischen häufig selbst produzieren. Bei Mercedes in Wörth habe ich ein hocheffizientes Blockheizkraftwerk einweihen dürfen. Der Biogasanlagenhersteller ÖKOBIT in Föhren trägt zur Energiewende ebenso konstruktiv bei wie BASF Wohnen + Bauen, die sich für eine nachhaltige Entwicklung im Bau- und Wohnungssektor einsetzt, und die Firma HegerGuss in Enkenbach-Alsenborn, die Produkte für Windkraftanlagen herstellt.

Jede vermiedene oder selbst erzeugte Megawattstunde ist gut für unser Land, schließlich fließen jedes Jahr Milliarden für Energieimporte aus unserer Volkswirtschaft ab. Ich bin wirklich eine begeisterte Europäerin. Aber bei der Energieerzeugung bleibe ich doch patriotisch. Warum sollten wir Atomstrom aus Frankreich oder Kohlestrom aus Osteuropa importieren, wenn wir auf dem besten Weg sind, selbst sauberen Strom zu erzeugen?

Mit der Energiewende wird es hoffentlich kommen wie mit den Hartz-Gesetzen. Am Anfang ist ein gewaltiges Durcheinander, es folgt eine lange Phase des Arbeitens, Korrigierens und Abstimmens. Und schließlich jubelt die ganze Welt über den Mut und die Leistungskraft der Deutschen. Es ist schon ein wenig absurd, dass eine konservative Kanzlerin, die als ausgesprochene Atomkraft-Befürworterin zunächst die Laufzeitverlängerung der Atomkraftwerke durchsetzte, nun womöglich mit einem rot-grünen Projekt in die Geschichte eingeht.

Atomausstieg, Klimaschutz, dezentrale und regenerative Energieversorgung waren nun wirklich keine Herzensthemen von CDU, CSU oder FDP, wie auch das Beispiel der Stadtwerke Trier zeigt. Die Stadtwerke haben sich Mitte der Nullerjahre in vermeintlich schlauer Absicht am RWE-Kohlekraftwerk bei Hamm beteiligt – mit den Stimmen der CDU, der Freien Wähler und der FDP und gegen die Stimmen der SPD und der Grünen. Inzwischen haben die Stadtwerke ihre Strategie verändert und auf regenerative Energieerzeugung umgestellt. Besser spät als nie, würde ich sagen.

Ebenfalls zur Ironie der Politik gehört, dass nun ein sozialdemokratischer Wirtschaftsminister auf die Reihe bringen muss, was die Minister der schwarz-gelben Koalition von 2011 bis 2013 nicht fertiggebracht haben, nämlich den Fortgang der Energiewende für Verbraucher und Wirtschaft gut und vernünftig zu managen.

Das Komplexe an der Energiewende sind die vielen Einzelwenden, die sich darin verbergen. Wir haben eine Stromwende, eine Mobilitätswende, eine Erzeugerwende, eine Wärmewende, eine Effizienzwende und über allem natürlich auch eine Technologiewende. Und alle diese Wenden spielen im hochkomplexen Geflecht von Kommunen, Ländern, Berlin und Brüssel, von Stadtwerken und Energiekonzernen, von einer globalen

Schlacht um die Solarzellenproduktion und einem Wettlauf um die optimale Speichertechnologie.

Bei aller Aufregung möchte ich aber auch festhalten: Wir haben bereits einige Fortschritte erreicht, auch in den Köpfen der Bürgerinnen und Bürger. Die Frage, ob eine Energiewende sinnvoll sei, ist lange entschieden, nicht nur wegen Fukushima oder des Klimawandels, sondern wegen knallharter außenpolitischer Konflikte und wirtschaftlicher Gründe: Wollen wir uns abhängig machen von Öl und Gas aus Krisengebieten? Wollen wir Kriege führen für unsere Energie? Wollen wir politische Systeme unterstützen, die ihre Bürger unterdrücken? Es gibt kein Zurück, aber natürlich jederzeit die Möglichkeit zur Korrektur. Das Nachsteuern beim Erneuerbare-Energien-Gesetz (EEG) war eine solche.

Zugleich stelle ich fest, dass viele Horrorszenarien nicht eingetreten sind. Die Energiepreise sind ein wichtiger Standortfaktor, gleichwohl erlebt die deutsche Wirtschaft Jahre des Erfolgs, gepaart mit immenser Wettbewerbsfähigkeit. Die Energiewende ist also offenbar kein Konjunkturkiller. Auch die angekündigten Stromausfälle sind weitgehend ausgeblieben – trotz riesiger Belastungen für das deutsche Netz durch unerwartet viel regenerativen Strom.

Der erste Schritt zur EEG-Novellierung wurde gemacht, weitere sind angekündigt. Dabei wird es wichtig sein, dass Unternehmen, die sinnvoll in Eigenstromanlagen investiert haben, nicht bestraft werden. Zugleich darf die deutsche Industrie keine Wettbewerbsnachteile erfahren gegenüber Konkurrenten, die den Strom zum Dumpingpreis beziehen. Dazu gehören vor allem Verlässlichkeit und die Sicherheit, dass die Kalkulationsgrundlagen von heute für Investitionen auch morgen noch Bestand haben.

In einigen Generationen werden die Menschen mit Respekt

auf die Operation Energiewende schauen, hoffentlich auch auf die Tatsache, dass die deutschen Bürger bei allem berechtigten Ärger am Ende sehr diszipliniert, um nicht zu sagen duldsam, mitgemacht haben. Es herrscht offenbar ein wachsender Konsens im Lande, dass wir hier etwas Außergewöhnliches zustande bringen. Allein der Umbau von Großkraftwerken zu dezentralen Lösungen ist ein Projekt von historischen Ausmaßen.

Ehrlicherweise müssen wir aber auch jene Bürger im Blick behalten, die mit den steigenden Energiepreisen nicht zurechtkommen. Die Nebenkosten gelten inzwischen als »zweite Miete«. Energiearmut ist ein neues, nicht zu unterschätzendes Problem: 2013 wurde über 340 000 Haushalten der Strom gesperrt, sieben Millionen Haushalten wurde eine solche Sperre angedroht. Energie aber gehört wie Wasser zur Grundversorgung der Menschen. Daher werden die Energieunternehmen nicht umhinkommen, den Preissturz, den die Regenerativen an der Strombörse ausgelöst haben, auch an die Verbraucher weiterzugeben. Und wir dürfen nicht ruhen, das große Potenzial bei Einsparungen von Energie, zum Beispiel durch energetisches Bauen und Sanieren, auszuschöpfen.

Das Wohnprojekt Schammatdorf, in dem ich mit meinem Mann seit vielen Jahren wohne, bezieht seinen Strom übrigens zu 90 Prozent von den Stadtwerken Trier. Und es ist gut zu wissen, dass unsere Energie zunehmend regenerativ erzeugt wird. Mag es Menschen auf dieser Welt geben, die die deutsche Energiewende für Irrsinn halten, ich bin sicher: Spätestens unsere Kinder werden dankbar dafür sein.

INKLUSION:
Die Queen rennt auch nicht

.

Der Mensch denkt zuerst an sich. Aber nur ein starkes
Team wird Fußball-Weltmeister. Wie viel Egoismus darf,
wie viel Rücksicht muss sein? Jede Form des Ausgrenzens
bringt Konflikte, daher lautet meine Parole: alle für einen
und eine für alle. Wirklich alle. Das ist Inklusion.

Ich empfinde großen Respekt für Wolfgang Schäuble. Seit über
einem Vierteljahrhundert vollbringt der Mann Spitzenleistun-
gen. Aber auf Konferenzen darf er häufig nur auf Hinterteile
gucken. Wer nie in einem Rollstuhl saß, kann nicht ermessen,
wie trübe die Aussichten bei Stehempfängen sein können. Mitmenschen machen sich kaum Gedanken über die Perspektive.
Natürlich hegt niemand böse Absichten, keine Spur von Diskriminierung, aber: Ein wenig Rücksichtslosigkeit genügt, damit
ein Mensch sich ausgeschlossen fühlt.

Wolfgang Schäuble und ich verfügen über genügend Selbstbewusstsein, um uns in solchen Momenten bemerkbar zu machen. Zudem gibt es immer Menschen, die die Lage kapieren
und sich kümmern. Trotzdem: Seit ich hin und wieder im Rollstuhl unterwegs bin, bekomme ich einen Eindruck davon, was
es heißt, daneben und nicht mittendrin zu sein. Ob es Treppen
sind, schmale Türen, zugestellte Parkplätze oder enge Stuhlrei-
hen – mit den Barrieren des Alltags fängt die Zurücksetzung an.
Menschen mit Handicaps müssen draußen bleiben – eine exklu-
sive Gesellschaft.

»Exklusiv« bedeutet »ausschließlich«, also: für ausgewählte Personen. Das Gegenteil von »exklusiv« ist »inklusiv«, zu Deutsch: »einschließlich«. Im Urlaub gibt es »all inclusive« – alle Leistungen sind im Preis enthalten, auch der letzte Drink spätabends an der Bar. Eine nüchterne All-inclusive-Mentalität wünsche ich mir für die ganze Gesellschaft. Deutschland soll ein Land werden, in dem alle dabei sind, in dem jeder mitmachen darf, weil wir ihn mitmachen lassen, nicht nur Menschen mit Behinderung, sondern jeder, der anders ist, der nicht einer fiktiven Durchschnittsnorm entspricht: Migranten, sozial Benachteiligte, Schwule, Lesben, Transidente, Demenzkranke, Hochbetagte und viele mehr.

Oftmals wird Inklusion als Kostenposten betrachtet. Kritiker weisen auf die Probleme der Umsetzung hin: Wo kämen wir denn da hin, wenn jeder seine Extrawurst bekommt? Antwort: zu einer gerechteren, stärkeren und letztlich erfolgreicheren Gesellschaft.

Inklusion ist kein Finanzthema, kein Technikthema, sondern ein Menschenrecht. Somit ist Inklusion kein Luxus, den wir uns irgendwann mal leisten, wenn Geld übrig ist. Menschen mit Behinderungen haben einen Rechtsanspruch auf gesellschaftliche Teilhabe laut der UN-Behindertenrechtskonvention und unserem Grundgesetz. Inklusion steht für ein Menschenbild, das es zu erkämpfen und zu verteidigen gilt, eine zentrale Aufgabe der Politik, die wir immer und überall mitzudenken haben, nicht nur am Weltbehindertentag. Die SPD ist die Partei der gesellschaftlichen Erneuerung. Und Inklusion ist Erneuerung. Wir besinnen uns neu auf unser Menschenbild, wir entwickeln eine neue Aufmerksamkeit für Unterschiede, wir vereinen Fortschritt und Entschleunigung. Das ist kein Gegensatz, sondern ergänzt sich.

In den angeblich so egomanisch orientierten USA ist man

deutlich weiter als hierzulande. Seit Jahren gibt es dort ein Antidiskriminierungsgesetz. Bürger mit Handicaps bewegen sich sehr viel einfacher durch das Leben und begegnen offenen, zugewandten Mitmenschen, die nicht sofort mit Trauerblick fragen, was denn Dramatisches passiert sei. Mitgefühl ist ja eine tolle Eigenschaft. Aber wenn Rollstuhlfahrer unentwegt in bestürzte Gesichter blicken, die gern noch mal die Unfall- oder Krankheitsgeschichte hören wollen, die man schon tausendmal zum Besten gegeben hat, wenn man Sätze hört wie: »Das tut mir aber wahnsinnig leid«, dann ist nur eines sicher: Es folgt eine viel zu lange Pause mit peinlichem Schweigen. Das geht auch anders.

Der Inklusions-Aktivist Raul Krauthausen, der ebenso bestimmt wie charmant für die Rechte von Rollstuhlfahrern kämpft, hat ein kleines Wörterbuch der Akzeptanz erstellt, das er bevorzugt an Journalisten verteilt. Es ist eben auch eine Form der Diskriminierung, wenn immer wieder zu lesen ist, ein Mensch sei »an den Rollstuhl gefesselt«. Sind Skifahrer an die Latten unter ihren Füßen gefesselt, nur weil man damit im Winter besser die Berge hinabkommt? So schaffen Worte Wahrnehmungen, die eigentlich überholt sein sollten.

Rheinland-Pfalz war das erste Bundesland, das die UN-Behindertenrechtskonvention aus dem Jahre 2006 durch einen Landesaktionsplan in Umsetzung gebracht hat. Andere sind gefolgt. Neben vielen grundsätzlichen und sehr schlauen Forderungen geht es zunächst einmal um Barrierefreiheit als Menschenrecht. Es ist eben keine milde Gabe, die die Gemeinschaft der Steuerzahler da abliefert. Rampen für Rollstühle sind genauso selbstverständlich wie Treppenstufen für alle.

Mag sein, dass ich eine besondere Sensibilität entwickelt habe, seit ich einen Rollstuhl benutze. Ja, ich habe zum ersten Mal gefühlt, wie es ist, wenn man nicht so richtig dabei ist. Dabei bin ich ja noch privilegiert. Wenn die Ministerpräsidentin kommt, liegen die Rampen für den Rolli natürlich am Haupteingang bereit. Aber sobald ich weg bin, geht es für Rollstuhlfahrende oft wieder durch den Hintereingang. Wir haben mit der Bundesregierung schon länger über Inklusion geredet. Aber die UN-Konvention gab uns erst den nötigen Rückenwind. Seither sind unzählige Kollegen aus der Politik, Interessierte aus Unternehmen und Verbänden zu uns nach Rheinland-Pfalz gekommen, weil die Einsicht wächst, dass Vielfalt und Inklusion Bedingungen für ein modernes Miteinander sind.

Und eine sehr praktische Motivation gibt es auch. Es geht schließlich nicht nur um Menschen, die es derzeit mit einer körperlichen Einschränkung zu tun haben, sondern auch um die Millionen, die den Rollstuhl als Verkehrsmittel erst noch entdecken werden. Der demografische Wandel wird uns viele neue Rollis und andere innovative Transportmittel bescheren. Ich würde mich übrigens freuen, wenn diese Gefährten endlich mal etwas schnittiger gestaltet werden könnten. Warum bekommen Autos alle zwei Jahre ein »Facelift«, aber bezahlbare Rollstühle oder Rollatoren offenbar nie? Hier kann sich der Design-Standort Deutschland wirklich verdient machen.

Ich habe einen Rollstuhl zum ersten Mal auf Lanzarote ausprobiert, einem tendenziell unebenen Terrain. Ich war nicht gut zu Fuß. Da hatte mein Mann wieder einen dieser pragmatischen Momente, die ich so liebe. An der Rezeption unseres Hotels hatte Klaus den Flyer eines Verleihs entdeckt, der alle möglichen Dinge im Sortiment hatte, vom Tauchsieder bis, ja, bis zum Rollstuhl. Ich gestehe: Ich war skeptisch. Ich wollte nicht. Ich hatte Vorbehalte, Vorurteile, Ausreden parat. Aber mein Mann ließ nicht locker. Erst habe ich ihn eine Weile geschoben. Dann er mich. Und schließlich war das Eis gebrochen. Wir sind wie die Verrückten über die Insel gedüst. Dieses Gefühl hat der Film *Ziemlich beste Freunde* später ganz wunderbar wiedergegeben.

Den Moment des Ausprobierens, Scheu-Verlierens und Akzeptierens muss jeder erst mal hinter sich bringen. In der Reha kam neulich eine Dame auf mich zu und bedankte sich überschwänglich. Warum? Ich hatte im Fernsehen erzählt, wie sehr ich meinen Rollstuhl schätze, in Ferrari-Rot. Da hatte sich die Dame ein Herz gefasst und ihre erste Runde ausprobiert. Und war ebenfalls begeistert.

Ich nutze den Rollstuhl nicht dauerhaft, aber ich bin froh, wenn er dabei ist. Für längere Strecken brauche ich ihn halt. Bei Stehempfängen verzichte ich inzwischen darauf. Ein Hocker tut's auch. Und sorgt für deutlich bessere Aussicht.

Langsamkeit ist eine Herausforderung für mich. Früher war ich eine klassische Rennerin. Es ist wirklich verrückt, wie mir dieser tägliche Wettlauf in Erinnerung geblieben ist, immer im Rudel über die Flure. Politik ist ein Geschäft mit Symbolen scheinbarer Vitalität. Aber wenn alle flitzen, bekommt die Langsamkeit plötzlich eine neue Macht, sage ich mir. »Die Queen rennt auch nicht vorneweg«, findet mein Mann. Gefällt mir.

Inklusion geht weit über Wettrennen hinaus. Im engeren Sinne meint Inklusion die praktische Teilhabe jedes Menschen an jeder Form des öffentlichen Lebens, weiter gefasst meint es aber noch mehr – eine Weltsicht, eine spezifische Art, Menschen und Miteinander zu betrachten, die einzige, die für mich infrage kommt. Es geht um nicht weniger als die Würde jedes Menschen. Wem verwehrt wird, sein Leben zu leben, seine Talente auszuprobieren oder einfach nur dabei zu sein, dessen Würde ist angetastet.

Ich betrachte die Welt als einen Ort der Vielfalt. Mit Respekt und klaren Regeln lässt sich das allermeiste vernünftig und fair regeln. Die Kunst besteht darin, die vielen Unterschiede bei Alter, Kultur, Begabungen, Handicaps, seelischer Verfassung, Herkunft, sexueller Orientierung oder Religion zu akzeptieren, ohne die Besonderheit und die Motivation jedes Einzelnen zu unterdrücken.

Wie bunt das Leben ist, zeigt die SPD: Wir bieten in der Spitze den Sohn einer alleinerziehenden Krankenschwester als Vorsitzenden, eine zur Hälfte iranisch-stämmige Generalsekretärin, eine MS-kranke Ministerpräsidentin und die gefeierte Ikone der Schwulenbewegung, seit Kurzem als Regierender Bürgermeister Berlins im Ruhestand. Und in der Partei befindet sich noch weitaus mehr Vielfalt. Daher ist das Thema Inklusion fast von selbst bis in alle Ecken der SPD vorgedrungen.

Eine solch breite Mischung an Lebensentwürfen wäre noch vor einer Generation ziemlich ungewöhnlich gewesen für eine Partei. Heute bilden wir damit unsere Gesellschaft ab. Dass Seitensprung, Scheidung und wilde Ehe auch bei den christlichen Parteien vorkommen, gehört ebenfalls zur neuen deutschen Vielfältigkeit. Und wenn wir die kulturelle, emotionale, religiöse, weltanschauliche Vielfalt betrachten, die die Globalisierung mit sich bringt, können wir ermessen, dass wir längst nicht am Ende einer gesellschaftlichen Diversifizierung angekommen sind.

Fast jede dritte Familie in Deutschland ist nicht mehr deutsch im klassischen Sinne, weil mindestens ein Elternteil im Ausland geboren ist. Ergebnis: Anderssein ist die neue Normalität. Ich habe großes Verständnis, dass viele Menschen irritiert sind über diese neue Buntheit. Mancher fühlt sich fremd. Nur eine konsequente Inklusionspolitik aber kann eine neue, reflektierte Form von Gemeinsamkeit schaffen, die sich nicht länger an Äußerlichkeiten wie Haarfarbe, Geburtsort, sexueller Orientierung, Dialekt, Model-Maßen oder Religion ausrichtet, sondern an Werten.

Viele Menschen haben eine übermäßig ordentliche, ja, statische Vorstellung von Gesellschaft: katholisch und evangelisch, reich und arm, Stadt und Land, Mann und Frau, behindert und nicht behindert, jung und alt, Ost und West – das sind die großen Trennlinien, die sich lange durch Deutschland zogen, die auch meine Generation tief verinnerlicht hat und die das Koordinatensystem der Politik bestimmten. In den vergangenen 50 Jahren haben aber verschiedene und durchaus gegenläufige Entwicklungen aller Art dafür gesorgt, dass diese Ordnung deutlich unordentlicher geworden ist. Homosexuelle Christen, die Manager sind und arabische Wurzeln haben? Kein Problem. Gibt es. Und was wählen sie? SPD? CDU? Grün? Früher ein völlig absurdes Gedankenspiel. Heute Realität.

Durch Gastarbeiter und europäische Freizügigkeit ist allein die Unterscheidung zwischen »deutsch« und »nicht deutsch« sehr viel komplizierter geworden. Die Bindekraft der Kirchen hat nachgelassen. Arbeitsverhältnisse und Lebensentwürfe ändern sich immer wieder, zugleich sind wir mobiler geworden. Das Fernsehen hat seine Funktion als allabendliches nationales Lagerfeuer verloren. Die Menschen gucken zwar nach wie vor sehr ausdauernd auf Bildschirme, aber jetzt sieht jeder etwas anderes.

Was hält die Gesellschaft eigentlich noch zusammen? Fußball, *Tatort* und vielleicht noch der Bundespräsident. Wahlen dagegen haben ihren Status als Festtage der Demokratie in vielen Teilen des Landes eingebüßt. Wir leben nicht mehr in einer Mehrheitsgesellschaft, sondern vielmehr in einem lockeren Verbund zahlloser Minderheiten. Jeder Mensch kann sich sein Leben aus unendlich vielen Bausteinen individuell zusammensetzen.

Die Fußballnationalmannschaft ist ein gutes Beispiel: Es gibt die klassischen, regional verwurzelten Ur-Bayern wie Müller und Schweinsteiger, es gibt Kinder von aus Polen stammenden Eltern wie Klose und Podolski, Kinder späterer Migrationswellen wie Özil und Khedira und in der nächsten Generation von

Nationalspielern so bunte Biografien, dass wir eine einfache Zuordnung überhaupt nicht mehr hinkriegen. Ja, dunkelhäutige Menschen können Meier heißen. Ist das noch deutsch? Aber sicher.

Der Soziologieprofessor Heinz Bude hat 2006 *Das Problem der Exklusion* veröffentlicht, Untertitel: *Ausgegrenzte, Entbehrliche, Überflüssige.* Dieses Buch zeigt, dass Menschen ausgegrenzt werden, die nach landläufiger Meinung »eigentlich« nicht dazugehören. Dieses »eigentlich« ist das Tückische, denn es steht für perfide, weil unausgesprochene Diskriminierung. »Eigentlich« bedeutet: Mag das Grundgesetz auch Religionsfreiheit, Versammlungsfreiheit, Entfaltungsfreiheit garantieren, so gibt es doch Personen, die »eigentlich« nicht mitmachen dürfen.

Hier haben wir es mit dem Phänomen des »Double Standard« zu tun, weil wir Menschen nach unterschiedlichen Maßstäben beurteilen. »Double Standard« kann man auch mit »situativer Ethik« übersetzen oder schlichtweg mit »Doppelmoral«. Ein Textilunternehmen, das Mitarbeiter im Heimatland ordentlich entlohnt, in Bangladesch aber Näherinnen für Hungerlöhne beschäftigt, zeigt eine doppelte Moral. Und eine Gesellschaft kann zwar viel von Inklusion oder Integration reden, aber zugleich ein Schulsystem zementieren, das die Teilhabe für manche Kinder unmöglich macht.

Wer bestimmt nun, wer »eigentlich« zu unserer Gesellschaft gehört, wer mitmachen, wer besser am Rand bleiben soll und nur zuschauen darf? Wer entscheidet, welche Herkunft in Ordnung ist und welche nicht? Wer definiert die gute und richtige Religion, die anständige sexuelle Orientierung, die korrekte Anordnung von Genen? Thilo Sarrazin? Der Papst? RTL? Nein.

Alle demokratischen Verfassungen auf diesem Planeten, die Freiheitsliebende mit ihrem Blut bezahlt haben, alle diese Regelwerke basieren auf denselben nicht verhandelbaren Grundrechten: Alle Menschen sind gleich. Niemand darf wegen seiner Herkunft, Religion, sexuellen Orientierung oder politischen Überzeugung ausgeschlossen werden. Das entspricht einem aufgeklärten Freiheitsbegriff. Die Freiheit des einen endet dort, wo die Freiheit des anderen eingeschränkt wird. Nichts anderes bedeutet Inklusion: Gleichheit, Freiheit, Brüder- und Schwesterlichkeit. Inklusion ist ein anderes Wort für demokratisches Miteinander, das auf Respekt von Ich und Wir gründet.

Gerade die herzlichen Rheinland-Pfälzer mit ihrer offenen und unprätentiösen Art sind perfekte Inklusions-Botschafter. Unser Flashmob zur Inklusion auf dem Theaterplatz in Mainz war ein großer Spaß und eine starke Botschaft zugleich: Gemeinsam sind wir stark. Viele Menschen mit und ohne Behinderung aus ganz Rheinland-Pfalz sind im September 2012 nach Mainz gekommen, um gemeinsam ein gigantisches Gemälde unter dem Motto »Leben wie alle – mittendrin von Anfang an« zu gestalten. Die Botschaft: Respekt ist kein Zeichen von Schwäche. Zum Glück findet man diese Haltung überall in Deutschland, wie die Gegendemonstrationen zu den merkwürdigen Spaziergängen der Pegida bewiesen haben. Ich bin immer wieder bewegt, wenn ich sehe, dass Menschen nicht nur gegen etwas demonstrieren, sondern auch für etwas, Respekt zum Beispiel.

Inklusion beschränkt sich nicht auf Menschen mit Behinderung oder Migrationshintergrund, sondern gilt für alle Bürger eines Landes und ihre Belange. Warum ist Inklusion als Menschenbild »alternativlos«, um die Lieblingsvokabel der Bundeskanzlerin mal in einem korrekten Kontext zu verwenden? Ganz einfach: weil die Alternative »Exklusion« bedeutet, also den Ausschluss von Menschen. Exklusion aber ist der sicherste Weg, um Gruppen heranzuzüchten, die mit dieser Gesellschaft nichts zu tun haben wollen. So entstehen soziale Probleme und gesellschaftliche Konflikte.

Langfristig wird eine exkludierende Gesellschaft auseinanderfliegen. Kein Gesetz, kein Herrscher, kein Polizeiapparat kann Menschen in ein Staatsgebilde zwingen, die sich dauerhaft unwohl oder diskriminiert fühlen. Fehlt ein Minimum an Konsens in einer Gesellschaft, blickt sie ihrem Ende entgegen. Inklusion ist folglich eine Überlebensstrategie für Gesellschaften, vorausgesetzt natürlich, es besteht Einvernehmen darüber, Regeln und Gesetze einzuhalten und Verstöße zugleich zu sanktionieren.

Es ist zu einfach, die Welt mit einem Kampf der Kulturen erklären zu wollen. Wir Sozialdemokraten wissen, dass Inklusion und Integration fast immer auf soziale Fragen zurückzuführen sind. Wollen wir gegen Armut mit Stacheldraht, Sicherheitsdiensten und gesellschaftlicher Spaltung vorgehen? Wir dürfen uns nicht in die Falle der Neokonservativen locken lassen, die uns als »Gutmenschen« oder »Multikulti-Fantasten« abstempeln wollen. Hier findet wieder mal das alte Polarisierungsspiel statt, dem die Zivilgesellschaft des 21. Jahrhunderts endlich entkommen sollte.

Ich bin weit davon entfernt, Probleme schönzureden. Dafür bin ich viel zu lange in der Politik. Mir geht es vielmehr um den Weg zu einem funktionierenden Miteinander. Und der führt nun mal Schritt für Schritt über unwegsames Terrain. Wer immer schnelle Lösungen verspricht, der erreicht nur eines: neuen Unfrieden.

Keine Frage: Wir alle haben in der Einwanderungsdebatte unsere Fehler gemacht. Mitte der Neunzigerjahre haben wir Kommunen alleingelassen bei der Unterbringung von Flüchtlingen, wir haben gesehen, dass Massenunterkünfte keine Lösung sind, wir haben den guten Willen von Mitbürgern nicht genügend genützt und gewürdigt. Der größte Fehler dieser Debatte aber war: Wir haben nicht mehr über Inhalte gestritten, sondern übers Rechthaben. Wir haben nicht miteinander geredet, sondern übereinander. Wir haben Respekt vermissen lassen. Wie es heute weitergehen kann, erörtere ich im Kapitel »Einwanderung«.

Gerade wir Sozialdemokraten sollten uns nicht in sinnlosen Scharmützeln aufreiben. Unsere Geschichte beweist, dass wir die Partei von Integration, von Inklusion, vom Miteinander sind. Die Historie der SPD ist eine Abfolge von Integrationserfolgen. Wir haben Kraft und Haltung, mit anderen Menschen offen und ehrlich zu reden und unsere Bedürfnisse klar zu artikulieren. Das Gleiche gestehen wir jedem Menschen zu.

Unser Ursprung ist die Arbeiterbewegung. Die SPD ging 1863 aus den Arbeiterbildungsvereinen hervor, weil sie für Teilhabe eintreten wollte, für Teilhabe an wirtschaftlichem Erfolg, an Bildung, Kultur und Mitsprache. Ob die Gleichstellung der Frauen, die Bildungsoffensive unter Willy Brandt oder die Mitbestimmung von Arbeitnehmern in Betrieben – immer wieder ringt die SPD um Inklusionsthemen, um Ansätze, dieses Land fairer und weniger exklusiv zu gestalten. Wir wollen eine offene Gesellschaft für alle, die bereit sind, unter Einhaltung von Regeln und Gesetzen mitzumachen.

Inklusion ist ein Mittel gegen die Angst vor dem anderen, die so viele Leute in die Ignoranz, in Apathie oder Hass treibt. Wenn Muslime den Eindruck gewinnen, dass sie unter einem Generalverdacht stehen, werden viele von ihnen wiederum mit Angst und Rückzug reagieren. Wir müssen stärker miteinander anstatt übereinander reden. Kommunikation kann scheitern. Aber Nicht-Kommunikation als intensivste Form der Ausgrenzung ist schon gescheitert.

Wollen wir in Deutschland Verhältnisse wie in den französischen Vorstädten? Wollen wir jüdische Mitbürger, die scharenweise nach Israel fliehen, weil sie sich bei uns nicht mehr sicher fühlen? Wollen wir Isolation schaffen, in der die Wut auf ein ablehnendes Deutschland den Hasspredigern immer neue Halbstarke zutreibt? Gewalt erzeugt Gegengewalt – eine ewige Eskalation.

»Wie können wir diesen Teufelskreis stoppen?«, fragt Timothy Garton Ash, Professor für Europäische Studien in Oxford und exzellenter Kenner Deutschlands. Am Ende, sagt Garton Ash, komme es nicht auf Medien oder Politik an, sondern auf das Alltagsverhalten jedes einzelnen Bürgers. Beeindruckend, wenn an einem Sonntag in Paris 1,5 Millionen Menschen für ein friedliches Miteinander auf die Straße gehen, wie es nach den Attentaten im Januar 2015 geschah. Aber dann ist wieder Alltag. Und Inklusion ist eine Alltagsaufgabe, für jeden Menschen. Es sind nicht die großen Reden oder Bekenntnisse, sondern die kleinen Gesten, der offene Blick und auch das mutige Einschreiten. Störrisches Zu-Boden-Starren macht Extremisten und Menschen ohne Empathie erst stark. Deswegen freue ich mich über jeden Menschen, der inklusiv denkt und der die Demokratie verteidigt. Ich will an diesem gemeinsamen Wertekanon weiterarbeiten, der die Menschen in unserem Land zusammenhält.

Keine Frage: Es gibt ein menschliches Urbedürfnis nach Abgrenzung. Ich muss mich nicht mit jeder Nervensäge gut stellen, ich darf die Tür hinter mir schließen, wann immer ich das will. Aber: Es gibt ein Minimum an Respekt und Wohlwollen, das sich Menschen entgegenbringen sollten. Das gilt nicht nur mit Blick auf Behinderungen, sondern für jede Art von Unterschiedlichkeit. Und wo das nicht funktioniert, greift als Ultima Ratio das Antidiskriminierungsgesetz.

Ich erinnere mich noch gut an meine Schul- und Studienzeit in den Siebziger-, Achtzigerjahren. Rollstuhlfahrer gab es nicht. Menschen mit Handicaps waren praktisch nie zu sehen. Das lag daran, dass Menschen mit Behinderung von klein auf in besondere Einrichtungen gegeben wurden, weil dort nach dem damaligen Verständnis besser für sie gesorgt werde. Nach dem Schrecken des Nationalsozialismus kam es in den Wirtschaftswunderjahren zu einer Phase der Überfürsorge. Staat und Gesellschaft wollten gleichsam Abbitte leisten für die grausamen Verbrechen, die an Menschen mit Behinderungen begangen worden waren.

So entstanden gewaltige Komplexe, ganze Dörfer, in denen gewohnt, gearbeitet, betreut wurde – ein abgeschottetes Leben von der Geburt bis zum Tod. Es mögen viele gute Absichten im Spiel gewesen sein, am Ende aber hatte sich die Gesellschaft auch einen Teil der Realität aus dem Blickfeld geschafft. Zu meiner Zeit als rheinland-pfälzische Sozialministerin kamen immer wieder Menschen in meine Bürgersprechstunden, die sich bitterlich über ihre eintönige Arbeit und Unterforderung in den Behindertenwerkstätten beklagten. Vor allem aber darüber, dass sie immer nur mit behinderten Menschen zusammen seien. Dabei hatten sie selbst ein Handicap. Aber sie wollten eben in ganz »normalen« Betrieben arbeiten, mit »normalen« Kollegen. Sie forderten Inklusion. Und das tun immer mehr.

Der große Bewusstseinswandel setzte mit der UN-Behindertenrechtskonvention im Jahre 2006 ein. Damals drang der englische Begriff »inclusion« in unsere Alltagssprache und wurde mit »Inklusion« eingedeutscht. Für viele Konservative war das wieder so ein Modebegriff der Linken, aber die Realität war deutlich komplexer.

Inklusion unterscheidet sich fundamental von Integration. Wer etwas integrieren will, der betrachtet dieses »Etwas« als außen vor. Da muss was zurückgeholt und eingebaut werden. Inklusion sieht die Welt grundsätzlich anders: Alles und jeder ist von Anfang an mittendrin, nichts und niemand steht draußen und muss zurückgeholt und eingebaut werden. Das mag banal klingen, führt aber zu ganz neuen Perspektiven. So hat ein Mensch mit Behinderung ein Recht darauf, dass sich die Gesellschaft auf ihn oder sie und seine oder ihre Bedürfnisse zubewegt.

Dieser Blick ist für viele Menschen neu, gerade für meine Generation, die mit einem sehr belasteten Bild von Behinderung aufgewachsen ist. Inklusion betrachtet ein Handicap nicht als Mangel oder Elend, sondern erst einmal als Tatsache. Die Großen spielen Basketball, die Kleinen turnen, die Rollstuhlfahrer spielen Tischtennis oder eben Rollstuhlbasketball. Wer will sagen, wer der bessere Sportler sei, wer die größere Leistung vollbringe? Ein unsinniges Vorhaben. Alle leisten etwas, jeder auf seine Art. Das ist der Geist der Inklusion, wie er auch im Schammatdorf herrscht, wo ich mittlerweile seit elf Jahren wohne.

Im Schammatdorf leben Arme, Reiche, Kinderreiche, Alleinstehende, Alte, Junge, Menschen mit und ohne Behinderung zusammen. Ganz normal. Und das ist einfach toll. Es spiegelt die Gesellschaft wider, die ich mir wünsche. Niemand wird ausgesondert, jeder bringt seine Fähigkeiten ein. Aber es gibt auch keinen Zwang, sondern ein gutes Verhältnis von Distanz und Nähe. Jeder hat seine eigene Wohnung und kann allein sein. Diese Selbstverständlichkeit des Miteinanders macht für mich Inklusion aus.

Ich weiß, dass es eine ganze Weile dauern wird, bis sich diese neue Perspektive allerorten durchgesetzt hat, zumal viele verschiedene Lebensbereiche berührt werden. Ob Antidiskriminierung, Gleichstellung, Einwanderung oder eben Behindertenpolitik – überall spielt die Inklusion mit. Wie es sich für Deutschland gehört, sind wir vom Technischen her schon ganz gut. In öffentlichen Gebäuden, in Museen, Behörden und auch Schulen hat sich sehr viel getan. Barrieren sind verschwunden, das Bewusstsein hat sich geändert.

Und im Bildungssystem? Wie sieht es da aus? Wenn man

Konservative auf die Palme bringen will, dann muss man nur zwei Zauberwörter sagen: entweder »Einwanderung« oder »Inklusionsschule«. Und schon fährt der Film ab. Wenn Kinder mit Down-Syndrom oder im Rollstuhl in »normalen« Schulklassen untergebracht würden, dann komme der gesamte Betrieb zum Erliegen, die Lehrer seien überfordert, Schüler unterfordert und das Schulgebäude nicht geeignet, heißt es dann, neben den vielen anderen Argumenten, die seit Jahren wütend hervorgebracht werden. Leider von Menschen, die sich nur einseitig mit Bildungspolitik beschäftigt haben.

In Rheinland-Pfalz kann jedes Kind mit seinen Eltern zusammen auswählen, welche Kita, welche Schule die richtige ist. Wer glaubt, dass das Kind einer speziellen Betreuung unter seinesgleichen bedarf, wird genauso versorgt wie alle anderen. Aber offenbar setzt sich der Inklusionsgedanke zunehmend durch. Wir haben nur noch elf Förderkindergärten in Rheinland-Pfalz, die nach dem alten Prinzip funktionieren, aber bereits etwa 80 integrative und inklusive Kindertagesstätten. Damit ist wohl jedem klar, wofür sich Eltern und Kinder in den vergangenen Jahren entschieden haben. Menschen mit Behinderung möchten gemeinsam mit nicht behinderten Menschen spielen, lernen, leben – und umgekehrt.

Aus meinen zehn Jahren als Sozialministerin weiß ich aber auch, dass wir niemanden zwingen oder überstrapazieren dürfen, weder Eltern noch Lehrer noch Kinder noch Institutionen. Und ich weiß, dass Inklusion Geld kostet, für Ausstattung, Personal und Fortbildung. Nichts geschieht sofort, Veränderung braucht Zeit. Daher lege ich großen Wert auf einen Lernprozess für alle Beteiligten. Inklusion heißt ja nicht, dass jedes Kind auf jede Schule gehen kann, das gilt für Kinder mit und ohne Behinderung. So haben wir bis heute kein Gymnasium in Rheinland-Pfalz, das zugleich eine Schwerpunktschule wäre, eigentlich schade. Seit Ende der Neunzigerjahre findet in Rheinland-Pfalz inklusiver Unterricht vor allem an Schwerpunktschulen statt, das sind ausgewählte allgemeinbildende Schulen, in denen Kinder mit Behinderung nach individuellen Förderplänen lernen.

Es gibt inzwischen eine Reihe integrierter Gesamtschulen als Schwerpunktschulen, an denen jeder das Abitur machen kann. Und ich freue mich über jede konstruktive Anregung von Lehrern, Eltern, Experten. Wir müssen besser werden, keine Frage. Aber wir haben auch schon viel geschafft.

2014 besuchten gut 1000 Kinder mit Behinderung Regel-Kitas, fünf Jahre zuvor war es die Hälfte. Mit anderen Worten: 92 Prozent aller Kinder mit Behinderung werden bei uns integrativ betreut, nicht etwa, weil die Politik mit Druck und Zwang gearbeitet hätte, sondern weil immer mehr Eltern von diesem Konzept überzeugt sind und die Politik diesen Weg ermöglicht hat.

Ich bin ausgesprochen stolz auf die Fortschritte, die wir gemeinsam vollbracht haben. Dankbar bin ich auch für Eltern, die kooperativ agieren. Und ich habe großen Respekt vor Erziehern und Erzieherinnen, die sich klug und konstruktiv einbringen. Wir alle erinnern uns an den Fall des Jungen Henri aus Baden-Württemberg, dessen Mutter wollte, dass ihr Sohn mit Down-Syndrom unbedingt auf eine ganz bestimmte Schule geht. Der Fall hat gezeigt: Inklusion bedeutet für alle Seiten, nicht mit dem Kopf durch die Wand gehen zu wollen, sondern Einfühlungsvermögen und Kooperationsbereitschaft aufzubringen. Umso höher ist die Kompromissbereitschaft aller Akteure im Fall Henri zu bewerten, die im Frühjahr 2015 zu einer Einigung gefunden haben.

Inklusion ist keine Beglückungsideologie, sondern ein neues Verständnis von praktischem Miteinander. Eine Schwerpunktschule kann doch nur funktionieren, wenn Lehrer und Eltern gleichermaßen dahinterstehen. Dieser Kulturwandel braucht Zeit, um sich durch alle Generationen und Weltbilder hindurch zu verbreiten. In Hochschulen und Ausbildungsstätten gehen die Veränderungen weiter, das ganze Arbeitsleben hindurch bis in die Rente. Inklusion ist auch im Seniorenheim möglich. Wir arbeiten daran und werden beweisen, dass Rheinland-Pfalz ein Vorbild für Deutschland ist.

Es ist mir wichtig zu erklären, woher viele Anregungen für ein inklusives Miteinander stammen. Zu meiner Zeit als Sozialministerin habe ich eine Bildungsreise nach Schweden organisiert, mit 30 Menschen aus meinem Ministerium, aus dem Landtag, aus Verbänden und Einrichtungen. Wir wollten uns möglichst vorurteilsfrei anschauen, wie Inklusion in Skandinavien funktioniert.

Eine Erkenntnis: Die allermeisten Menschen mit Behinderung nahmen am ganz normalen Leben teil. Die Reise hat uns aber auch in unserer Politik bestätigt: Schon in den Neunzigerjahren hatten der damalige Sozialminister Florian Gerster und mein Mann, der in Mainz als Staatssekretär und Landesbehindertenbeauftragter tätig war, das in Schweden verbreitete »persönliche Budget« modellhaft eingeführt. Es sollte Menschen mit Behinderung die Freiheit geben, Wohnung und Betreuungskraft selbstbestimmt zu finanzieren. Als Sozialministerin hatte ich es dann gemeinsam mit dem damaligen Behindertenbeauftragten und Staatssekretär Dr. Richard Auernheimer auf das ganze Land ausgeweitet. Auch wenn wir in Deutschland damit der Spitzenreiter waren – die Schweden waren uns noch einen Schritt voraus und haben uns Ideen für weitere Verbesserungen gegeben.

Faszinierend war vor allem, wie viel Energie diese Reise freigesetzt hat. Mit unglaublichem Elan sind alle Mitreisenden gleich nach der Rückkehr ans Werk gegangen. Der gemeinsame

Geist beflügelte uns; wir hatten mit eigenen Augen gesehen, dass Fortschritt möglich ist.

Ich begrüße auch sehr, dass Arbeits- und Sozialministerin Andrea Nahles ein Teilhabegesetz auf den Weg bringt, um die Inklusion voranzutreiben. Das rheinland-pfälzische Modell soll also bundesweit Realität werden, weil es gerechter und menschlicher ist und weil es die Kosten transparenter macht. Bereits vor zehn Jahren haben wir mit Leistungsanbietern und Verbänden die »Zielvereinbarung Wohnen« abgeschlossen, damit Menschen mit Behinderung selbstbestimmt leben können. Mit fünf Großeinrichtungen haben wir Zukunftskonferenzen organisiert, um den Übergang von zentralisierter zu dezentraler Betreuung möglichst sozial verträglich zu gestalten.

Bisher wurden behinderte Menschen aus Gründen von Praktikabilität und Abrechnungsmodalitäten bevorzugt stationär untergebracht. Ambulantes Wohnen bedeutet ein bisschen mehr Aufwand, aber deutlich mehr Lebensqualität: Die Betroffenen bekommen das persönliche Budget, um selbstbestimmter zu leben. Unser Ziel ist es, aus den historisch gewachsenen, isolierten Großeinrichtungen viele dezentrale Wohngruppen zu machen, die mitten im Leben verankert sind.

Die Prozesse laufen langsamer, als wir dies am Anfang gedacht haben. Es gilt, den Mitarbeitern der Großeinrichtungen die Angst zu nehmen, den Arbeitsplatz zu verlieren oder unter schlechteren Bedingungen arbeiten zu müssen. Es gilt weiterhin, die Sorgen der Menschen ernst zu nehmen, die ihre behinderten Angehörigen bisher gut und sicher in einer großen Einrichtung untergebracht wussten. Sie sorgen sich oft, ob Tochter oder Sohn die Herausforderungen einer kleinen Wohngruppe mit mehr Selbstständigkeit oder weniger Fürsorge meistern wird. Und es gilt, die Menschen mit Behinderungen am ganz normalen Alltag teilhaben zu lassen, damit sie erfahren, was es bedeutet, für das Abendbrot selbst zuständig zu sein und in einer Wohnung mit anderen zusammenzuleben.

2006 haben wir überdies eine »Zielvereinbarung zur Stärkung der Integration von Menschen mit Behinderung im Arbeitsleben und zum Übergang auf den ersten Arbeitsmarkt« abgeschlossen. Hinter dem zugegebenermaßen etwas sperrigen Namen verbirgt sich ein bemerkenswerter kultureller Fortschritt. Menschen mit Behinderung sollen aus den Werkstätten geholt und in das normale Arbeitsleben integriert werden. Mit dem damals in Deutschland einmaligen »Budget für Arbeit« leistet die Landesregierung einen Lohnkostenzuschuss von bis zu 70 Prozent.

Hilfreich sind auch die Integrationsfachdienste (IFD), wo seit bald 20 Jahren schwerbehinderte Menschen im Arbeits- und Berufsleben unterstützt werden. Inzwischen kümmert sich der IFD auch um die Vermittlung von Jobs und den Übergang von der Schule in den Beruf. Kirchen, Kammern und viele andere Institutionen haben vorbildlich gezeigt, wie Hilfe aus einer Hand aussehen kann.

So entstehen erst Modellprojekte, dann Konzepte und schließlich Netzwerke, die allen helfen, vom Förderschullehrer bis zur Mitarbeiterin der Agentur für Arbeit, die sich früher vielleicht allein gelassen fühlten. Die Praxis bestärkt unseren Kurs von Teilhabe, Selbstbestimmung und Gleichberechtigung. Behinderung und Arbeitslosigkeit sind keine Geschwister.

Teile dieses Buches sind zum Beispiel im Konferenzraum des INNdependence-Hotels in Mainz entstanden, ein Inklusionsbetrieb. Viele der Mitarbeiter sind gehandicapt, was von der Landesregierung aus dem Budget für Arbeit subventioniert wird. So entsteht eine Win-win-Situation: Menschen mit Behinderung haben gute Arbeitsplätze, das Hotel läuft. Die Gäste freuen sich über engagiertes Personal. Und die öffentliche Hand spart gleich mehrfach. Denn der Zuschuss zu Löhnen und Gehältern liegt im Verhältnis deutlich unter den Kosten, die arbeitslose Menschen bei öffentlichen Kassen verursachen, weil sie ohne Beschäftigung weder Steuern noch Sozialabgaben zahlen können.

Als Sozialministerin habe ich im Jahr 2005 bereits eine umfangreiche Berechnung in Auftrag gegeben, um die Frage zu klären: Was kostet welche Beschäftigungsart von Menschen mit Behinderung? Man sollte meinen, solche Zahlen lägen vor, aber das stimmt nicht. Denn die Kosten sehen anders aus, je nachdem, ob ich die Belastung für die Sozialkasse oder die Ausgaben aus Steuermitteln sehe. Viel zu selten betrachten wir die Gesamtkosten, weil jeder von uns zu einer Scheuklappensicht neigt, je nachdem, ob wir aus Bundes-, Landes- oder Kommunen-Richtung schauen.

Die gesamtfiskalische Berechnung ergab: Für alleinstehende Beschäftigte mit Behinderung sind die Kosten für Werkstattarbeit am höchsten, Arbeitslosigkeit liegt kostenmäßig in der Mitte, die Arbeit in einem geförderten Integrationsbetrieb ist am günstigsten; für Beschäftigte mit Partner oder Familie gilt nahezu das Gleiche. Langsam, aber unaufhaltsam setzt sich die Überzeugung durch, dass Inklusion kein Luxusthema ist, sondern auch wirtschaftlich geboten.

In unserer Gesellschaft bewegt sich etwas; das bekomme auch ich bisweilen positiv zu spüren. So wird in der Staatskanzlei nicht mehr so staatstragend gerannt, zumindest nicht, wenn ich in Sichtweite bin. Auch bei Bundespräsident Joachim Gauck bin ich auf großes Verständnis gestoßen, als ich bat, doch etwas gemächlicher zu gehen. Da hat er gelacht und mich untergehakt. In 20 Jahren, wenn Inklusion völlig normal ist, sprintet keiner mehr zum Fototermin.

EINWANDERUNG:
Wie Integration gelingen kann

Nur wenige politische Themen werden so aufgeregt debattiert wie Einwanderung und Integration. Die einen reden über Asyl, die anderen über Arbeitskräfte, die einen fürchten das Fremde, die anderen preisen die gesellschaftliche Vielfalt. Es ist höchste Zeit für ein Einwanderungsgesetz, das Klarheit und Zuverlässigkeit schafft.

Wir starteten mit unserem vollbepackten Kleinbus in Mainz. Die Route führte uns über die Alpen, vorbei an Maribor und Zagreb bis nach Bosnien-Herzegowina. Es war der Herbst 1999, und wir brachten Hilfsgüter in die ehemaligen Kriegsgebiete. Meine damalige persönliche Referentin war dabei und weitere engagierte Frauen. Wir fuhren natürlich nach Sarajevo, steuerten aber auch entlegene Dörfer an, von denen wir wussten, dass Heimkehrer aus Rheinland-Pfalz dort lebten. Es war eisig kalt, alles wirkte ärmlich. Auch wenn sich die Lebensbedingungen dort alles andere als einfach gestalteten, waren viele der Menschen, denen wir in Deutschland wenige Jahre zuvor Asyl gewährt hatten, in ihre Heimat zurückgekehrt.

Die Kriegsflüchtlinge aus dem ehemaligen Jugoslawien hatten Deutschland in den Jahren vor der Jahrtausendwende auf harte Proben gestellt. Es gab in dieser Zeit viel Hilfe, aber auch brutale Entgleisungen, in einem Land, das in seiner Geschichte Flüchtlingsströme von historischem Ausmaß verursacht hat. Haben wir seitdem dazugelernt?

Ich bin sicher: Ja, wir haben eine Menge gelernt. Die Debatte, ob Deutschland ein Einwanderungsland sei, haben selbst konservative Politiker weitgehend eingestellt. Es hat sich die Erkenntnis durchgesetzt, dass Zuwanderung lebenswichtig ist für unser alterndes und schrumpfendes Land. Anders als vor 20 Jahren hat die Hilfsbereitschaft unter den Bürgern in bemerkenswerter Weise zugenommen. Wir stellen uns zunehmend einer globalen Realität, in der zurzeit 50 Millionen Menschen auf der Flucht sind. Unsere Gesellschaft ist heute durch Offenheit und Toleranz geprägt. Und das ist gut so. Abschotten ist nur eine theoretische Option. Praktisch muss es darum gehen, einen der ewig gültigen Grundsätze der SPD weiterhin engagiert umzusetzen: »Herkunft darf kein Schicksal sein.«

Der Weg ist klar: Bildung, Ausbildung, Arbeit. Aber Integration ist mehr als Geldverdienen. Wir haben es mit einer zentralen Gestaltungsaufgabe des 21. Jahrhunderts zu tun, die von der Kita bis zur Altenpflege reicht, von Gleichstellung bis Gesundheit, von Kultur bis Respekt. Integration ist kein Service von Staat oder Gesellschaft und auch keine Einbahnstraße, sondern eine von allen Beteiligten dauerhaft zu erbringende Leistung.

Wenn heute Menschen aus Afrika, aus Syrien oder aus dem Irak zu uns kommen, dann sicher nicht, weil sie ihre Heimat gern verlassen und sich auf eine lebensgefährliche Reise machen. Sie ertrinken zu Tausenden im Mittelmeer, werden blutüberströmt aus Grenzzäunen gerettet und zurück in ihre Heimat gebracht; Schleuser verdienen Millionen und Abermillionen mit der Hoffnung. Diese Menschen fliehen vor Krieg und Gewalt, und andere wollen einfach nur ein besseres Leben für sich und ihre Kinder. Ein Ende der globalen Flüchtlingsströme ist nicht in Sicht, solange irgendwo auf der Welt Kriege und Korruption, Armut und Gewalt, Fanatismus und Diktatur herrschen.

Unser Grundgesetz garantiert in Artikel 16a politisch Verfolgten Recht auf Asyl. Dieses Recht gilt für Menschen, die aus ihrer Heimat fliehen, weil dort Krieg und Vertreibung herrschen wie etwa aktuell in Syrien. Es gilt nicht für diejenigen, die – ohne politisch verfolgt zu sein – auf der Suche nach einem besseren Leben, nach Arbeit, Sicherheit und Zukunftsperspektiven sind oder sich den Anschluss an ihre Familie wünschen, die bereits in Deutschland lebt. Also für Menschen, die einwandern, arbeiten und bleiben möchten. Zur Steuerung und Organisation dieser Einwanderung fehlen uns moderne, verlässliche und transparente Instrumente. Die Folge: Weil Personen der zweiten Gruppe keine andere Chance sehen, nach Deutschland zu kommen, versuchen sie es über das Asylrecht. Ihre Asylanträge werden jedoch überwiegend abgelehnt, bisweilen kommt es zu einer Duldung, manche werden zur freiwilligen Rückkehr in ihre Heimat bewegt oder abgeschoben. Wir können es uns angesichts unserer demografischen Entwicklung aber schlicht nicht leisten, qualifizierte und motivierte Menschen wegzuschicken. Es ist daher dringend notwendig, diese Gruppe ernsthaft auf ihre Fähigkeiten und Qualifikationen hin zu prüfen, um eine geregelte Einwanderung zu ermöglichen. Ein Statuswechsel, vom Asylbewerber ohne Chancen zum Einwanderer mit Perspektive, sollte das Ziel sein.

Wie zur Zeit des Jugoslawienkriegs steht Deutschland vor den großen Fragen von Migration und Integration: Wem wollen wir in welchem Umfang helfen? Wie verfahren wir mit den Menschen, die zu uns wollen? Dürfen wir uns die Fachkräfte herauspicken? Wie gehen wir mit Protesten um? Wie halten wir die Balance zwischen Mitmenschlichkeit und Überlastung? Es ist an der Zeit, unsere Einwanderungs- und Integrationspolitik zu modernisieren.

Die Geschichte der Menschheit ist eine Geschichte der Migration; wer wüsste das besser als die Rheinland-Pfälzer. Vor

Christi Geburt siedelten auf dem Gebiet unseres heutigen Bundeslands Treverer, Mediomatriker, Nemeter und andere keltische und germanische Stämme. Dann kamen die Römer, es folgten Burgunder, Alemannen, merowingische Franken und Karolinger. Franzosen, Bayern, Preußen und andere lebten hier. In seinem Stück *Des Teufels General* lässt Carl Zuckmayer den General Harras das Rheintal als »Völkermühle Europas« bezeichnen, weil dort so viele verschiedene Menschen unterwegs waren, miteinander handelten und sich ansiedelten.

Der deutsche Staat mit seinen Ländern ist ein vergleichsweise junges Gebilde; das Hambacher Fest, 1832 bei meinem Heimatort Neustadt an der Weinstraße abgehalten, markierte einen von mehreren wichtigen Aufbruchsmomenten auf dem Weg zu einem geeinten Deutschland. 2017 ist es 70 Jahre her, dass sich Rheinland-Pfalz seine Verfassung gegeben hat – gemessen an unserer Vergangenheit ein Wimpernschlag. Niemand weiß genau, woher die Gene unserer Vorfahren stammen, wie sich unser Blut zusammensetzt. Nur eines steht fest: Es ist eine Mischung aus vielen Epochen und vielen Strömungen. Auf Wandel und Veränderung ist – historisch betrachtet – deutlich mehr Verlass als auf Kontinuität.

Immer schon zogen Menschen umher, auf der Suche nach Nahrung, nach Schutz, nach Zukunft. Und immer schon haben diejenigen, die bereits an einem Ort siedelten, die Fremden mit Skepsis und Feindseligkeit betrachtet. Lange Zeit regierte das Faustrecht; Eindringlinge nahmen sich, was nicht verteidigt wurde.

Mit der industriellen Revolution haben wir neue Formen der Einwanderung erlebt. So kamen Hunderttausende Menschen aus Polen, um in der von Kohle und Stahl getriebenen Industrie des Ruhrgebiets ihr kleines Glück zu machen. Nach dem Zweiten Weltkrieg waren es vor allem Südeuropäer, die nach

Deutschland kamen; der einmillionste Gastarbeiter, der Portugiese Armando Rodrigues de Sá, wurde 1964 mit einem Moped belohnt. 1985 kam Josef Klose aus Polen nach Kusel. Er brachte die Familie mit, darunter seinen Sohn Miroslav, Held des 1. FC Kaiserslautern und WM-Rekordtorschütze.

Geliebter Einwanderer, unerwünschter Einwanderer – kaum eine Diskussion wurde in Deutschland in den vergangenen Jahrzehnten so erbittert geführt wie die sogenannte Ausländerdebatte. Und genauso zuverlässig geht vieles immer noch durcheinander. Es scheint verlockend, den Einwanderungs- und Integrationsdiskurs auf einen brutalen Kampf zu reduzieren: Wir gegen die. Derlei Sündenbock-Phänomene kennen wir aus allen Epochen. Aber Verallgemeinerungen, die mit »die« beginnen – wie »die Afrikaner«, »die Griechen«, »die Asylbewerber« –, sind immer falsch.

Es ist an der Zeit, die Debatte zum Thema Einwanderung zu entgiften und zu systematisieren. Denn Einwanderung bedeutet nicht eine vorübergehende Herausforderung, sondern eine dauerhafte Aufgabe für Politiker, Gesellschaft und Immigranten, Menschen also, die sich dank ihrer Ausbildung in Deutschland eine Existenz aufbauen wollen, oft mit dem Ziel, eines Tages den deutschen Pass zu erhalten. Wer jemals Feierlichkeiten zur Einbürgerung miterlebt hat, wird die glücklichen und stolzen Gesichter nicht vergessen. Auch mein Mann war als Oberbürgermeister von Trier davon immer ganz besonders berührt.

Diese Tatsache haben wir in Deutschland viele Jahre ignoriert. Wir betrachteten Arbeitskräfte lange Zeit als »Gastarbeiter«, also als eine Art Langzeit-Touristen mit Arbeitserlaubnis, die wir großherzig beherbergten. Warum sollten diese Menschen unsere Sprache lernen, unser Bildungssystem nutzen dürfen, wenn sie ohnehin bald wieder gehen?

Wie lange haben wir uns mit Schlagworten beschäftigt, etwa

mit dem Streit um die »Multikulti-Gesellschaft«. Automatisch meldeten sich in dieser ritualisierten Debatte politische Kommentatoren, Parteienvertreter, Verbände und natürlich jede Menge Experten zu Wort, um empört dafür oder dagegen zu sein. Wer einige Jahre in diesem Land gelebt hat, der kann die jeweiligen Wortbeiträge mit einer hohen Trefferwahrscheinlichkeit vorhersagen.

»Parallelgesellschaft« ist auch so ein aufgeladener Begriff, der wenig erklärt, aber viele Emotionen weckt. Wenn die deutsche Minderheit in Jakarta ihr Oktoberfest feiert – ist das eine Parallelkultur, die Indonesien zu überfremden droht? Wenn Muslime, Hindus, Buddhisten in Deutschland ihre Feste begehen – müssen wir uns Sorgen machen? Aber nein.

Dennoch herrscht bei manchen Bürgern eine weitverbreitete Angst vor …, ja, wovor eigentlich? Es sind diffuse Befürchtungen vor einer »Islamisierung des Abendlandes«, vor Kriminalität, vor Konkurrenz um öffentliche Leistungen. Kaum eine öffentliche Diskussion ist so überladen mit Ängsten, Stereotypen und Polarisierungen wie die Einwanderungsdebatte. In Dresden protestierten im Winter 2014/2015 Zehntausende in schweigendem Opfergestus gegen angebliche »Islamisierung«, obschon in Sachsen vergleichsweise wenige Muslime leben. Komplexe Situationen lassen sich nicht mit Parolen lösen.

Ich hatte das große Glück, schon als Kind erste Erfahrungen mit dem Neuen, Fremden zu machen, damals als die ersten Gastarbeiter nach Deutschland kamen. Italiener waren uns fremd. Pizza gab es in keiner Kühltruhe, statt Nudeln dominierten Kartoffeln als Sättigungsbeilage. Während sich Deutschland langsam an den unbekannten Italiener gewöhnte, habe ich die gängigen Vorurteile schnell korrigieren dürfen, die damals irgendwo zwischen Mafia und Amore oszillierten. Denn der Bruder meiner Mutter hatte eine Italienerin geheiratet. Und wir fuhren mit der ganzen Familie zwei Tage lang im VW-Bus bis nach Apulien, noch über die alte Brenner-Straße, wo die Autos reihenweise am Straßenrand standen und qualmten, um die ganzen Sommerferien in der Nähe von Bari zu verbringen.

Diese Urlaube kommen mir noch heute vor wie ein großartiger Traum. Wir waren jeden Tag am Strand, wir spielten, wir feierten, wir hatten sechs Wochen lang nicht eine Sekunde lang das Gefühl, nicht willkommen zu sein. Mit unglaublich vielen Cousins und Cousinen saßen wir jeden Abend an einer langen Tafel, wir aßen und tranken und quatschten und genossen den Sommer. Meine Mutter vergrub jeden Abend dezent gekochte Muscheln im Sand, die sie beim besten Willen nicht essen mochte – ein steter Kampf kulinarischer Kulturen. Es war das Italien von Adriano Celentano und Gina Lollobrigida, voller Lebensfreude und Leichtigkeit.

Ich fühlte mich wie zu Hause. Pfälzer und Italiener haben viel gemeinsam, zum Beispiel diese gesellige Tischkultur, bei der jeder mindestens fünf Gespräche gleichzeitig führt, in alle Richtungen mit großer Lautstärke, ohne dass es auch nur einen Moment lang unhöflich wird. Mal ehrlich: Wollen das nicht fast alle Menschen auf der Welt, rings um einen Tisch sitzen, mit Familie und Freunden, und einfach nur reden und beisammen sein?

Hier liegt für mich ein wesentlicher Schlüssel zum besseren Verständnis von Integration: Lange haben wir das Trennende betont, inzwischen suchen wir nach dem Gemeinsamen. Bis heute ist deutlich mehr Realitätssinn in die Debatte eingekehrt. Gerade im rot-grünen Milieu hat sich eine pragmatische Haltung durchgesetzt, die Bemühungen auf beiden Seiten für selbstverständlich hält und die Bildung als wichtigste Integrationshilfe versteht.

Wir leben in einem Land, in dem Vielfalt Realität ist. Integration ist millionenfach gelungen. Natürlich haben wir noch viel zu tun. Aber wir dürfen ruhig auch einen Moment stolz sein auf das, was uns in Deutschland gelungen ist: die Integration nämlich von Millionen sogenannter Gastarbeiter, von denen anfangs niemand so genau wusste, wie lange sie eigentlich bleiben würden.

1955 wurde das erste Anwerbe-Abkommen mit Italien geschlossen, es folgten 1960 Spanien und Griechenland, dann die Türkei (1961), Marokko (1963), Portugal (1964), Tunesien (1965) und Jugoslawien (1968). Gerade die erste Generation dieser Einwanderer hat maßgeblichen Anteil an Wiederaufbau und Wirtschaftswunder. Im Gegenzug haben diese Menschen eine Perspektive bekommen, einen Arbeitsplatz, Ausbildung für ihre Kinder. Aber die ersten Jahre waren hart, um nicht zu sagen: erbärmlich. »Wir riefen Arbeitskräfte, und es kamen Menschen«, hat der Schriftsteller Max Frisch einst über die Lage in der Schweiz gesagt. So war es auch in Deutschland. Integration geschah, wenn überhaupt, dann eher zufällig. Heute wissen wir, dass wir viele Chancen vertan haben.

Gemeinsam ist uns aber auch eine Menge gelungen, ob es die Flüchtlinge nach dem Krieg waren, die sogenannten Gastarbeiter, Aussiedler oder die EU-Nachbarn – zu integrieren gab es immer jemanden.

In Deutschland leben laut Statistischem Bundesamt über 16 Millionen Menschen mit Migrationshintergrund. Fast jeder Fünfte ist hierzulande nach 1950 eingewandert oder Nachfahre von Eingewanderten. Über die Hälfte dieser Menschen, gut neun Millionen, sind inzwischen Deutsche. Die Kinder von Einwanderern wiederum haben Migration nie erlebt. Deutschland ist ihre Heimat. Aber gestehen die meisten Deutschen den Einwandererkindern diesen Status auch selbstverständlich zu?

Um den irrationalen Umgang mit Asylbewerbern und Zuwanderern zu verdeutlichen, hilft ein Zitat: »Deutschland ist faktisch ein Einwanderungsland. Menschen sind gekommen und geblieben – andere sind in ihre Heimatländer zurückgekehrt oder weitergewandert. Zuwanderung ist zu einem zentralen öffentlichen Thema geworden. Die Anerkennung der Realität ist an die Stelle von Tabus getreten. Sachlichkeit bestimmt zunehmend die öffentliche Auseinandersetzung. Fast 30 Jahre nach dem Anwerbestopp braucht Deutschland dauerhafte und befristete Zuwanderung für den Arbeitsmarkt – wie andere Länder auch.«

Diese Erkenntnis ist fast 15 Jahre alt und stammt aus dem Abschlussbericht einer unabhängigen Kommission, die unter dem Vorsitz der früheren Bundestagspräsidentin Rita Süssmuth (CDU) Vorschläge für ein modernes Einwanderungsrecht erarbeitet hatte. Der damalige Bundesinnenminister Otto Schily (SPD) hatte diese parteiübergreifende Kommission im Jahre 2000 eingesetzt; Ergebnisse lagen 2001 vor.

Im März 2002 – als über das Zuwanderungsgesetz abgestimmt werden sollte – inszenierten die Ministerpräsidenten der CDU im Bundesrat eine unwürdige Aufführung. Wie ein mäßig talentierter Schauspielschüler empörte sich vor allem der hessische Ministerpräsident Roland Koch über eine angebliche Abstimmungs-Trickserei des damaligen Bundesratspräsidenten Klaus Wowereit. Unter anderem Bernhard Vogel aus Thüringen assistierte. In Wirklichkeit wollten die Unions-Ministerpräsidenten wohl nur davon ablenken, dass sie das Gesetz mit allen Mitteln zu verhindern versuchten.

Wenig später gestand Peter Müller, damals Ministerpräsident im Saarland, dass die Show am Abend vorher verabredet worden sei: Offenkundig waren die Proben etwas zu kurz gekommen. Der Regisseur Jürgen Flimm zumindest fühlte sich mit Blick auf Koch an den Auftritt von Nikita Chruschtschow vor der

UN-Vollversammlung erinnert, als dieser mit einem Schuh aufs Rednerpult drosch. Das Ergebnis der Koch-Show war gleichwohl verheerend: Weil die Union der rot-grünen Regierung aus rein strategischen Gründen keinen Erfolg gönnen wollte und das Abstimmungsergebnis im Bundesrat im Nachhinein erfolgreich vor dem Bundesverfassungsgericht anfocht, blieb das heikle Thema Zuwanderung wieder einmal auf der Warteliste.

Es ist schon erstaunlich, wenn sich die Union nun als Einwanderungspartei feiert und sogenannte Integrationsgipfel im Kanzleramt inszeniert. 2007 und 2010 habe ich als Sozialministerin an diesen Gipfeln teilgenommen und war vom Ergebnis enttäuscht. Statt sich gemeinsam auf die Suche nach Lösungen zu machen, tauschte man oftmals nur Freundlichkeiten und bereits bekannte Positionen aus. Mit Dialog hatte diese Zusammenkunft wenig zu tun. Umso konsequenter setze ich mich mit meinen Kollegen Ministerpräsidenten auch weiterhin dafür ein, dass die Bundeskanzlerin nicht aus ihrer Verantwortung entlassen wird.

Was ist also zu tun? Zunächst müssen wir festhalten, worüber wir reden, wenn wir »Ausländer« sagen. Meinen wir Kriegsflüchtlinge, zum Beispiel aus Syrien, die alles verloren haben außer ihrem Leben? Meinen wir Armutsflüchtlinge, die mit Seelenverkäufern über das Mittelmeer kommen oder in den Zäunen der spanischen Exklave Melilla enden? Meinen wir Arbeitssuchende aus EU-Staaten? Meinen wir die von unserer Wirtschaft händeringend gesuchten IT-Fachkräfte aus aller Welt, die künftig unsere Maschinen programmieren sollen? Welche Menschen dürfen bleiben? Welche nicht? Bitte mehr Präzision, das sind wir als Land der Dichter und Denker dem Rest der Welt und uns selbst schuldig.

Mit Parolen, Angstmacherei oder Hauruck-Aktionen ist dem komplexen Thema Migration ebenso wenig beizukommen wie mit Abwarten oder kosmetischen Gesetzeskorrekturen. Einwanderung ist eine Realität, Abwanderung übrigens auch. In den vergangenen 60 Jahren sind etwa 40 Millionen Menschen nach Deutschland gekommen, 30 Millionen haben unser Land wieder verlassen. Wir sind nach den USA das beliebteste Einwanderungsland der Welt; für 2015 sagen die Prognosen etwa eine halbe Million Menschen voraus, die zu uns kommen.

Seit meiner Reise nach Bosnien hat sich viel getan. Die Erkenntnis hat sich durchgesetzt, dass unser geburtenschwaches Land dringend junge, qualifizierte Menschen braucht. Einwanderung ist keine Gnade, die Deutschland gewährt, sondern eine humanitäre Verpflichtung sowie eine existenzielle Notwendigkeit. Immer häufiger höre ich von Betrieben, die händeringend nach Mitarbeitern und Auszubildenden suchen. Zugleich sitzen Zehntausende Menschen in Notunterkünften und warten lange Monate auf ihr Asylverfahren. Warum nutzen wir dieses Potenzial nicht?

Auch wenn wir im Fernsehen immer wieder die dramatischen Bilder von überfüllten Booten auf dem Mittelmeer sehen, so stammt doch ein großer Teil der Einwanderer in unserem Land aus europäischen Ländern, vor allem aus dem Kosovo, aus Albanien und den Nationen, die aus dem früheren Jugoslawien hervorgegangen sind. Eine weitere große Gruppe bilden Kriegsflüchtlinge aus Syrien. Arbeitsmigranten aus Afrika machen einen vergleichsweise kleinen Teil aus. Die Zahl der Einwanderungswilligen ist seit sechs Jahren kontinuierlich gestiegen. Und es ist vielen tüchtigen Menschen in Städten und Gemeinden zu verdanken, dass überall neue Unterkünfte entstehen, um deren Bewohner sich zahlreiche ehrenamtliche Helfer kümmern.

Fakt ist aber auch, dass wir auf vielen Gebieten schneller, besser und klarer werden müssen. Isolierte Einzelmaßnahmen greifen bestenfalls vorübergehend. Einwanderungspolitik ist ein

komplexes Geflecht, das internationale Diplomatie und Flüchtlingsarbeit im Dorf, Wirtschafts- und Bildungspolitik, Rechts-
und Sozialpolitik gleichermaßen fordert.

Die Aufgaben einer klugen Migrationspolitik sind vielfältig
und bisweilen widersprüchlich. Wir brauchen eine menschenwürdige Seenotrettung und zugleich legale Wege der Einwanderung. Länder und Kommunen benötigen dringend finanzielle
Hilfe vom Bund, zugleich kann das Tempo der Asylverfahren
beschleunigt werden. Schlepperbanden müssen bekämpft werden, ohne dass wir unsere Flüchtlingspolitik militarisieren. Wir
brauchen einheitliche Standards für eine gemeinsame europäische Asylpolitik und gleichzeitig eine gerechte Verteilung. 2014
nahmen fünf von 28 EU-Staaten drei Viertel aller Flüchtlinge
auf. Andere mauerten buchstäblich. Zugleich müssen wir die
Lebensbedingungen in den Herkunftsstaaten stabilisieren und
uns immer wieder die große Verantwortung, die Aufgaben und
Ziele unserer Außen- und Sicherheitspolitik bewusst machen.
Ob Syrien oder Kosovo, Albanien oder Irak – immer wieder
haben wir uns auch die Frage zu stellen, ob und wie Konflikte
gelöst werden können, ohne neue Flüchtlingsströme zu verursachen.

Ich bin fest überzeugt, dass Deutschland ein Einwanderungsgesetz braucht, das viele dieser Aspekte und Problemfelder berücksichtigt und für alle Beteiligten mehr Zuverlässigkeit und
Gerechtigkeit schafft. Im Februar 2015 hat meine Landesregierung in einem Entschließungsantrag für den Bundesrat Eck-
punkte für ein modernes Einwanderungsgesetz formuliert. Die
zehn wichtigsten seien hier skizziert:

1. Das Einwanderungsgesetz fasst alle arbeitsmarktpolitischen Regelungen zusammen und schafft so Transparenz.

2. Das Einwanderungsgesetz sorgt bei allen Beteiligten in
Bund, Ländern, Kommunen, Wirtschaft, Gewerkschaften, So-

zialverbänden, Kirchen, Migrantenorganisationen und Universitäten für Konsens, welcher Bedarf mit welchem Steuerungsmodell gedeckt wird. Erfahrungen anderer Länder, etwa mit Punkte-Modellen, werden evaluiert.

3. Das Einwanderungsgesetz sorgt für eine Definition sogenannter Engpassberufe, die nicht mit inländischen Arbeitnehmern gedeckt werden können. Auf Vorrangprüfungen wird verzichtet.

4. Das Einwanderungsgesetz schafft klare, unkomplizierte Regeln für Familiennachzug. Das Lernen der deutschen Sprache wird gefördert und gefordert. Mehrstaatlichkeit soll akzeptiert werden, der Erwerb der deutschen Staatsbürgerschaft klar geregelt und realistisch zu erlangen sein.

5. Das Einwanderungsgesetz richtet sich nicht nur an Hochqualifizierte mit Hochschulabschluss, sondern an breite Qualifikationsniveaus. Befristeter Aufenthalt wird ermöglicht.

6. Die Interessen inländischer Arbeitnehmer müssen berücksichtigt werden. Auf keinen Fall ist eine Absenkung von Lohnniveaus oder Sozialstandards hinzunehmen. Zugleich muss ein Statuswechsel möglich sein. Asylbewerber und Duldungsinhaber mit gesuchten Qualifikationen brauchen einen schnellen und unkomplizierten Weg auf den deutschen Arbeitsmarkt.

7. Die Qualifikationen jedes Einwanderers, auch von Asylsuchenden und Duldungsinhabern, sind unverzüglich festzustellen, insbesondere bei Asylsuchenden mit Bleibe-Perspektiven.

8. Wer eine schulische oder berufliche Ausbildung begonnen hat, genießt bis zum Ende dieser Ausbildung ein Aufenthaltsrecht. Bei erfolgreichem Abschluss ist eine angemessene Frist zu gewähren, um eine Beschäftigung zu finden.

9. Die Informations- und Beratungsangebote im Inland, aber auch in den deutschen Auslandsvertretungen müssen verbes-

sert werden. Die zuständigen Verwaltungen sind von Ausländer- zu Einwanderungsbehörden weiterzuentwickeln.

10. Zu einer gesteuerten Einwanderung gehört eine konsequente Rückführung abgelehnter Asylbewerber oder Menschen ohne Perspektive auf dem Arbeitsmarkt. Die Rückkehrberatung ist zu intensivieren.

Es macht wenig Sinn, an einzelnen Teilen des Ausländerrechts herumzuschrauben, wenn die Asylverfahren zu lange dauern, weil das Personal fehlt. Im Koalitionsvertrag auf Bundesebene sind für die Prüfung drei Monate angepeilt. Wir müssen neben der Verkürzung der Verfahren gleichzeitig für eine gerechte Verteilung von Flüchtlingen in Europa kämpfen, ohne die Menschen zu vernachlässigen, die zu uns kommen. Ein modernes Migrationsrecht umfasst arbeitsmarktpolitische, sozialpolitische, aufenthaltsrechtliche und bildungspolitische Komponenten, die idealerweise miteinander harmonieren. Derzeit gibt es über 50 Einzelregelungen, die selbst bei kundigen Behördenmitarbeitern für Verwirrung sorgen.

Wenn der Bund sich stärker als bisher an den Kosten beteiligt, die bei Ländern und Kommunen anfallen, wenn Qualifizierte schnell und konsequent eingegliedert werden, wenn Deutschkenntnisse vom ersten Tag an vermittelt werden, wenn bürgerschaftliche Flüchtlingsarbeit gestärkt und anerkannt wird, dann kann Einwanderung durchaus gelingen.

Klar ist auch: Wir werden nicht alle Einwanderungsskeptiker überzeugen können. Eine transparente und bundesweit einheitliche gesetzliche Regelung aber würde zumindest Klarheit und Eindeutigkeit fördern und das Erklären von Politik deutlich erleichtern. Schließlich haben potenzielle Einwanderer ein Recht auf klare Regeln, zügige Verfahren und eine gewisse Sicherheit, sobald sie in einer Aus- oder Fortbildung stecken.

Es gehört zum Wesen des deutschen Föderalismus, dass

Aufgaben auf unterschiedlichen Ebenen anfallen. So werden Flüchtlinge vom Bund nach dem sogenannten Königsteiner Schlüssel auf die Bundesländer verteilt, welche die Menschen in Ersteinrichtungen aufnehmen und spätestens nach drei Monaten auf die Kommunen verteilen. Den Kommunen kommt nun die Aufgabe zu, die Flüchtlinge zu versorgen und nach einer positiven Entscheidung über deren Bleiberecht bei der Integration zu unterstützen. Fällt die Entscheidung negativ aus, sind sie es auch, die für die Rückkehr verantwortlich sind. Es ist rechtlich und menschlich nur richtig, dass die Kommunen in meinem Bundesland dabei auf die freiwillige Rückkehr hinarbeiten. Die Finanzierung dieser Aufgaben tragen Länder und Kommunen. Keine Frage, dass in Zeiten verstärkten Migrationsaufkommens nicht alle zusätzlichen Lasten von den Rathäusern und den Bundesländern gestemmt werden können. Ein erster Schritt zur Entspannung ist also auch hier, die Bearbeitungsdauer für einen Asylantrag durch das Bundesamt für Migration und Flüchtlinge zu verkürzen.

Beschleunigte Verfahren würden viele Probleme auf einmal lösen. Die Menschen wüssten schneller, woran sie sind. Und Deutschland auch. Wir werden sicher nicht jedem Einzelschicksal gerecht werden können, aber in vielen Fällen würde Klarheit geschaffen, wie zum Beispiel für die Menschen aus dem Kosovo, die im Winter 2014/2015 nach Deutschland drängten.

Dort, im früheren Jugoslawien, ist die wirtschaftliche Lage so schlecht, dass für manche Menschen die Aussicht auf ein paar Monate in einem deutschen Asylbewerberheim allemal attraktiver schien als der Winter in der Heimat. Welch ein Irrsinn. Die Kosovaren zahlten angeblich 1000 Euro für Schleuser, die sie über Serbien, Ungarn und Österreich nach Deutschland lotsten, wo sie wiederum auf ihre sehr wahrscheinliche Ausweisung warteten. Hier ist die EU gefordert, im Kosovo Bildung,

Ausbildung, landwirtschaftliche und industrielle Entwicklung zu fördern, um die Fluchtreflexe langsam zu dämpfen. Erst auf Druck hat sich das Bundesamt für Migration und Flüchtlinge entschlossen, die kosovarischen Anträge besonders schnell zu bearbeiten, um keine weiteren Begehrlichkeiten zu wecken, die in Enttäuschung enden.

Dennoch wäre es unsinnig, Einwanderungswillige generell abzuweisen, egal aus welchem Land. Was spricht dagegen, Qualifizierten und Aufstiegswilligen eine Chance zu geben, sich in Deutschland legal zu beweisen?

Das Institut für Arbeitsmarkt- und Berufsforschung (IAB) bei der Bundesagentur für Arbeit hat zweifelsfrei festgestellt, dass Deutschland dringend mehr qualifizierte Einwanderer braucht. Es ist fahrlässig, Menschen zum Nichtstun zu verurteilen, erst recht Hochqualifizierte, die wir ohnehin gerne einwandern ließen. Warum schaffen wir kein Gesetz, aus dem deutlich sichtbar wird, wie wir Zuwanderung sowohl für die Einwanderer als auch uns erfolgreich gestalten können? Zahllose Einzelmaßnahmen müssen endlich zusammengeführt und durchlässiger gemacht werden.

Wir sind zwei Jahrzehnte lang weit hinter unseren Möglichkeiten geblieben, Klarheit und Akzeptanz zu schaffen. Wieder einmal sind die Bürger weiter als ihre Regierenden. Mir sind unendlich viele Menschen begegnet, die Einwanderer mit offenen Armen begrüßen, die helfen, die spenden, die Unterricht geben und Migranten bei der Integration unterstützen. Die *Berliner Zeitung* berichtete im Mai 2015 über die rheinland-pfälzische Gemeinde Münster-Sarmsheim, in der Einwanderung auf eigene Faust organisiert wird – und zwar sehr erfolgreich.

Ich habe aber zugleich Verständnis, wenn Anwohner sich überrumpelt fühlen, weil ein Heim für Asylbewerber ohne Ankündigung in ein Stadtviertel gepflanzt wird. Natürlich ist es befremdlich, wenn plötzlich Dutzende Menschen aus allen Ländern der Welt durch ein Viertel spazieren, ohne die geringste Vorstellung davon, wie dieses Deutschland funktioniert.

Integration, so glauben viele Bürger, sei eine Bringschuld der Zuwanderer. Richtig ist dagegen: Integration ist ein Prozess, der nur miteinander funktioniert, der nie beendet ist, sondern immer aufs Neue in Gang gebracht werden und von Respekt, Offenheit und Gelassenheit geprägt sein muss, aber eben auch von Klarheit.

Integration ist ja zunächst einmal eine Haltung: Wie begegnen wir einander? Gestehen wir dem anderen die gleichen Rechte zu? Akzeptieren wir andere Bräuche? Sind wir bereit zu lernen? Respektieren wir Grenzen? Erledigt jeder seine Pflichten? Wer trennt noch immer in »wir« und »die«?

Ich bin stolz, Ministerpräsidentin jenes Bundeslandes zu sein, in dem die geringste Ausländerfeindlichkeit herrscht. Dies zeigte eine im April 2015 veröffentlichte Studie der Universität Leipzig. Umso erschütterter bin ich, wenn Anschläge auf Asylbewerberunterkünfte verübt werden, wie in Limburgerhof Anfang Mai 2015. Ein paar wenige Kriminelle können auf einen Schlag vergiften, was zahllose helfende Hände über Jahre aufgebaut haben. Wie gut, dass die Bürger zusammenstehen und deutlich machen, dass Fremdenhass und Gewalt bei uns keinen Platz haben. Das kleine Münster-Sarmsheim mit seinen gut 3 000 Einwohnern beweist, was alles möglich ist, wenn das bürgerschaftliche Miteinander funktioniert. Als die Bewohner feststellten, dass Münster-Sarmsheim bei der Flüchtlingszuteilung übersehen worden war, kümmerten sich die Dorfbewohner selbst darum, Migranten zu bekommen. Unterkünfte fanden sich, Bürger arbeiteten als Integrationslotsen, der ganze Ort verständigte sich darauf, vor allem Flüchtlinge aus Syrien integrieren zu wollen. In Münster-Sarmsheim ist zu besichtigen, dass Integration eine Frage von Teilhaben und Mitmachen, von Akzeptanz und Respekt ist.

Natürlich gibt es problematische Situationen, die die Politik nicht immer sofort regeln kann. Wenn mir eine alleinstehende Rentnerin erzählt, dass sie sich mit ihren Nachbarn nicht mehr verständigen kann; wenn Eltern sich Sorgen machen, weil ihr Kind eine Klasse besucht, in der ein Großteil der Schüler die deutsche Sprache nicht richtig beherrscht, dann müssen wir diese Kritik ernst nehmen. Die Beispiele zeigen, dass Integration kein Spaziergang ist und alle sich daran beteiligen müssen. Eine große Wegstrecke haben wir zwar bereits hinter uns gebracht. Denn Fakt ist: Über 80 Prozent der Deutschen mit Migrationshintergrund geben laut einer Studie der Humboldt-Universität an, Deutschland zu lieben, sich hier also zu Hause zu fühlen. Das ist eine gute Zahl, aber wir müssen uns auch fragen, warum dies 20 Prozent der Befragten nicht tun.

Angst ist eines der größten Integrationshindernisse überhaupt. Angst entsteht in wenigen Sekunden, braucht aber ewig, um wieder zu verschwinden. Angst erwächst oft aus kultureller oder ökonomischer Unsicherheit. Einwanderer, so heißt es, nähmen »den Deutschen« etwas weg. Migranten wiederum fürchten sich vor einer hochkomplexen und oftmals ungewohnt liberalen Welt, die ihnen gerade am Anfang fremd und beängstigend erscheint.

Einwanderer dienen zugleich als Projektionsfläche für gebürtige Deutsche, die Angst um ihren Status in der Gesellschaft haben. Obgleich sich der Anteil muslimischer Mitbürger in Deutschland nicht dramatisch ändert, lässt sich die Überfremdungsangst ein ums andere Mal instrumentalisieren, ganz gleich ob als Sarrazin-Debatte, als Pegida-Marsch oder als AfD-Thema.

Richtig ist aber auch: Einwanderung funktioniert hunderttausendfach, meist still und leise. Laut wird es immer dann, wenn Probleme auftauchen. Manche davon haben wir selbst geschaffen. Denn Bedenken und Ängste der Bürger weisen darauf hin, dass die Politik ihre Einwanderungspläne nicht immer ausreichend erklärt. Erste Untersuchungen wie eine Studie vom Göttinger Institut für Demokratieforschung weisen darauf hin, dass Pegida-Demonstranten nicht nur islamfeindlich sind, sondern ein generelles Misstrauen gegen die Institutionen und Repräsentanten Deutschlands hegen. Es herrscht ein Generalverdacht gegen Medien (»Lügenpresse«), Politik (»die da oben«) und die vermeintliche Political Correctness der herrschenden Klasse. Gerade die Volksparteien müssen sich fragen lassen, ob die Interessen und Bedürfnisse dieser Menschen nicht vernachlässigt werden. Wenn sich Menschen dauerhaft abwenden von unserer Demokratie, darf das keine Partei kaltlassen.

Teil unserer Bemühungen um Integration muss es auch sein, irrationale Ängste bei Inländern abzubauen. Angst hat oft mit fehlendem Wissen zu tun. Wer Muslime mit Islamisten gleichsetzt, hat oft ein Bildungsdefizit. »Mitnehmen« – diese Parole gilt für alle. Und Erfolge sind zu sehen.

Ich freue mich beispielsweise, dass seit der ersten Einwanderergeneration das Bildungsniveau türkischstämmiger Menschen in Deutschland immer weiter steigt und deutliche Fortschritte zu verzeichnen sind. Von einstmals drei Prozent mit höherer Schulbildung hat die dritte Generation bereits weit über 20 Prozent zu bieten. Deutschland hat sich auch deswegen in den internationalen Bildungs-Rankings verbessert, weil mehr Augenmerk auf die schulischen Leistungen von Einwandererkindern gelegt wurde.

Es wird nicht immer alles schlechter, ganz im Gegenteil: Wir sind auf einem guten Weg. Wenn die Bundeskanzlerin erklärt, Multikulti sei gescheitert, dann geht sie eiskalt über die Lebensleistung von Millionen erfolgreicher Integrationsgewinner hinweg. Ein Grund mehr, in der Einwanderungsdebatte auf Parolen, Kampfbegriffe und Polarisierungen zu verzichten.

Unbestritten ist gleichwohl, dass es Menschen gibt, die unsere Regeln und Gesetze missachten oder gar verhöhnen. Wer unser Sozialsystem missbraucht, wer Drogen- oder Mädchenhandel betreibt, wer Ehrenmord, Zwangsehe oder Hasspredigten gutheißt, der muss zur Verantwortung gezogen werden, ganz gleich, woher er oder sie stammt. Das Grundgesetz gilt für alle, und es gilt überall in Deutschland.

Hier sind auch die Verbände der Einwanderer gefordert. Denn der Staat kann nicht von jeder Predigt oder jeder Hinterhofgerichtsbarkeit wissen. Ich betrachte es als großen Fortschritt, dass wir in Rheinland-Pfalz mit den muslimischen Verbänden demnächst einen Vertrag abschließen werden, der unser gemeinsames Fundament definiert. Dazu gehört auch die Bereitschaft, Hassprediger nicht auf die Kanzel zu lassen oder den Streit zwischen Schiiten und Sunniten nicht nach Deutschland zu tragen. In unseren Gesprächen war es stets eine Selbstverständlichkeit, dass das Grundgesetz über religiösen Regelwerken steht. Das wollen wir jetzt gemeinsam festschreiben, um auf Grundlage gemeinsamer Werte in die Zukunft zu starten. Wir wollen weniger über- und mehr miteinander reden.

Wie sagte der frühere Präsident des Zentralverbands des Deutschen Handwerks Otto Kentzler so treffend? »Der Meister der Zukunft ist ein Türke.« Ich würde da ein wenig korrigieren wollen. Der Meister der Zukunft ist ein Deutscher – mit türkischen Vorfahren.

GLEICHSTELLUNG:
Höflicher Feminismus

Kinder, Karriere, gleiche Bezahlung – die Themen sind
bekannt, aber nicht erledigt. Moderne Frauenpolitik
richtet sich nicht gegen Männer, allenfalls gegen jene,
die immer noch nicht begriffen haben, dass Gleichstellung
allen Menschen zugutekommt.

Es gibt Augenblicke im Leben, die vergisst man nicht. Der 16. Januar 2013 war so ein Tag: Nach 18 Jahren als Ministerpräsident gibt Kurt Beck die Regierungsverantwortung ab, aus gesundheitlichen Gründen, an mich, die MS-Patientin. Das trifft durchaus meinen Sinn für schwarzen Humor. Wir wussten voneinander schon länger, dass jeder mit gewissen körperlichen Einschränkungen umzugehen hat. Und wir schwiegen beide. Vertraulichkeit ist ein hohes Gut in der Politik und hat mit Geheimniskrämerei rein gar nichts zu tun. Vertraulichkeit ist eine Selbstverständlichkeit unter Freunden.

Es war ein aufregender Morgen im Mainzer Landtag. Freunde und Familie saßen auf der Besuchertribüne. Mit meiner Freundin Theresa, die zwei Modegeschäfte führt, hatte ich die Kleiderfrage ausführlich diskutiert. Die Wahl fiel auf ein dezent leuchtendes Magenta, das sich seitdem offenbar zu einer politischen Modefarbe entwickelt hat, wenn man sich das neue Logo einer bestimmten Kleinpartei anschaut. Landtagspräsident Joachim Mertes vereidigte mich feierlich, und selbstverständlich schloss ich mit den Worten »So wahr mir Gott helfe«.

Für manche politische Beobachter war dieser Wechsel auch deswegen so außergewöhnlich, weil eine Frau das Amt von einem Mann übernahm. Es gibt ja noch immer Menschen, die einen solchen Vorgang für bemerkenswert halten. Eine Frau – sagenhaft. Aber wie oft wollen wir noch die Namen Merkel, Kraft, Kramp-Karrenbauer, Dreyer mit so einem gönnerhaften Überraschungston aufgezählt hören?

Es ist nicht mehr als eine Annäherung an die Normalität, wenn Frauen in der Politik Spitzenämter übernehmen. Erst wenn solche Wechsel so selbstverständlich aufgenommen werden wie die von Mann zu Mann, dann haben wir wirklich einen Evolutionsschritt gemacht. Umgekehrt gilt: Solange das Mann-Frau-Thema so aufgeregt behandelt wird, ist die Gleichberechtigung nicht vollzogen.

Das Bemerkenswerte an Kurt Beck neben all seinen politischen Verdiensten: Er war nie ein Macho. Natürlich lebte er eine traditionelle Männerrolle. Als Feministen würde ich ihn nicht gerade bezeichnen. Aber Kurt Beck achtete Frauen, er hörte auf Frauen, er förderte Frauen, und für ihn galt ganz selbstverständlich, ohne dass wir viel über Quote geredet hätten, dass viele Ministerposten mit Frauen besetzt wurden. In vielen Landeshauptstädten regierte damals überwiegend die traditionelle Herrengarde, die ein deutlich konservativeres Frauenbild pflegte. Mit Sozialdemokraten wie Kurt Beck bräuchten wir heute kein Gesetz zur Frauenquote mehr.

Ich weiß, dass manche Männer jetzt reflexartig die Augen rollen, aber: Ich bin Feministin. Ich bin für die Quote ohne jeden Flexi-Faktor. Ich werde in meiner Amtszeit alles Erdenkliche versuchen, um die Vereinbarkeit von Familie und Beruf zu verbessern. Gleichstellung, Gleichbehandlung, Gleichberechtigung, das sind keine Gedöns-Themen, sondern konkrete Zukunftsziele.

Woran erkennen wir moderne Gesellschaften? Nicht nur, aber auch an ihrer Frauenpolitik. Und da haben wir in Deutschland und Rheinland-Pfalz noch eine gewaltige Strecke vor uns. Artikel 3 des Grundgesetzes sagt: Männer und Frauen sind gleichberechtigt. Solange dies nicht der Fall ist, kämpfe ich weiter für Frauen, Mädchen, Mütter, Alleinerziehende, Rentnerinnen, Migrantinnen. Basta, um mit einem sozialdemokratischen Kanzler zu sprechen.

Früher hieß es immer, dass Frauen wie ein Mann denken, wie eine Dame handeln, wie ein Mädchen aussehen und wie ein Pferd schuften müssen, um Karriere zu machen. Nach über 20 Jahren in verantwortlichen Positionen weiß ich: Die ersten drei Punkte kann man getrost vergessen. Bis heute trauen viele Männer den Frauen Führungsaufgaben nicht zu, weil sie angeblich zu männlich auftreten. Dieselben Männer halten aber auch Frauen für ungeeignet, die sich zu weiblich geben. Es gibt also keine Chance.

Mag die individuelle Leistung wichtig sein – für eine Karriere spielt das Geschlecht nach wie vor eine große Rolle. Frauen stoßen auf mehr Hindernisse und Fragen als Männer. Wir können das an vielerlei Statistiken ablesen.

Was genau verstehen wir eigentlich unter Gleichberechtigung? Da möchte ich gern die folgenden drei Bereiche unterscheiden: erstens die Berufswelt mit den Chancen auf Ausbildung, mit gleich guten Arbeitsplätzen, gleichen Arbeitszeiten, gleicher Verantwortung, gleichem Gehalt und gleichen Fortbildungsmöglichkeiten, zweitens die Familie mit gleichwertigen Aufgaben und gleichem Zeitaufwand und drittens die gleichen Chancen auf Freizeit.

Und wie sieht die Wirklichkeit aus? Bei der Ausbildung an Hochschulen, die für Führungskräfte wichtig ist, sind die Chancen relativ gleich verteilt: 1982 lag der Männeranteil noch bei

65 Prozent – 2013 hatten wir gut 50 Prozent Hochschulabsolventinnen. Das ist relativ ausgewogen, Tendenz positiv.

Jetzt gehen wir ins Erwerbsleben. Sofort wird deutlich, dass Männer einen deutlich größeren Anteil vom Kuchen abbekommen. Noch seltsamer wird das Bild, wenn zwei weitere Informationen hinzukommen: Frauen verdienten im Jahr 2013 im Schnitt 20 Prozent weniger als Männer. Um das Jahresgehalt 2013 des Durchschnittsmannes zu erreichen, musste die Durchschnittsfrau bis zum 21. März 2014 arbeiten. Das ist der Equal Pay Day.

Frauen, die gegen diese Ungerechtigkeit protestieren wollen, tragen an diesem Tag eine rote Handtasche. Ich natürlich auch, obwohl ich keine Handtaschen-Freundin bin. Es gilt: Je größer das Volumen, desto mehr Klimbim trägt man spazieren. Christine Lieberknecht, die frühere thüringische Ministerpräsidentin, hat mir ganz zu Beginn meiner Amtszeit geraten, ich solle niemals mit einer Handtasche auftreten, das sähe fast immer unpassend aus bei Politikerinnen. Stimmt. Was ich an Handtaschen spare, gebe ich lieber für Schuhe aus. Da neige ich hin und wieder zur Unvernunft.

Zurück zu den Zahlen: Der Männeranteil an den Erwerbstätigen beträgt 55 Prozent. Das klingt okay. Was mit der Zahl nicht deutlich wird, ist der hohe Anteil von Frauen in Teilzeit. Ebenfalls geht unter, dass gerade viele Frauen in schlecht bezahlten Berufen arbeiten, so etwa im Sozial- und Dienstleistungsbereich, wo der Frauenanteil bei 80 Prozent liegt. Frauen stellen zwei Drittel der Minijobber. Frauen stellen zwei Drittel aller Geringverdiener. Die Niedriglohnquote von Frauen ist mit 27 zu 16 Prozent deutlich höher als bei Männern. Zwangsläufig ist Altersarmut vor allem ein weibliches Problem.

Bei Führungskräften liegt der Männeranteil bei etwa 70 Prozent. Bei den Aufsichtsräten, wo viel Macht ausgeübt und Geld verdient wird, kommen wir auf eine Männerquote von über 80 Prozent. In den Vorständen wächst der Anteil der Männer auf über 90 Prozent.

Diese Zahlen legen offen, dass es nicht nur die individuelle Leistung sein kann, die entscheidet, ob der Aufstieg in den Olymp der Wirtschaft erfolgt. Sind Frauen schlechter oder fauler? Kaum denkbar. Denn Frauen haben seit Jahrzehnten im Schnitt bessere Abschlussnoten als Männer. Sie arbeiten hart. Sie gelten als kooperativer und sozial kompetenter.

Das durchschnittliche Jahresgehalt von Führungskräften liegt aber für Frauen bei 46 308 Euro, bei den Männern sind es dagegen 58 920 Euro; als durchschnittlichen Jahresbonus erhalten Frauen 9 208 Euro, Männer 10 182 Euro. So hat es der DIW Führungskräftemonitor 2012 ausgerechnet.

Diese Zahlen machen uns Frauen und zunehmend Männer wütend. Sie sind der Grund, warum die frühere Vizepräsidentin der EU-Kommission Viviane Reding und das EU-Parlament eine Initiative für eine 40-Prozent-Quote bei Aufsichtsräten der etwa 5 000 großen, börsennotierten Unternehmen mit Sitz in der EU auf den Weg gebracht haben. Diese Regelung wurde von neun Mitgliedsstaaten – darunter der schwarz-gelben Bundesregierung in Deutschland und der britischen Regierung – lange blockiert.

Einige europäische Länder haben dagegen Frauenquoten für Aufsichtsräte und teilweise für Vorstände beschlossen, nämlich Norwegen, Frankreich, Spanien, Belgien, die Niederlande, Italien und Island. In vielen weiteren Staaten Europas wird die Einführung der Quote diskutiert, etwa in Österreich, Großbritannien, Schweden und Finnland. In Deutschland hat die Bundesregierung auf Initiative der SPD im Frühjahr 2015 gesetzlich geregelt, dass in den Aufsichtsräten großer börsennotierter Unternehmen ab 2016 mindestens 30 Prozent der Sitze an Frauen gehen. Darüber hinaus müssen große Unternehmen ab 2015 eigene verbindliche Ziele für die Erhöhung des Frauenanteils in Aufsichtsrat, Vorstand und in den obersten Management-Ebenen definieren und veröffentlichen. Gut so. Denn an Selbstverpflichtungen, wie wir sie erlebt haben, glaube ich nicht.

Es wäre naiv anzunehmen, dass sich die Ungleichheiten von allein zurechtruckeln. Dafür ist der Vorsprung zu groß, den die Männer gewonnen haben, seit das moderne Wirtschaftssystem im 19. Jahrhundert entstanden ist. Hinter uns Frauen liegt ein langer Weg aus einer vollkommenen Entrechtung hin zur Gleichberechtigung, aus schlechter Bildung hin zu Top-Abschlüssen. Aber: Wir sind immer noch unterwegs.

Im 19. Jahrhundert durften Frauen nicht Mitglied in Parteien sein oder im Staat mitentscheiden. Der Ehemann verwaltete das Vermögen seiner Frau. Er konnte über ihr Geld verfügen. Das Bürgerliche Gesetzbuch sah bis 1977 vor, dass der Ehemann dem Arbeitsvertrag seiner Frau zustimmen musste. Einen Arbeitsvertrag der Ehefrau konnte der Ehemann ohne Gründe allein kündigen – das galt in der Bundesrepublik bis 1958. Die Gehälter der Frauen lagen bei gleicher Tätigkeit weit unter denen der Männer.

Das Deutsche Reich hatte dort, wo erwerbstätige Frauen gegen arbeitslose Männer konkurrierten, schikanöse Gesetze erlassen, um Frauen aus dem Arbeitsmarkt zu drängen. Ein bekanntes Beispiel ist das Lehrerinnenzölibat. Mit einer Eheschließung verlor eine Lehrerin ihre Stelle. Diese Regelung gab es in der Bundesrepublik bis in die 1950er. Der Arbeitsmarkt war geteilt: Frauen hatten sich in helfenden und dienenden Berufen etabliert, wo sie deutlich schlechter bezahlt wurden als Männer.

Das gesamte 19. Jahrhundert hindurch hat die Frauenbewegung für den Zugang zur schulischen und universitären Bildung gekämpft. Und damit meine ich nicht die Schulen für höhere

Töchter, in denen Konversation, Klavier und Kochen unterrichtet wurden. Bis Mitte des 19. Jahrhunderts waren Mädchen von der höheren Bildung ausgeschlossen – bis 1908 durften sie an den meisten Schulen kein Abitur ablegen. Auch danach gab es geschlechtsgetrennte Schulen mit unterschiedlichen Lehrinhalten.

Die meisten Studiengänge öffneten sich nur zögerlich. 1873 verweigerte die Uni Tübingen Studentinnen die erstmalige Immatrikulation für Medizin, mit dem Argument, ihr moralisches Verhalten sei zweifelhaft, der Unterricht werde durch die Anwesenheit von Frauen gestört, und ohnehin fehle ihnen die körperliche Kraft für den Beruf. Andere argumentierten, die Monatsblutung mache Frauen ungeeignet für jeden wissenschaftlichen Beruf.

Auf Initiative der Frauenbewegung wurden zwischen 1900 und 1909 alle Studiengänge vom Staat gegen den Willen der Universitäten und Fachvereinigungen geöffnet. Dann folgten die Staatsberufe, gegen den erbitterten Widerstand der Berufsträger, zuletzt 1922 das Richteramt. Der NS-Staat machte dann aber nahezu alle Fortschritte wieder rückgängig. Frauen sollten sich fast ausschließlich ums Kinderkriegen, um Familie und Haushalt kümmern.

Was heißt das für uns heute? Wenn wir anerkennen, dass Frauen und Männer jeweils die Hälfte der Welt zusteht, dann stellen wir fest, dass Frauen rasant aufgeholt haben. Jede Frau, die in Führungsverantwortung kommt, ist ein Beitrag zur Gerechtigkeit zwischen den Geschlechtern. Das gilt auch für jeden Mann, der Führungsverantwortung besitzt und die Gleichberechtigung fördert. Aber: Es gibt noch viel zu tun.

Ist diese Gleichberechtigung so eine moderne Flause der Feministinnen, wie manche Herren meinen? Oh nein. Wir wissen über den um 522 vor Christus erfolgten Bau von Persepolis, der ehemaligen Hauptstadt des persischen Weltreichs, dass die Leitungspositionen der Werkstätten mit Frauen besetzt waren. Sie bekamen das höchste Gehalt. Die Handwerkerinnen wurden entlohnt wie die männlichen Kollegen. Es gab bezahlten Schwangerschaftsurlaub, Anspruch auf Teilzeit im ersten Lebensjahr des Kindes, Anspruch auf Kinderbetreuung durch Ammen und übrigens auch eine Lohnfortzahlung bei Krankheit oder Unfall. Frauen konnten ihr Eigentum selbst verwalten, Prozesse führen und sich scheiden lassen. Das hätte man von einem orientalischen Reich ein halbes Jahrtausend vor Christi Geburt nicht erwartet.

Ich bin keine Ideologin. Meine Frauenpolitik richtet sich ausdrücklich nicht gegen Männer. Im Gegenteil: Gute Frauenpolitik kommt modernen Männern sogar entgegen, weil sie alle Akteure gerechter ent- und belastet. Auch hier geht es darum, Positionen zusammenzuführen, den Pulverdampf aus einer seit Generationen viel zu kriegerisch geführten Geschlechterdebatte zu verscheuchen und Mann und Frau auch politisch zu versöhnen. Ich kann gleichzeitig Kurt Beck gut finden, Robert Redford und eine Feministin sein. Radikalfeministinnen klingen für mich ebenso befremdlich wie Männer, die auf so eine joviale, gönnerhafte Tour ankommen.

Als die Frauenrechtlerin Schwarzer in den Siebzigerjahren aufbegehrte, war die deutsche Provinz nicht gerade ein Paradies der Gleichberechtigung. Die CDU war bei uns in der Pfalz und überall anders auch eine Honoratiorenpartei, die noch unter dem Schock des Machtverlusts von 1969 stand. Im Fernsehen waren Frauen Quiz-Assistentinnen und Wein-Nachschenkerinnen. Und es galt: Wenn eine Ehefrau arbeitete, war das ein echtes Statusproblem. Da kann der Mann die Familie wohl nicht allein ernähren, hieß es.

Wer diese Jahre als gute alte Zeit verklärt, der hat schlichtweg

1. **KEINE ANGST VOR SCHARFEN KRALLEN:** auf dem Bauernhof meiner Tante

2. **DIE DREI VON DER SANDKISTE:** mit meinem Bruder Matthias und meiner Schwester Elisabeth

3. **KELLNERN FÜR AFRIKA:** 2014 für die Aktion Tagwerk

4. **STARKES QUINTETT:** mit Doris Ahnen, Maren Kroymann und Petra Gerster bei der Verleihung der Carl-Zuckmayer-Medaille 2013 an Doris Dörrie (Mitte)

5. **POLITIK ZUM ANFASSEN:** in der Kita Essenheim 2013

6. **ÜBERFLIEGER
AUS ZWEIBRÜCKEN:**
mit Stabhochsprung-
Weltmeister Raphael
Holzdeppe 2013

7. **DER 110. GEBURTSTAG:** Gespräch mit Charlotte Klamroth, 2013 die älteste Rheinland-Pfälzerin, die im Jahr darauf verstarb

8. **STÜRMISCHE UMARMUNG:** bei der Eröffnung des Kultursommers in Bitburg 2015

9. **MAINZ BLEIBT MAINZ:** Karneval mit Frank-Walter Steinmeier und meinem Mann Klaus Jensen

10. **RHEINRADELN:** mit dem Wormser Oberbürgermeister Michael Kissel und meinem Mann Klaus Jensen

11. **EINE STARKE TRUPPE:** mit der Besatzung der Fregatte »Rheinland-Pfalz«

12. **WIRTSCHAFTSFAKTOR RAD:** bei Canyon in Koblenz mit Geschäftsführer Roman Arnold

13. **WIRTSCHAFTSFAKTOR AUTO:** Empfang der Führungsspitze von General Motors in Mainz, von links: Steve Girsky, Dan Akerson und Dr. Karl-Thomas Neumann

14. **UNGEWÖHNLICHE BEGEGNUNG**: mit der Queen in Berlin 2015

15. **AUDIENZ IN ROM:** bei Papst Franziskus im Vatikan 2014

16. **MEISTER DER LANGEN LINIE:** mit Altkanzler Helmut Schmidt und meinem Mann Klaus Jensen

17. DIE ZUKUNFT IST UNSERE FREUNDIN (1): mit der früheren Bundesgesundheitsministerin Ulla Schmidt

18. DIE ZUKUNFT IST UNSERE FREUNDIN (2): mit Bundesfamilienministerin Manuela Schwesig

19. **STAATSAKT:** mit Baden-Württembergs Ministerpräsident Winfried Kretschmann bei der Unterzeichnung des SWR-Staatsvertrags

20. **FÜHRUNGSKRAFT:** gemeinsame Sitzung des Mainzer Kabinetts mit dem Vorstand der BASF

21. **CHINA (1):** Gespräch mit Su Rong, dem Vizevorsitzenden der Politischen Konsultativkonferenz, während meiner Reise nach China 2014

22. **CHINA (2):** mit Weinkönigin Nadine Poss und Investor He Alex im Rheinland-Pfalz-Zentrum in Changle

23. **CHINA (3):** mit Dietmar Muscheid, Vorsitzender DGB RLP/Saarland, und
Dr. Engelbert Günster, Präsident der IHK Rheinhessen, im Drachenpark

24. **DIPLOMATISCHES PARKETT:** mit US-Botschafter Philip D. Murphy 2013

25. **STARKE REGION:** Der Nationalpark Hunsrück-Hochwald wird im Mai 2015 eröffnet. Mit dabei: Annegret Kramp-Karrenbauer, die Ministerpräsidentin vom Saarland, und Barbara Hendricks, Bundesumweltministerin

26. **HEIMSPIEL:** mit meiner Mutter Katharina in Neustadt an der Weinstraße

27. **ZUVERSICHT:** Mal schauen, was die Zukunft bringt. Ich freue mich drauf.

nicht miterlebt, wie viele Dramen sich hinter den blütenweißen Gardinen abspielten. Frauen waren komplett abhängig von den Männern, sozial, ökonomisch, gesellschaftlich. Trennung galt als Schande, alleinerziehende Elternteile galten als gescheiterte Existenzen. Wie viele Frauen litten damals still an Depression, Zorn, Verzweiflung?

Ich bin unendlich dankbar, in einer vergleichsweise modernen Familie aufgewachsen zu sein. Mein Vater war, wie zu Beginn schon angedeutet, durchaus ein Patriarch, sehr sachlich, geradlinig, gebildet. Meine Mutter war, klassisch, für die emotionale Seite zuständig. Unser Ansehen in der Nachbarschaft, in der Gemeinde, im Ort war ihr wichtig. Unterordnen, das war aber nicht ihr Thema.

Obgleich mit drei Kindern gesegnet und manchmal gestraft, legte meine Mutter großen Wert darauf, ihrem eigenen Beruf nachzugehen. Sie hat sich aus einfachen Verhältnissen hochgerackert, zunächst die Volksschule absolviert und Verkäuferin gelernt. In einer ziemlichen Kraftanstrengung hat sie sich dann auf dem zweiten Bildungsweg zur Hauswirtschaftlerin und Erzieherin fortgebildet oder, wie man damals sagte: Kindergärtnerin. Zunächst arbeitete sie in einer kirchlichen, dann in einer städtischen Einrichtung, zu Beginn aber nur bis mittags, wie es früher üblich war.

Meine Mutter hat tatsächlich den Führerschein gemacht. Welcher Mann hätte das damals zugelassen, vor allem angesichts der Fahrkünste meiner Mutter? Mein Vater aber hatte überhaupt keine Probleme mit seiner selbstbewussten und durchsetzungsfreudigen Frau, im Gegenteil: Er hat uns Kinder allesamt ermutigt, angetrieben und in unserem Willen bekräftigt. »Nie aufgeben!«, so lautete seine Parole. Diesen starken Willen habe ich geerbt – ein Geschenk.

Auf meinen Willen konnte ich mich immer verlassen. Weil

ich während der Schulzeit Ärztin werden wollte, brauchte ich ein Spitzenabitur. Also habe ich gelernt, durchaus besessen. Ähnlich war es dann in meinem Jura-Studium. Lang habe ich mich zwar eher mit der Rettung der Welt beschäftigt. Wir haben uns um Menschenrechte gekümmert und traumatisierte Mädchen betreut. Als Mitbegründerin der Bürgerinitiative gegen die Sanierung der Mainzer Altstadt habe ich zum ersten Mal in meinem Leben im Stadtrat gesprochen. Und es hat mir Spaß gemacht. Aber im letzten Jahr habe ich von morgens bis abends mit einer Disziplin gelernt, auf die ich bis heute stolz bin. Ein »voll befriedigend« klingt zwar nicht besonders toll, gilt bei Juristen aber als sehr ordentliche Examensnote.

Diese Mentalität habe ich von meinem Vater. Ein starker Wille, Fleiß, Ausdauer, das sind keine männlichen oder weiblichen Eigenschaften, sondern universelle, die sehr klassisch in der Familie vorgelebt und von den Kindern übernommen werden.

Spannend bis heikel wurde es immer, wenn der starke Wille in Wut umschlug und mein Vater und ich aufeinandergeprallt sind. Ich erinnere mich an einen Moment, wo ich mich, noch als Mädchen, mit zornigem Blick vor meinem Vater aufgebaut habe. Ich werde dann sehr ruhig, aber eben auch unglaublich entschlossen. Es ist eine Art von Verwandlung, die ich nicht spielen kann. In Stressmomenten passiert es einfach. Ich habe meinen Vater, den Chef, den Entscheider, die Respektsperson, sehr gerade und streng fixiert.

Es war ein ungleiches Duell. Mein Vater war lebensfroh und gastfreundlich. Für Besucher füllte er einen riesigen Römer voll mit bestem Wein, mindestens eine Flasche. Das große Glas ging dann herum, jeder Gast hatte zu trinken, was gleichsam die Freundschaft besiegelte. Aber mein Vater konnte auch sehr streng sein. So legte er etwa großen Wert darauf, dass der Weihnachtsbaum exakt nach seinen Vorstellungen geschmückt wurde. Er hielt Konsequenz für ein heiliges Erziehungsprinzip. Was in jenen Jahren als gute Pädagogik galt, war jedoch kaum mehr als das nachdrückliche Ausüben von Autorität. Erwachsene konnten sich damals kaum vorstellen, dass bei den Kindern ein schreckliches Gefühl des Ausgeliefertseins entstand, vor allem, wenn körperliche Gewalt eingesetzt wurde. Gelegentliche Schläge gehörten damals in vielen Familien ganz selbstverständlich zum pädagogischen Repertoire.

Als es wieder so weit war, habe ich meinen Vater sehr ernst angeschaut und nur diesen einen Satz gesagt: »Du schlägst mich nie wieder!« Mein Vater blieb stumm. Er war offenbar beeindruckt. Und ich auch, von mir selbst. Mein Vater war keiner, der seine Familie verprügelte, um Himmels willen. Aber in den Sechziger-, Siebzigerjahren kam es durchaus vor, dass Eltern, Lehrern, Meistern gelegentlich, wie man sagte, »die Hand ausrutschte«. In der ersten Klasse hatten wir tatsächlich einen Lehrer, der uns mit dem Lineal auf die Finger schlug. Es ist ein Segen, dass die Gesellschaft bei diesem Thema sensibler geworden ist.

Und so ist es geblieben: Wenn ich willkürliche Gewalt entdecke, ungerechte Bestrafungen oder das Ausnutzen einer Machtposition, dann bekomme ich diese Strenge und einen Blick, den meine Familie, meine Mitarbeiter und auch meine Minister fürchten. Deswegen lächeln meine Nächsten auch höflich, wenn ich wieder als »sanftmütig« oder »zart« beschrieben werde. Immerhin werde ich nicht laut oder grob, sondern einfach nur bestimmt – und bestimmend.

Männlich? Weiblich? Hart? Weich? Nein, bestimmend. Und ich habe kein Problem damit. Soll ich »Frau« und »bestimmen« für Gegensätze halten und mich dafür entschuldigen? Auf gar keinen Fall.

Meine Eltern behaupteten ebenfalls, ich sei ein durchsetzungsfähiges Mädchen gewesen, eine etwas vornehmere Umschreibung für »Dickkopf«. Mit 13 wollte ich zum Beispiel nicht mehr »Marie-Luise« heißen. Ich fand den Namen bieder, nein, in Wirklichkeit war es schlimmer: Ich fand ihn richtig doof.

Eine Lehrerin half mir bei der Suche nach einem besseren Namen, das war sehr ungewöhnlich damals. Wir entschieden uns für »Malu«. Prima, damit konnte ich gut leben. »Malu«, das klang französisch, war gut zu rufen und zu schreiben, ein schneller, schicker, praktischer Name. Nehme ich. Nach und nach haben sich meine Mitmenschen an »Malu« gewöhnt. Nur mein Vater hat »Marie-Luise« gesagt, aber nur, wenn er sauer war, also nicht allzu häufig.

Auf meinem Gymnasium, einer Mädchenschule übrigens, habe ich die Schülerzeitung gegründet, Titel: »Initiativ«. Ich war Klassensprecherin – heute bin ich Ministerpräsidentin. Ich übernehme gerne Verantwortung und entscheide auch gern, aber im Konsens. Und ich versuche dabei, immer fair zu bleiben. Ich mag Macht, sofern sie dazu dient, dass es den Menschen besser geht.

Es mag seltsam klingen, aber: Ich habe keine Angst um mich. Ich hatte nie welche. Wie die Normannen bei Asterix, die sagen: Mach mir Angst! Ich hatte nie Existenzangst, nie Zukunftsangst, nie Angst, dass ich mein Leben finanziell nicht würde stemmen können, nie Angst vorm Alleinsein. Ich habe nie gedacht: Ich brauche unbedingt einen Versorger. Wenn ich Angst habe, dann um andere, um meinen Mann und unsere Kinder.

Dass ich relativ frei von Angst bin, ist mir zu einem guten Teil sicher in die Wiege gelegt worden. Ein stabiles, liebevolles und starkes Elternhaus hilft. Hinzu kommt meine Krankheit. Seit der Diagnose vor 20 Jahren hat sich meine Werteskala ganz neu sortiert: Unwichtige Dinge werden unwichtiger, Wichtiges wird bedeutsamer. Und Frauenpolitik gehört eindeutig zu den wichtigen Themen.

Frauen und Stärke, das ist kein Gegensatz, sondern eine großartige Ergänzung. Als ich in meiner Studentenzeit bei der Firma Junkers Gasthermen zusammengebaut habe, sind mir unendlich viele dieser starken Frauen begegnet, die selbstbewusst, fröhlich und ziemlich entschieden für ihre Rechte eingetreten sind.

Schon früh haben mich starke Frauen fasziniert. Zum Beispiel Marie Juchacz, Sozialdemokratin und Gründerin der Arbeiterwohlfahrt. Als in anderen Parteien noch nicht mal diskutiert wurde, ob Frauen wirklich wählen dürfen sollten, war Marie Juchacz bereits eine flammende Rednerin und führte die Frauenzeitung *Die Gleichheit*. Die Tochter eines Zimmermanns hatte sich Ende des 19. Jahrhunderts vom Dienstmädchen zur Fabrikarbeiterin und schließlich zur Schneiderin hochgearbeitet. Von ihrem Mann hatte sie sich getrennt.

Sie trat 1908 in die SPD ein, sie organisierte die Textilarbeiterinnen in und um Aachen. Friedrich Ebert machte sie zur Frauensekretärin im Zentralen Parteivorstand, ein Posten, den zuvor Clara Zetkin ausfüllte. 1919 gründete Marie Juchacz die AWO und blieb bis zur Machtübernahme der Nazis 1933 die Vorsitzende. 1919 wurde Marie Juchacz wie ihre Schwester Elisabeth Röhl als eine von 37 Frauen in die Weimarer Nationalversammlung gewählt, wo sie als erste Parlamentarierin nach der Einführung des Frauenwahlrechts am 19. Februar 1919 sprach.

Sie sagte: »Meine Herren und Damen! [Das Protokoll bemerkt hier: »Heiterkeit«.] Es ist das erste Mal, dass eine Frau als Freie und Gleiche im Parlament zum Volke sprechen darf, und ich möchte hier feststellen, ganz objektiv, dass es die Revolution gewesen ist, die auch in Deutschland die alten Vorurteile überwunden hat.«

Seit vielen Jahren verwende ich diese Anrede ebenfalls: »Meine Herren und Damen.« Ich war genervt von zahllosen Veranstaltungen, bei denen ich als einzige Frau begrüßt wurde. Immer wieder hieß es: »Sehr geehrte Frau Dreyer, meine Herren.« Als höfliche Feministin habe ich die Männer künftig als Erste begrüßt, was für einige Irritationen sorgte. Mir war allerdings nicht klar, dass Marie Juchacz diese Ansprache viele Jahrzehnte zuvor gleichsam zu einem historischen Ereignis gemacht hatte.

Kein Wunder, dass die Nazis eine solche Frau nicht ertrugen. Marie Juchacz floh 1933 über verschiedene Länder bis nach New York, wo sie die »Arbeiterwohlfahrt USA – Hilfe für die Opfer des Nationalsozialismus« gründete, die nach dem Krieg Hilfspakete nach Deutschland schickte. Für den Fall, dass jemand sich irgendwo auf der Welt in einer Juchacz-Straße befindet – sie wurde nach dieser Frau mit ihrer unglaublichen Biografie benannt.

Was hätte Marie Juchacz wohl zur Quote gesagt? Wie wäre sie im Bundestag 2015 aufgetreten? In 100 Jahren kann sehr viel passieren. Oder auch nicht.

Wir Frauen können eine Menge von unseren unerschrockenen Vorkämpferinnen lernen. Von Elisabeth Selbert und Frieda Nadig zum Beispiel, beide SPD, die im Parlamentarischen Rat 1948 am Grundgesetz der Bundesrepublik Deutschland arbeiteten. Die beiden anderen Frauen, neben 61 Männern, waren Helene Weber (CDU), die von 1919 bis 1962 ununterbrochen, bis auf die zwölf Nazi-Jahre, Abgeordnete eines Parlaments war und die katholische Frauenbewegung nach 1945 wieder aufbaute. Helene Wessel schließlich war 1949 zur Vorsitzenden der Zentrumspartei gewählt worden, lehnte das Grundgesetz bei der Schlussabstimmung am 8. Mai 1949 aber ab wegen mangelnder christlicher Grundwerte im Text und der ihrer Meinung nach fehlenden Betonung sozialstaatlicher Grundrechte.

Gegen heftigen Widerstand setzten diese Frauen Artikel 3, Absatz 2 durch: »Männer *und* Frauen sind gleichberechtigt«, was bis heute keine Selbstverständlichkeit ist, wenn man sich die unterschiedliche Bezahlung von gleicher Arbeit anschaut.

Auch wenn ich dem eher brachialen Feminismus von Alice Schwarzer nicht zugetan bin, so hat diese Frau doch konsequent die Arbeit der Mütter des Grundgesetzes fortgeführt. Auch der Paragraf 218 war ein Freiheits- und Gleichberechtigungsthema, das maßgeblich von Alice Schwarzer vorangetrieben wurde.

Ich gehörte zur zweiten Generation der Nachkriegsfeministinnen. Wir waren weniger radikal, weniger theoretisch, eher frauenfreundlich als männerfeindlich. Die Konflikte muss man gar nicht schüren, die kommen von ganz allein.

Daheim in der Pfalz war die Frauenbewegung durchaus ein Thema, aber konkret wurde mein Kampf für die Schwestern erst ab 1982 in Mainz. Als junge Studentin lernte ich dort, dass manche meiner Kommilitoninnen weder Abitur machen noch ein Studium hätten beginnen dürfen, wenn sie sich zu Hause nicht gegen ihre Väter auf die Hinterbeine gestellt hätten. Die großartige Evelyn Hamann vermittelte uns an der Seite von Loriot einen kabarettistisch heiteren wie deprimierenden Eindruck aus jener Zeit, als die Staubsaugervertreter klingelten und zur Selbstverwirklichung das Jodeldiplom absolviert wurde.

In Mainz war für mich völlig klar, dass ich mich politisch engagieren würde. Mein Vater hatte es mir schließlich vorgemacht. Teilhabe funktioniert nur durch Teilnahme. Also wühlte ich mich durch all die studentischen Blättchen und suchte nach Aktionen, die spannend klangen. So landete ich bei einer Informationsveranstaltung von FemMa, was nicht ganz zufällig nach der Zeitschrift von Alice Schwarzer klingt. In einer Kneipe in der Gaustraße saß eine kleine, aber sympathische Gruppe zusammen und bot einen Kennenlerntreff an. Es funkte sofort: Ich fand die Frauen gut, die Frauen fanden mich gut. Gemeinsam beschlossen wir, für ein modernes Frauenbild zu kämpfen.

Mit einigen dieser Frauen verbindet mich bis heute sehr viel. Einmal im Monat ist Stammtisch, leider schaffe ich es nicht jedes Mal. Eva ist Pädagogik-Professorin geworden, Iris ist Politikwissenschaftlerin, Claudia und Barbara sind Diplom-Pädagoginnen, Bobby arbeitet als Lehrerin. Es tut gut, wenn man geerdete Freundinnen um sich weiß, die im richtigen Leben stehen. Bis heute sind wir nicht radikal, sondern, schlimmer: klar.

Damals begegneten uns die traditionellen Rollenbilder überall, ebenso ein latenter Sexismus, der sich bis heute fortgesetzt hat. Physische und psychische Gewalt gegen Frauen ist noch immer ein Thema, wie die »Aufschrei«-Debatte 2013 bewies. Da schrieb eine Reporterin darüber, wie sie vom rheinland-pfälzischen FDP-Politiker Rainer Brüderle zu fortgeschrittener Stunde an einer Hotelbar mit bedenklichen Sprüchen bedacht worden war. Ich fand es bedrückend, wie zur gleichen Zeit unter dem Hashtag »#aufschrei« Tausende Frauen von ihren Alltagserfahrungen mit Sexismus berichtet haben. Ich weigere mich, diese Schilderungen als Überempfindlichkeiten abzutun. Allein die Tatsache, dass diese Frauen sich unwohl fühlten, genügt, um ein derartiges männliches Verhalten abzulehnen. Sexismus und Frauenverachtung kommen bei uns immer noch zu oft vor.

Bei FemMa beschäftigten uns Mädchen, die von Gewalt bedroht waren. 1984 gründeten wir eine Beratungsstelle für benachteiligte junge Frauen und Opfer von häuslicher Gewalt. In unserem Mädchenhaus, dem ersten in Mainz, fanden vor allem jene Frauen Unterschlupf, die von zu Hause abgehauen waren; es ging um Schläge, Zwangsheirat, alltägliche Unterdrückung. Wir haben unendlich viel geredet, zugehört, Geld gesammelt, um den Mädchen Ausflüge in einen Klettergarten und zum Wandern zu ermöglichen, immer mit dem Ziel, Selbstbewusstsein aufzubauen oder zu fördern.

Eines Tages kreuzten wir beim Sozialdezernenten in Mainz

auf. Weil wir streng basisdemokratisch organisiert waren, kamen alle mit – Barbara, Bobby, Claudia, Eva, Iris, zwei weitere Frauen und ich. Dezernent Willi Abts war erst amüsiert und dann ein wenig beschämt, weil er nicht genügend Stühle für alle von uns hatte in seinem Gummibaum-Büro. Wir wollten Geld für einen Mädchentreff und eine Beratungsstelle, aber er hatte angeblich nichts.

Wir redeten, drohten, scherzten, grollten. Und plötzlich gab es doch Geld. Wir hatten ihn offenbar überzeugt. Jahre später hat mir der Sozialdezernent gestanden, dass er schon Schweißausbrüche bekam, wenn er nur im Terminkalender gesehen hat, dass wir mit FemMa wieder anrücken würden.

Es war Anfang der Achtzigerjahre relativ ungewöhnlich, dass eine Truppe junger Frauen ins Rathaus stürmte. Damals kapierte ich eine der Grundregeln von Politik: lästig sein. Nur wer den Mächtigen, vor allem denen, die auf der Kasse sitzen, immer und immer wieder auf die Nerven geht, hat Chancen, seine Pläne zu verwirklichen. Zu dem Mädchentreff und einer Beratungsstelle kam später das Mädchenhaus »Zuflucht«, wo bis heute junge Frauen Schutz finden, die in ihren Heimatländern zwangsverheiratet werden sollen, die verprügelt oder sexuell missbraucht werden.

Was heutige Studierende kaum noch nachvollziehen können: Wir haben damals nicht übermäßig viel Zeit im Hörsaal verbracht. Studieren, das bedeutete für uns gerade in den ersten Jahren vor allem politische Aktivität. Wir haben mit dem autonomen Frauenhaus kooperiert und dem Frauennotruf, wir haben Opfern von sexuellem Missbrauch geholfen, wir haben traumatisierte Mädchen betreut und oftmals dabei geholfen, junge Frauen stark zu machen.

Viele Mädchen wussten einfach nicht, wer oder was sie waren, weil sie ihr Leben lang gedemütigt worden waren. Daran hat sich bis heute nicht so viel geändert. Das Mainzer Mädchenhaus ist immer noch voll, der Bedarf an Zuflucht existiert nach wie vor. Inzwischen gibt es auch eine Wohngruppe, in der die Mädchen selbstständig leben. Es wäre naiv zu glauben, dass sich über Generationen und Jahrhunderte eingeübte Gewohnheiten einfach verändern.

Immerhin: Es tut sich was, wenn auch, wie immer, viel zu langsam. Häusliche Gewalt ist heute ein Straftatbestand. Unglaublich, dass solche Selbstverständlichkeiten hart erkämpft werden mussten. Das »Züchtigungsrecht« – allein schon dieser Begriff – obliege natürlich dem Mann im Haus, so hieß es in konservativen Kreisen früher. Auch die »Vergewaltigung in der Ehe« steht heute im Strafgesetzbuch, ebenfalls ein Erfolg der feministischen Bewegung.

Es gehört zu den Paradoxien der deutschen Politik, dass ausgerechnet eine Frau an der Spitze der Bundesregierung ziemlich wenig sichtbare Frauenpolitik macht. Ich habe durchaus Respekt vor Angela Merkel, wie furchtlos sie die Männerpartei CDU erobert hat. Sie ist angenehm unprätentiös und hält sich, anders als manche Männer, an die Regeln des guten Umgangs. Dazu gehört, dass sie dem ersten Ministerpräsidenten der Linkspartei, Bodo Ramelow, zu seiner Wahl gratulierte. Solche Gesten fühlen sich nicht aufgesetzt an.

Angela Merkel ist eine Meisterin der Ironie, ohne dass sie ihre Führungsrolle jemals infrage stellen würde. Anders als so manche Männer, die sich gern aufplustern, agiert sie oft angenehm zurückhaltend. Sie hat die Größe, ihre Macht nicht bei jeder Gelegenheit demonstrieren zu müssen. Angela Merkel sieht nicht aus wie ein Kraftpaket, aber die Ausdauer, mit der sie seit über zwei Jahrzehnten Politik macht, ist beeindruckend.

Wir begegnen uns sachlich-freundlich. Leider habe ich oftmals das Gefühl, dass ihre Fähigkeit zum Ignorieren gesellschaftlicher Probleme bisweilen Kohl'sche Dimensionen erreicht. Das Sichern von Macht scheint der Kanzlerin oftmals wichtiger als Antworten auf drängende Fragen, etwa die, wie wir unseren Vorsprung in Zeiten der digitalen Globalisierung sichern wollen. Sie überlässt nichts dem Zufall, aber sie umgeht immer wieder Themen, die wichtig sind für dieses Land, zumindest so lange, bis Umfragen in eine andere Richtung zeigen.

Deswegen hat sich der Feminismus in der Ära Merkel nicht erledigt – im Gegenteil. Noch immer gibt es strukturelle, und eben keine punktuelle, Benachteiligung von Frauen, vor allem in der Arbeitswelt. Dagegen haben schon Elisabeth Selbert und Frieda Nadig vor 65 Jahren gekämpft. Es führt kein Weg an der Quote vorbei.

Ich kann die Klagelieder von Unternehmern nicht mehr hören, dass es zu wenige Frauen gäbe, die für Führungspositionen geeignet seien. Dann wird mal wieder eine windelweiche Selbstverpflichtung angeboten, die aber gar nichts bringt außer verlorener Zeit. Was wird noch als Argument angeführt? Über die Quote kämen Frauen nach oben, die keine weitere Führungsqualifikation als eben ihr Geschlecht mitbrächten. Das kann tatsächlich mal passieren. Aber die deutsche Wirtschaft ist über viele Jahrzehnte bestens damit klargekommen, dass über Männernetzwerke auch die ein oder andere unterqualifizierte männliche Führungskraft in den Vorstand gehievt wurde, übrigens primär wegen ihres Geschlechts.

Gelegentlich wird eine Regierung mit einer Chefetage verglichen. Die Minister sind die Vorstände, der Ministerpräsident deren Vorsitzender. In DAX-Unternehmen sind Frauen eher selten auf der Vorstandsebene zu finden. In der Politik dagegen trifft man uns öfter. Meine Regierung besteht aus sechs Frauen und zwei Männern. Es geht also. Und warum soll in der Wirtschaft nicht funktionieren, was in der Politik klappt?

Dennoch höre ich von männlichen Managern immer wieder, dass Frauen ja eigentlich gar nicht an die Spitze wollen. Ihnen fehle einfach dieser unbedingte Wille, weil sie angeblich andere Wertemuster pflegten. Dem möchte ich erstens entgegnen, dass zunehmend Männer keine Lust mehr haben, sich an einem sinnlosen Hahnenkampf zu beteiligen, wie er in manchen Unternehmen bis heute hingebungsvoll gepflegt wird. Und zweitens kann ich gut nachvollziehen, dass Frauen sich schwertun, ein ganzes Berufsleben lang nur von Männern umgeben zu sein, so nett sie auch sein mögen.

Es mag sein, dass es einen weiblichen Führungsstil gibt, der bisweilen etwas weniger aggressiv und polarisierend daherkommt. Aber ist es wirklich geschlechtsspezifisch, ob ich mich mit ein paar engen Beratern zurückziehe, um über politische Entscheidungen nachzusinnen, oder ob ich den Kontakt mit vielen Menschen suche, sie zum Mitdenken und Mitmachen auffordere und auch noch externen Sachverstand einhole? Ist es männlich, Macht zu gebrauchen, im Notfall mit einer gewissen Rücksichtslosigkeit? Angela Merkel und Margaret Thatcher würden das wahrscheinlich kühl lächelnd dementieren. Ich übrigens auch.

Natürlich gibt es unterschiedliche Stile. Aber die haben mit Traditionen zu tun. Männer sind seit Jahrtausenden gewohnt, auf ihren jeweiligen Pavianfelsen um Spitzenpositionen zu rangeln. Mir sind das männliche Machtzentrum der Helmut-Kohl-CDU der Achtzigerjahre und die Ränkespiele der Troika 1994 noch gut in Erinnerung, als der Rheinland-Pfälzer Rudolf Scharping mit Gerhard Schröder und Oskar Lafontaine eine Männerfreundschaft für die Medien aufführen musste. Die nächsten Jahre haben ziemlich klar gezeigt, wie belastbar diese Freundschaft war.

Für mich war dieses Trio eine starke Motivation, in die SPD

einzutreten und mich für einen anderen, auch weiblicheren Stil einzusetzen. Denn die Grundwerte und viele andere Themen, für die sie standen, waren auch meine. Heute hat meine SPD glücklicherweise ein weiblicheres Gesicht, nicht nur in Rheinland-Pfalz, sondern auch in Berlin mit den Bundesministerinnen Andrea Nahles, Manuela Schwesig und Barbara Hendricks. Die SPD, der ich mich zugehörig fühle, ist weniger konfrontativ, etwas geduldiger, etwas mitfühlender, aber sicher nicht weniger entschlossen.

Bleibt die Frage: Gibt es einen typisch weiblichen Führungsstil? Wissenschaftliche Belege kenne ich kaum. Angeblich gehen Frauen vorsichtiger mit Geld um. Die wachsende Anerkennung für Politikerinnen liegt womöglich eher an einer gewissen unaufgeregten und abgeklärten Haltung, die besser in eine von Unsicherheiten geprägte Zeit passt. Immer nur Vollgas / Bremse bedeutet Verschleiß. Frauen rollen womöglich besser.

Inzwischen hat sich ja auch bei den Männern eine deutliche Typveränderung vollzogen: Olaf Scholz, Michael Müller, Winfried Kretschmann, Thomas de Maizière, Stephan Weil – das sind alles eher ruhige, überlegte, pragmatische und wenig aggressive Typen. Gut so.

Die Frauen sind mit den Jahren ebenfalls lockerer geworden. Manche unserer Vorkämpferinnen hatten, bei allen Verdiensten, oft etwas Verbissenes. Kein Wunder, wenn man sich in einer Horde Gorillas behaupten muss. Mir gefällt die Selbstironie und Klarheit gut, mit der sich Frauen heute, inzwischen sogar in Bayern, präsentieren. »Auch eine Henne weiß, wann die Sonne aufgeht«, sagt Ilse Aigner von der CSU, »aber deswegen muss sie nicht jedes Mal krähen.« Meine Amtskollegin Hannelore Kraft erklärt dagegen so eindrucksvoll wie einfach: »Ich möchte die Welt verbessern.« Das haben wir von Männern zu selten gehört.

Vor allem aber schaffen es Frauen, Widersprüche zu interpretieren. Ich kann zuhören und dennoch harte Entscheidungen treffen, ich kann Mitgefühl zeigen und mit politischen Gegnern ringen. Als ich im November 2014 mein Kabinett umgebaut habe, war natürlich Härte gefragt. Aber ich habe mit jedem der Betroffenen persönlich gesprochen. Weibliche, männliche Eigenschaften? Oder einfach modernes Miteinander?

Und was ist mit der Macht? Ist die nun plötzlich egal? Keineswegs, aber für Frauen dient Macht meistens dazu, Dinge durchzusetzen, zu gestalten und etwas in Bewegung zu bringen. Diese Haltung ist bekanntlich auch meine.

Eines ist klar: Mit Machtstreben allein wäre ich nie Ministerpräsidentin geworden. Es gab eine Reihe von Männern, die mir halfen, die mich unterstützten, die an mich glaubten: mein Vater, der frühere Landtagspräsident Christoph Grimm, der mir geraten hatte, nicht in die Politik zu gehen, und damit meinen skeptischen Geist wachhielt, der Abgeordnete Carsten Pörksen, der die Landtagsmitarbeiterin Dreyer als Bürgermeisterin nach Bad Kreuznach empfahl, Klaus Hammer, der mich als Sozialdezernentin nach Mainz lockte, und schließlich Kurt Beck. Ich habe mehr Entdecker als Marco Reus.

Das Machtthema ist ein gutes Beispiel für Meme. Ein Mem ist ein Stereotyp, eine Annahme, welche die Gesellschaft nicht hinterfragt. Der britische Evolutionsbiologe Richard Dawkins bezeichnet Meme als Gene des öffentlichen Diskurses, allgemein akzeptierte Muster, die sich selbst verbreiten, aber leider manchmal nicht viel mit der Realität zu tun haben.

Die Kommunikationstrainerin Vera F. Birkenbihl nennt sie einen Virus des Geistes. Meme bilden ein Grundgerüst für Haltungen. Sie können richtig sein oder falsch. Ein falsches Mem war, dass Spinat gesund sei, weil er so viel Eisen enthalte. Das ist Unsinn, wie wir inzwischen alle wissen, die Forscher hatten sich verrechnet.

In der Politik wird oft und erbittert auf Grundlage von Memen gestritten – bei Einwanderung zum Beispiel oder bei volkswirtschaftlichen Themen. Beide Seiten verstehen sich oft nicht, weil es schwer ist, ein Mem rational zu widerlegen. Eine Eigenschaft des Mems ist auch, dass Begründungsmuster häufig wechseln oder widersprüchlich sind.

Für Frauen gilt das Mem, dass wir für verantwortliche Positionen ungeeignet seien, weil bestimmte Eigenschaften Männern zugeschrieben werden, etwa Durchsetzungsstärke und Zielstrebigkeit, während Frauen eher weich und kooperativ seien. Das hält keinen Forschungsergebnissen stand. Zum einen gibt es nicht »die Frauen« und »die Männer«. Zum anderen wissen wir, dass es sowohl geeignete Männer als auch Frauen für Führungspositionen gibt.

Sollen wir also wirklich weitere Jahre auf Grundlage überholter Meme vertrödeln? Frauenpolitik ist ja keine ideologische Luxusdebatte, sondern ein Gebot wirtschaftlicher, gesellschaftlicher und partnerschaftlicher Vernunft. Es geht um Gemeinsames. Eine gute Kinderbetreuung kommt nicht nur Frauen, sondern ganzen Familien und damit uns allen zugute. Solange allerdings die vielen Männer in den Spitzenpositionen Frauenkarrieren nicht fördern, müssen Frauen Frauen helfen, zum Beispiel mit Netzwerken, auch wenn wir, auch so ein Männer-Mem, dazu gar nicht befähigt sein sollen.

Unsere Netzwerke funktionieren nur etwas leiser als bei den Herren. Unlängst hatte ich Vertreterinnen von Soroptimist International (SI) in die Staatskanzlei eingeladen, um das 30-jährige Bestehen dieses Frauenklubs in Mainz zu feiern. Der Name stammt vom lateinischen »sorores optimae« – »die besten Schwestern«, er bringt berufstätige Frauen zusammen, vorwiegend Akademikerinnen.

Der Verein wurde 1921 in Kalifornien gegründet, überparteilich, aber engagiert, und ist in 130 Ländern der Welt vertreten. Allein in Deutschland gibt es über 200 Klubs, 14 davon in Rheinland-Pfalz, die von Kritikern als »Netzwerke zum gegenseitigen Nutzen« beschrieben werden. Ach, wirklich? Gegenseitiger Nutzen? Das ist ja völlig ungewöhnlich. Jetzt mal im Ernst: Ist es nicht Kernaufgabe jedes Netzwerkes, dass man sich gegenseitig hilft und, ja, auch nutzt? SI vergibt Förderpreise, engagiert sich für die Flüchtlingsfrauen und Projekte in Entwicklungsländern. Früher traf man sich zum Austausch über Kunst und Kultur, heute geht es um Ausbildungsfragen und natürlich um frauenpolitische Themen.

Ähnlich angetan bin ich vom Ada-Lovelace-Projekt. Hier geht es um Mentoring für Mädchen und junge Frauen, die sich für die MINT-Fächer interessieren, also Mathematik, Informatik, Naturwissenschaft und Technik. Ada Countess of Lovelace schrieb schon im 19. Jahrhundert Programme für Rechenmaschinen, zu einer Zeit, als Frauen der Zugang zu Universitäten, Akademien und Bibliotheken nicht gestattet war. Sie stammte aus England, einem Land, in dem Frauen bereits einige Jahrzehnte früher als in Deutschland studieren durften und das schon im 19. Jahrhundert eine starke Frauenbewegung hatte.

Bis heute entscheiden sich viel zu wenige junge Frauen für eine technische oder naturwissenschaftliche Ausbildung. Das muss anders werden. Denn erstens haben Frauen einen anderen Blick auf diese Themen, zweitens fördern Frauen auch Frauen. Ohne Nachwuchs wird sich in den Laboren und Forschungsstätten nicht viel ändern.

Das Ada-Lovelace-Projekt, das an der Universität in Koblenz gegründet wurde und mittlerweile erfolgreich an zehn Hochschulen in Rheinland-Pfalz vertreten ist, sorgt nun dafür, dass Studentinnen und Auszubildende Schülerinnen über MINT-Fächer informieren. Die Mentorinnen, nicht viel älter als ihre

Schützlinge, berichten aus ihrem Alltag und von ihrem eigenen Weg. So entstehen Vertrauen, Selbstvertrauen und schließlich vielleicht die Motivation, sich selbst in einem scheinbaren Jungs-Fach zu versuchen. Beim Workshop »Chemie im Advent« stellen die Mentorinnen mit ihren Schülerinnen zum Beispiel Baumschmuck und Kekse her, aber unter streng naturwissenschaftlicher Perspektive. Das ist schlau, lebensnah und lustig. Die ständige Evaluation sorgt dafür, dass das Programm fortwährend verfeinert und verbessert wird.

Das Mentorinnen-Prinzip haben wir für das Projekt »Mehr Frauen an die Spitze« übernommen, denn ich glaube an das betreute Wachstum. Erfahrene Führungskräfte in der Landesregierung sind Mentorinnen und Mentoren für weibliche Nachwuchskräfte, die eine Führungskarriere anstreben. Das Projekt ist seit 2010 fest etabliert und äußerst erfolgreich.

Bei Fragen der Frauenförderung bin ich wirklich mitleids- und kompromisslos. Wir stehen nicht am Ende einer optimalen Kinderbetreuung, sondern am Anfang. Unsere Förder- und Mentoring-Programme für Mädchen und junge Frauen können durchaus noch mehr Schwung gebrauchen. Wie lange muss ich noch erklären, dass es nichts Ungewöhnliches ist, wenn drei Viertel meines Kabinetts weiblich sind? Ich möchte auch immer eine Personenschützerin in meiner Nähe wissen, weil ich mich dann gut fühle. Ganz einfach.

Die Frauen aus den neuen Bundesländern haben es uns vorgemacht: diese Selbstverständlichkeit, mit der sie Kinder, Beruf und Partnerschaft verbinden. Bis heute sind in den neuen Bundesländern deutlich mehr Frauen berufstätig als im alten Westen: 58 gegen 51 Prozent.

Gut, dass eine junge Frau aus den neuen Bundesländern das Frauen- und Familienressort in Berlin mit frischem Wind und Selbstbewusstsein erfüllt hat. Manuela Schwesig steht für eine moderne Gleichstellungspolitik, die die Geschlechter nicht gegeneinander ausspielt, sondern die Bedürfnisse von Frauen und Männern ernst nimmt und angemessen darauf reagiert. Der Ansatz einer partnerschaftlichen Arbeitszeit kommt den Bedürfnissen junger Familien sehr entgegen. Auch ihr Kampf für die Rechte von Alleinerziehenden entspricht den Bedürfnissen einer modernen Gesellschaft.

Gerade bei der Frauenpolitik ist die Sozialdemokratie mit ihrer stolzen Tradition ein unverzichtbarer Treiber. Denn die Tatsache, dass wir seit einem Jahrzehnt eine Bundeskanzlerin haben, heißt noch lange nicht, dass von ihr oder ihrer Partei tatsächlich moderne Frauenpolitik gemacht würde.

Frau Merkel rät Frauen, die bei gleicher Arbeit weniger verdienen als Männer, doch einfach zum Chef zu gehen und faire Bezahlung zu verlangen. Ich ziehe dagegen ein Gleichstellungsgesetz vor, ohne Hoffen und Bangen, dafür auf Grundlage der Gerechtigkeit. Auf gute Feen und gute Onkels haben wir lange genug gewartet.

Lernen für alle und von Anfang an

Gefühlvolle Reden über den Wert der Bildung gehören
zum Repertoire jedes Politikers. Da wird gepredigt,
gemahnt und gefordert. Reden allein aber hilft nicht
viel. Bei Bildung und Ausbildung zählt allein das Machen,
wie die rheinland-pfälzische Bilanz beweist.

Meine Bildungskarriere begann, ohne dass ich viel davon bemerkt hätte. Als Grundschülerin half ich bei der Weinlese, so
wie alle Kinder. In wenigen Wochen muss die Ernte in Sicherheit gebracht werden, bevor Regen und Frost den Ertrag eines
ganzen Arbeitsjahres zerstören. Jeder von uns bekam eine Reihe
von Rebstöcken zugeteilt. Wir mussten die Trauben abschnei-
den, ohne den Weinstock zu beschädigen.

Es war natürlich ein großer Spaß, um die Wette zu ernten,
wer den Eimer zuerst voll hatte. Dann ab in die Bütte damit und
der nächste Eimer. Meistens schien die Sonne, alle waren gut ge-
launt, zum Mittag gab's einen deftigen Imbiss. Am Abend saß
die Truppe noch mal beim Essen zusammen. Das ist Arbeit, die
sich nicht wie Arbeit anfühlt. Wir kennen das aus Mark Twains
Buch *Die Abenteuer des Tom Sawyer*. Ein Buch, das ich als Kind
verschlungen habe. Es war ein bisschen wie mit dem Zaun, den
am Ende alle Kinder gemeinsam gestrichen haben.

Spielerisch haben wir eine Menge gelernt über die Arbeitswelt: Wir hatten pünktlich zu sein, fleißig, zügig, zuverlässig,
und hinterher wurde bezahlt. Das war natürlich anders als bei

Tom Sawyer. Wir haben viel gelacht und gealbert, aber klar war auch: Wo wir geerntet hatten, da musste kein Erwachsener mehr kontrollieren. Uns war keine Traube entgangen. Wir hatten unsere Sache gut gemacht.

Heute weiß ich zu schätzen, was mir dieses alljährliche Ernteritual im Weinberg für mein späteres Leben gegeben hat; ganz einfache, aber ewig gültige Werte wie gesunder Ehrgeiz, Zuverlässigkeit und Durchhaltewillen, der vor allem an Regentagen gefragt war. Wir hatten Gummistulpen über die Arme gestreift, doch weder Stiefel noch Regenjacken konnten verhindern, dass wir in kürzester Zeit bis auf die Haut durchgeweicht waren. Aber wir machten weiter. So wie alle anderen auch. Die Gruppe hielt uns, aber sie trieb uns auch an. Befindlichkeiten zählten nicht, sondern eine gute Ernte. Ich bin sehr dankbar für diese grundsätzlichen Erfahrungen.

Wenn ich heute mit Meistern oder Ausbildungsleitern spreche, dann höre ich immer wieder die gleichen Klagen: Junge Menschen seien nicht zu dumm oder zu schwach, aber sie hätten zu Hause offenbar ein paar Kulturtechniken nicht gelernt: pünktliches Aufstehen, Dranbleiben, Sachen zu Ende bringen, die eigenen Befindlichkeiten nicht ganz so ernst nehmen. »Keine Lust« ist im richtigen Leben nun kein Kriterium, auch nicht in der Politik.

Bildung bedeutet nicht stumpfes Eintrichtern von Wissen, sondern eine sehr breite Auswahl von Techniken, Methoden und Verhaltensmöglichkeiten. Und die kann man lernen, idealerweise früh und in der Familie. Den Rest müssen Staat und Gesellschaft besorgen. Ein modernes Bildungs- und Ausbildungssystem funktioniert wie ein Verkehrswegenetz. Es gibt Intercitys und Bummelzüge, es gibt Schnellstraßen und Feldwege, es gibt Kreisverkehre, Sackgassen und Ruhezonen, reichlich Schilder und bisweilen eine Ampel.

Ziel einer modernen Bildungspolitik muss sein, dass niemand sich in diesem Bildungswegenetz verliert und sich aufgibt. Jeder Mensch, egal welcher Herkunft, welchen Alters, welchen Bildungsgrades, muss zumindest einen Trampelpfad in Sichtweite haben, der ihn oder sie ins Netz und weiter führt. In welchem Tempo, mit welchem Verkehrsmittel, auf welcher Strecke – das sollte jeder selbst entscheiden können. So viel Freiheit muss sein.

Freiheit ist eine gute Sache, wenn man weiß, welche Freiheiten man wie nutzen kann. Deshalb brauchen junge Menschen und ihre Eltern Rat und Hilfe, um sich in diesem dichten und manchmal komplizierten Wegenetz unseres Bildungssystems zurechtzufinden. Schließlich gibt es nicht den einen geraden Pfad, gleichsam den Königsweg, sondern viele, auch verschlungene Strecken. Manche Eltern und Kinder kennen die neuesten Sonderangebote aus dem Elektronikmarkt besser als unser Bildungssystem.

Es gehört zum Standardprogramm jedes Ministerpräsidenten, das eigene Bildungssystem zu loben. Doch während in anderen Bundesländern ein ewiger Kampf zwischen Eltern, Lehrern, Behörden und Politik geführt wird, zeigen wir in Rheinland-Pfalz, dass ein sozial gerechtes und leistungsfähiges Bildungssystem möglich ist, auch deswegen, weil wir uns nicht beirren lassen, sondern einem klaren Konzept folgen. Und konsequent sorgen wir dafür, dass Bildung von der Kita bis zum Studium gebührenfrei bleibt.

Bildungspolitik erfordert von denen, die sie machen, ein hohes Maß an Resilienz, also psychischer Widerstandskraft und Belastungsfähigkeit bei Rückschlägen. Den einen ist Bildungspolitik immer zu langsam und geht nie weit genug, den anderen geht alles zu schnell zu weit, lässt den Eltern entweder zu wenig Freiräume oder unterstützt sie zu wenig.

Ein gutes Beispiel ist die Ganztagsschule. Sie war bei ihrer Einführung als Beitrag zur besseren individuellen Förderung, zu mehr Bildungsgerechtigkeit gedacht, um Schülerinnen und Schüler, gerade aus bildungsfernen Elternhäusern, stärker zu unterstützen. Die Ganztagsschule kam auch auf Wunsch berufstätiger Eltern. Trotzdem wurde sie von vielen als Ausdruck des Misstrauens gegen die Erziehungskompetenz der Familie gesehen und nicht als eine sinnvolle pädagogische Weiterentwicklung von Schule. Wir haben die Ganztagsschule in Rheinland-Pfalz dennoch als erstes Bundesland massiv ausgebaut. Glücklicherweise gehört die Skepsis gegenüber der Ganztagsschule mittlerweile der Vergangenheit an; niemand bezweifelt mehr ernsthaft ihren bildungs- und familienpolitischen Sinn. Die Folge: Jede zweite Schule in Rheinland-Pfalz ist heute eine Ganztagsschule – und das ist ein riesiger Erfolg unseres Bildungskurses. Ich stehe dafür, dass dieser Weg fortgesetzt wird.

Die Haltung, die meiner Politik zugrunde liegt, lebt übrigens ganz wesentlich von klaren Werten, auf die ich und auch mein Team sich immer wieder zurückbesinnen. Auch wenn es manchmal nicht so scheint: Politikerinnen und Politiker, jedenfalls die, mit denen ich arbeite, hinterfragen sich ständig. Aber bestimmte Werte bleiben immer gleich. In der Bildungspolitik sind das bei mir Chancengleichheit und Aufstiegsorientierung bei gleichzeitiger Leistungsfähigkeit des Bildungssystems.

Weil wir diese Werte stets verteidigen, sind wir in Rheinland-Pfalz vor mehr als zehn Jahren deutschlandweit verprügelt worden, vor allem von der CDU. Damals schlugen wir einen Sonderweg ein: Wir sind bei neun Jahren auf dem Gymnasium geblieben, haben aber gleichzeitig acht Jahre Schulzeit möglich gemacht. Gut sieben Prozent oder etwa 9 600 Schülerinnen und Schüler haben sich derzeit für den schnelleren Weg zum Abitur entschieden. Während man bei uns wählen kann, tobt anderswo seit Jahren ein erbitterter Kulturkampf um das Reizthema G 8; vor allem die Eltern sehen ihre Kinder überfordert. Inzwischen kehren die ersten Länder, Niedersachsen zum Beispiel, zurück zum bewährten System.

Ähnlich verhielt es sich bei den Studiengebühren. Während andere Bundesländer hin und her entschieden, ist Rheinland-Pfalz in diesem Punkt verlässlich: Studieren ist und bleibt bei uns gebührenfrei. Dieser Grundsatz der rheinland-pfälzischen Hochschulpolitik gilt für alle Bildungseinrichtungen. Denn wir wissen nur zu genau, dass Gebühren viele verheerende Wirkungen haben: Sie beenden Bildungswege abrupt, weil die Kosten einfach nicht aufgebracht werden können; sie halten viele Menschen mit geringerem Einkommen davon ab, einen Bildungsweg überhaupt erst einzuschlagen, und sie führen nicht automatisch zu höherer Qualität, mehr Personal oder besserer Ausstattung, wie der Blick auf die bis vor Kurzem mit Studiengebühren belegten Hochschulen in anderen Bundesländern zeigt. Kurzum: Es werden Barrieren aufgebaut, wo wir dringend Durchlässigkeit benötigen.

Ein weiteres Beispiel: Wir Sozialdemokraten haben in Rheinland-Pfalz seit dem Regierungswechsel 1991 nie den Schulkampf geführt, nicht die Revolution gesucht, sondern eine behutsame, von der Mehrheit getragene Evolution. Während in anderen Bundesländern Schulstrukturreformen auf den Titelseiten der Zeitungen zu spitzen Verbalgeschossen zusammenschrumpften, fand man sie bei uns in den Kommentarspalten. Keine Überschrift, sondern Analyse. Keine Ideologie, sondern Einsicht.

Abgestimmt über eine moderne Schulstruktur hatten Eltern und Kinder längst mit den Füßen. Heute steht Rheinland-Pfalz dafür, dass beides möglich ist: am längeren gemeinsamen Lernen festzuhalten und die Bildungslandschaft sukzessive umzubauen. Man könnte auch sagen: Mit einem Schulkampf ist keinem geholfen, mit der schrittweisen Schaffung von mehr und mehr Durchlässigkeit schon.

Bildung ist der Kern meiner Politik; ohne Bildung kann kein Gemeinwesen langfristig bestehen. Bildung ist die zentrale Gerechtigkeitsinstanz. Das ist auch der Grund, warum Bildung im rheinland-pfälzischen Landeshaushalt Vorfahrt hat – und zwar schon seit vielen Jahren. Wir haben 2015 zusätzlich 25 Millionen in unsere Hochschulen und Fachhochschulen geleitet und zehn Millionen in den Ausbau der Inklusion, was wir uns in den Koalitionsverhandlungen auf Bundesebene erkämpft haben.

Ich sehe es als meine Pflicht an, allen Menschen Chancen auf eine gute Ausbildung zu geben. Dazu gehört, die digitale Kluft zu schließen, sowohl zwischen den Generationen als auch zwischen den sozialen Schichten. Die Orientierung im Internet und der verantwortungsvolle Umgang mit den Neuen Medien ist eine Kernaufgabe der Bildung. Kopfrechnen und Rechtschreibung aber auch. Die Anforderungen an die Schule sind kontinuierlich gestiegen; Bildung entscheidet über Biografien.

Wobei ich unter »Bildung« nicht nur – aber auch – nobelpreisverdächtige Forschung verstehe, sondern alle Facetten, von Medienkompetenz über Fort- und Weiterbildung, von Sprachunterricht für Einwanderer bis hin zum zweiten Bildungsweg.

Wir legen großen Wert auf die soziale Inklusion von Kindern, schneiden gleichzeitig aber in Leistungstests zuverlässig mit guten Bewertungen ab. So mischen beispielsweise die rheinland-pfälzischen Schulen bei der Überprüfung der Bildungsstandards für Mathematik und Naturwissenschaften bundesweit in der Spitzengruppe mit. Chancengleichheit und gute schulische Resultate müssen also kein Widerspruch sein. Im Mai 2015 habe ich zusammen mit dem Bundespräsidenten Joachim Gauck in Ludwigshafen den Siegern des bundesweiten Wettbewerbs »Jugend forscht« gratuliert. Ich war sehr stolz, dass zwei der sieben

Bundessieger aus Rheinland-Pfalz kamen – genauso wie jeder zehnte Teilnehmer an diesem Wettbewerb. Dabei ist nur jeder zwanzigste Deutsche ein Rheinland-Pfälzer oder eine Rheinland-Pfälzerin.

Die Ergebnisse von »Jugend forscht« sind gute Indikatoren dafür, dass an unseren Schulen die Qualität und Leistungsbereitschaft stimmt. Langfristige Bildungspolitik erfordert Geduld und Beharrlichkeit, führt aber eben auch zu messbaren Erfolgen. Rheinland-Pfalz hat vergleichsweise junge Lehrer und kleine Klassen. Eltern loben die Besonnenheit und Berechenbarkeit unseres Bildungssystems, denn sie sehen, welche Kollateralschäden entstehen, wenn Regelungen hektisch eingeführt und wenig später wieder abgeschafft werden – auf dem Rücken der Kinder. Wir können es uns aber nicht erlauben, auch nur ein einziges Talent zu übersehen und nicht zu fördern. Deswegen überprüfen wir unsere Maßnahmen regelmäßig auf ihre Wirksamkeit.

Ich habe in meinem Leben erfahren dürfen, wie beflügelnd das deutsche Bildungs- und Ausbildungssystem sein kann. Ich habe den klassischen Kindergarten besucht, der die Kleinen mittags nach Hause entließ, weil die Mütter damals selbstverständlich kochten. Ich war auf einer behüteten Grundschule in der Pfalz, später auf einem Mädchen-Gymnasium. Weil ich ja zunächst Ärztin werden wollte, habe ich das große Latinum gemacht und für ein wirklich gutes Abiturzeugnis gerackert. Ärztin, das war der Traum meiner Mutter.

Dann habe ich mich zunächst für Theologie und Anglistik entschieden, weil ich mich eher als Lehrerin sah. Zwei Semester lang habe ich versucht, den Berufswunsch meines Vaters zu erfüllen. Wir waren schließlich seit vielen Generationen eine Lehrerfamilie. Schließlich wurde es Jura. Das wollte ich. Hat eben ein wenig gedauert, bis ich meine eigenen Ziele herausgefunden hatte. Am besten gefiel mir bekanntlich das Arbeitsrecht, dieses Spannungsfeld zwischen Arbeitgeber und Arbeitnehmer und überdies ein großes Spielfeld für Menschen mit leidenschaftlichem Gerechtigkeitssinn.

Ich habe in der Uni als Hilfskraft gearbeitet, später als wissenschaftliche Mitarbeiterin. Ich war Staatsanwältin und ehrenamtliche Sozialarbeiterin, und fast wäre ich Shiatsu-Lehrerin geworden. Weil ich immer wieder an Rückenbeschwerden litt, hatte ich mich Ende der Neunzigerjahre in die Hände einer Mainzer Heilpraktikerin begeben. Die Frau beherrschte die Kunst der Shiatsu-Massage, eine Art Akupressur, bei der sogenannte Meridiane gezielt angeregt werden.

Während der Behandlung soll eine »energetische Beziehung« zwischen Therapeut und Behandeltem entstehen. Shiatsu wurzelt wie die Akupunktur in der Traditionellen Chinesischen Medizin, die bei mir sehr gut anschlägt. Ich war fasziniert von der Kraft dieser eher sanften Heilmethode, die vom Behandelnden Achtsamkeit und Sensibilität verlangt. Das wollte ich auch lernen. Also fuhr ich nach München zum Europäischen Shiatsu Institut und absolvierte einen Einsteigerkurs. Eine Juristin mit Shiatsu-Fähigkeiten? Wieso eigentlich nicht.

Dann kam die Politik. Und alles wurde anders. In 20 Jahren bin ich vielleicht eine Rentnerin, die die Shiatsu-Ausbildung noch einmal aufnimmt. Meine Italienischkenntnisse bedürfen ebenfalls dringend einer Auffrischung. Den Ansatz vom lebenslangen Lernen fand ich immer schon spannend. Und er hat mich stets begleitet, auch in der Politik. Ob als Bürgermeisterin, Sozialdezernentin, Ministerin und schließlich Regierungschefin – ich lerne jeden Tag. Es ist faszinierend, wie viele unterschiedliche Einblicke wir bekommen, in das Leben anderer Menschen, in Systeme, in Gesetze, in Unternehmen, in Kulturen und Forschung.

Als Ministerpräsidentin muss ich ein Themenspektrum von großen globalen Zusammenhängen bis in die kleinsten Verästelungen der pfälzischen Seele beherrschen. Das macht Spaß, auch wenn es extrem herausfordernd ist. Lernen kann man diesen Beruf in keinem Ausbildungsgang.

Im Nachhinein betrachte ich meinen etwas kurvigen Berufsweg als ideale Vorbereitung. Ich bin erst mit 34 in die SPD eingetreten. Bis dahin habe ich mich in allerlei Berufen und Strukturen bewegt. Ich habe auf Stundenbasis gearbeitet, ich war verbeamtet, seit einigen Jahren stelle ich mich regelmäßig zur Wahl. Was wie eine ziemliche Achterbahnfahrt durch das deutsche Bildungs- und Arbeitssystem klingt, ist in Wirklichkeit ein gewaltiges Geschenk.

In welchem Land der Welt haben Menschen die Chance, so viele Jobs und Aufgaben auszuprobieren, sich umzuentscheiden, abzubiegen oder noch einmal von vorn anzufangen? Bei aller berechtigten Kritik an der deutschen Bildungs- und Ausbildungswelt müssen wir festhalten, welch unermesslicher Schatz hier für jeden Menschen bereitliegt. Tatsache ist aber ebenfalls: In Deutschland ist Bildung wie in kaum einem anderen EU-Land mit dem Status der Eltern verknüpft. Akademiker ziehen kleine Akademiker auf, wer dagegen in bildungsfernen Milieus aufwächst, hat deutlich weniger Chancen, jemals eine Hochschule zu besuchen. Aufstieg durch Bildung, ein Grundrecht des Sozialstaats, galt in meiner Jugend als selbstverständliches Ziel. Die Kinder sollten es mal besser haben als ihre Eltern.

Dieser Optimismus scheint bisweilen bedroht zu sein. In manchen Familien ist der Großbildschirm wichtiger als eine abgeschlossene Ausbildung. Manche Eltern sind vom Aufstieg durch Bildung nicht so recht überzeugt. Hier ist die Politik in der Pflicht. Für mich liegt der Schlüssel in einer motivierenden Bildungskette.

Das beginnt schon damit, dass die Kita bei uns ab dem zweiten Lebensjahr gebührenfrei ist. Das ist in keinem anderen Bundesland so. Diese kostenlose Kita lädt Familien von Anfang an dazu ein, dem Kind die Möglichkeiten gemeinsamen Spielens und Lernens nahezubringen, Ängste abzubauen und dem Leben einen Rhythmus zu geben. 98 Prozent aller rheinland-pfälzischen Kinder ab drei Jahren besuchen eine solche Kita. Unsere Integrierten Gesamtschulen, bei denen wir darauf achten, dass mindestens ein Drittel aller Schüler eine Gymnasialempfehlung hat, bieten wiederum eine gute Mischung von Spitze und Breite für alle diejenigen, die sich gegen das klassische Gymnasium entscheiden. Ein Bereich, in dem deutschlandweit noch immer Nachholbedarf herrscht, ist die individuelle Förderung und Betreuung von Kindern, die trotz guter Kitas und Schulen massive Probleme haben.

Bei allen Schwächen, die es zu beseitigen gilt: Es ist ein seltenes Privileg, dass Kinder in Deutschland nicht arbeiten müssen, bevor sie die Schule abgeschlossen haben. Hier liegt der fundamentale Unterschied zwischen einem modernen, demokratischen und sozialen Bildungssystem und schlichter Ausbeutung. Ich hatte immer die Wahl: Mal verdiente ich als Studentin Geld, auch weil ich mir einen Urlaub leisten wollte oder mein erstes eigenes Auto, eine Ente in Beige. Dann arbeitete ich ehrenamtlich, um Gutes zu tun. Mal lernte ich, weil ich Lust auf Neues hatte. Dann wieder wollte ich endlich mit dem Studium fertig werden, saß ein Jahr lang in der Uni-Bibliothek und ging immer wieder alte Klausuren durch, bis Punkt 18 Uhr, nur um dann beim Sport und anschließend in der Kneipe zu entspannen. Ich konnte ein studentisches Lotterleben führen, und ich konnte hart arbeiten – wie es gerade passte. Ich hatte stets die Freiheit, selbst zu entscheiden, für welchen Lohn, für welches Ziel, für welchen Arbeitgeber ich meine Kraft bereitgestellt habe.

Natürlich habe ich Fehler gemacht, aber die gehören zur Freiheit dazu. Meinen Job als Buchklub-Werberin in der Mainzer Fußgängerzone habe ich sehr schnell wieder aufgegeben. Wir waren einfach nicht füreinander gemacht. Wie schrecklich wäre es für uns beide gewesen, wenn ich aus nackter ökonomischer Not diesen Job hätte weiter ausüben müssen, obwohl ich mich innerlich dagegen sträubte. Immerhin habe ich gelernt, dass ich Menschen nichts andrehen will, sondern dass ich dafür arbeiten möchte, dass es allen besser geht.

Wer diese Wahlmöglichkeiten nicht hat, ist abhängig. Wer abhängig ist, hat Angst, seine Bedürfnisse zu artikulieren. Wer Angst hat, ist potenzielles Opfer für Ausbeuter. Deswegen ist eine gute Bildung und Ausbildung so wichtig für eine liberale und respektvolle Gesellschaft: Ich will Arbeitnehmer, die selbstbewusst entscheiden können, die aus ganzer Überzeugung Ja oder eben Nein zu einem Jobwechsel sagen können.

Wir sind in Deutschland wirklich weit gekommen. Viele Menschen können und dürfen sich entfalten, jeder in seinem Tempo und nach seinen Vorlieben. Nach dem Vorbild von Rheinland-Pfalz wollen immer mehr Bundesländer die gebührenfreie Kita anbieten, um Mütter und Väter im Arbeitsprozess zu halten oder den Wiedereinstieg in den Beruf zu erleichtern. Wir haben die Quote der Schulabbrecher deutlich gesenkt. Wir haben die schulische Inklusion vorangetrieben. Und ich mache weiter auf diesem Weg. Denn zugleich muss es uns, der Politik, darum gehen, dass alle, wirklich alle in den Genuss dieses Systems kommen. Und da haben wir noch immer viel zu tun.

Ein Bildungssystem ist nie fertig, sondern es ist wie in einem Verkehrswegenetz: Immer wird irgendwo eine neue Straße oder Brücke gebaut, oder – das ist bildungspolitisch besonders wichtig – es werden Sackgassen und Einbahnstraßen beseitigt. Stets gibt es neue Techniken und Erkenntnisse, elegante Abkürzungen oder bewährte, sichere Routen, die befestigt werden müssen. Sowohl Hochbegabte als auch Schulverweigerer müssen sich zurechtfinden und ihren Fähigkeiten gemäß gefordert oder gefördert werden. Die Kunst besteht darin, Bewährtes zu erhalten, sinnvolles Neues zu fördern und Unnützes abzuschaffen.

Derzeit legen wir verstärktes Augenmerk auf die Vermittlung von Medienkompetenz. Unsere Kinder müssen die Chancen und Risiken einer digitalisierten Welt begreifen. Dafür genügt es nicht, ein paar Apps herunterzuladen oder am Rechner spielen zu können. Der Umgang mit den Neuen Medien braucht kompetente Vermittlung. Ich möchte, dass jedes Kind, jeder junge Mensch befähigt wird, verantwortungsvoll, kritisch, aber auch kreativ mit den digitalen Medien umzugehen. Die Vermittlung dieses Wissens ist eine wichtige Voraussetzung dafür, im weiteren Leben und Arbeiten erfolgreich zu sein und sich an der Gestaltung der Gesellschaft beteiligen zu können. Deswegen sorge ich schon heute dafür, dass jedes Kind künftig am Ende seiner Schulzeit ein Zertifikat für Medienkompetenz erwirbt. Für mich ist klar, dass wir auch hier vor weiteren Entwicklungen stehen. In ausgewählten Schulen wird das Lernen und Lehren mit digitalen Medien bereits modellhaft umgesetzt. Denn spätestens in zehn Jahren wird es an vielen Schulen anstatt Tafel und Kreide nur noch Whiteboards und Tablets geben. Schritt für Schritt werden wir diesen Prozess weiter gestalten.

In den kommenden Jahren werden wir es zudem verstärkt mit Älteren zu tun bekommen, die in die Bildungssysteme drängen – lebenslanges Lernen und die demografische Entwicklung werden Fortbildungseinrichtungen und Hochschulen in Bewegung halten und hoffentlich auch unsere Arbeitnehmer und Arbeitnehmerinnen. Denn nicht alle nehmen die Chance wahr, Bildungsurlaub oder andere Formen der Weiterbildung zu nutzen. Dabei handelt es sich nicht um Almosen, sondern um verbriefte Rechte, die in Zeiten einer beschleunigten Arbeitswelt immer wichtiger werden, um den Anschluss nicht zu verpassen.

Wir in der Landesregierung versuchen, unsere Mitarbeiterinnen und Mitarbeiter ständig zur Fortbildung zu animieren. Es wäre doch illusorisch anzunehmen, dass wir mit den vor 30 Jahren erworbenen Fähigkeiten ein Berufsleben lang über die Runden kommen. Zu Zeiten der Wirtschafts- und Finanzkrise haben wir zusammen mit Unternehmern und Gewerkschaften die Mitarbeiter zu motivieren versucht, die freie Zeit während der Kurzarbeitsphasen zur Fortbildung zu nutzen. Der Erfolg war eher mäßig. Natürlich können wir niemanden zwingen. Aber es wäre schön, wenn sich Eigenverantwortung und Fortbildung konstruktiv ergänzten.

Ein Bildungssystem ist eine kulturelle Errungenschaft. Es braucht ständige Anpassung, um von den Menschen akzeptiert zu werden. Gesetze können Entwicklungen zwar anschieben und neue Richtungen vorgeben, aber eine Bildungslandschaft nicht innerhalb weniger Monate grundlegend verändern. Wie eine bildungspolitische Errungenschaft heranwächst, zeigt prototypisch die duale Berufsausbildung. Diese deutsche Spezialität ist für mich eine nicht verhandelbare Säule, ganz gleich, wie häufig Radikalökonomen schon versucht haben, die Axt an dieses System zu legen: zu lang, zu teuer, zu verschult – so lauten die gerade in Krisenzeiten immer wieder gern bemühten Argumente.

Warum nur, frage ich mich dann, kommen Politiker, Wissenschaftler und Unternehmer aus aller Welt, von den USA bis China, um sich dieses duale System anzuschauen? Warum fragte mich der damalige französische Premierminister Jean-Marc Ayrault bei meinem Besuch in Paris ganz konkret, wie wir die duale Ausbildung in Deutschland organisiert haben und wie man sie als Antwort auf die Jugendarbeitslosigkeit in Frankreich nutzen könne? Ganz einfach: Weil das System gut ist und ein Musterbeispiel dafür, wie sich verschiedene Interessen vereinbaren lassen.

Junge Menschen lernen im Betrieb und besuchen in der Regel zwölf Stunden pro Woche die Berufsschule, idealerweise so, dass der Ausbildungsbetrieb nicht leidet. Für etwa 330 Ausbildungsberufe gilt diese zweigleisige Ausbildung, die jeweils berufsbezogene und allgemeine Fächer wie Deutsch, Sozialkunde, Fremdsprachen und anwendungsorientierte Mathematik einbezieht. Natürlich ist die Ausbildung präzise durchgeregelt, was im betrieblichen Alltag manchmal Schwierigkeiten bereitet. Daher gibt es inzwischen vielfältige Ausnahmeregeln, eine Lehre zu verkürzen oder zu verlängern, wenn die jungen Leute beispielsweise Angehörige pflegen. »Diese deutschen Kids sind bereit für den Job, wenn sie die Schule abschließen!« Wer hat's gesagt? Richtig. Barack Obama.

Beim dualen Ausbildungsweg zeigt sich eine Besonderheit, die praktisch für jeden Aspekt von Bildung gilt: die langfristige Orientierung. Die Kombination von Ausbildung im Betrieb und Berufsschule hat eine bald zweihundertjährige Tradition. Die erste Lehrwerkstätte außerhalb des Handwerks wurde 1821 gegründet. Zehn Jahre später gab es schon in mehreren deutschen Ländern berufliche Fortbildungsschulen. 1897 wurde in der Gewerbeverordnungsnovelle das duale Prinzip der Berufsausbildung erstmals festgehalten, also die praktische Ausbildung im Betrieb und der theoretische Unterricht in der Schule. 1923 führte Preußen den Begriff der »Berufsschule« ein. Ab Mitte der 1920er-Jahre gab es die Lehrlingsausbildung auch in der Industrie und ab 1930 Prüfungen für die Industrielehrlinge in den Kammern. Dieses System ist organisch gewachsen und hat sich der Realität immer wieder angepasst. Die duale Ausbildung ist ein bewährter und millionenfach erprobter Weg, der Vertrauen schafft. Auch Kinder aus bildungsfernen Schichten wagen sich auf diesen Weg, den viele andere vor ihnen erfolgreich beschritten haben.

Verschiedene internationale Studien kritisieren, dass das deutsche System nicht durchlässig genug ist. Gerade die soziale Durchlässigkeit ist für mich aber der Beweis eines wirklich sozialen Bildungssystems. Und Durchlässigkeit wird in Rheinland-Pfalz praktisch gelebt, indem wir die Hochschulen für Menschen ohne Abitur geöffnet haben. Schon seit 1996 können beruflich Qualifizierte in Rheinland-Pfalz studieren. Vor fünf Jahren wurde der Zugang noch mal deutlich vereinfacht und erweitert. Mit unserer »Kultur der Durchlässigkeit« gehörten und gehören wir bundesweit zu den Vorreitern.

Ausgerechnet die deutsche Politik beweist, dass gesellschaftlicher Aufstieg durch Bildung möglich ist. Während in Frankreich nahezu das gesamte politische Personal von einer Elite-Universität stammt, sind deutsche Volksvertreter ein herrlich bunter Haufen.

Als Tochter aus der klassischen deutschen Mittelschicht, dem Lehrerhaushalt, habe ich es sicher leichter gehabt, an die Spitze eines Bundeslandes zu gelangen. Aber in vielen anderen Ländern der Welt wäre das kaum möglich.

Meine Kollegin Hannelore Kraft ist Tochter eines Straßenbahnfahrers und einer Schaffnerin. Gerhard Schröder, Sohn einer Kriegswitwe, hat zunächst eine Lehre im Einzelhandel gemacht, dann erst studiert. Joschka Fischer ist trotz seines bizarren Lebensweges zwischen selbst ernanntem Revolutionsführer und Taxifahrer Außenminister geworden. Und derzeit wird das Land von einer Pastorentochter regiert; an ihrer Seite ein Vizekanzler, dessen Mutter Krankenschwester war. Solche Biografien wünsche ich mir für das ganze Land. Wer aufsteigen will, dem muss die Politik jede erdenkliche Hilfe bieten.

Gute Bildungspolitik ist daher kluge Sozialpolitik, die Menschen Chancen bietet, keine Barrieren. Ich glaube an einen Staat, der mit intelligenten Instrumenten Fehlentwicklungen verhindern und neue Wege aufzeigen kann. Ich glaube aber auch an die Veränderungsfähigkeit und den Veränderungswillen jedes einzelnen Menschen, der seine Kraft und Kreativität entfalten möchte, um für sich selbst zu sorgen. Präventive Sozialpolitik bedeutet keine Versorgungskultur, sondern stellt die Fähigkeiten der Menschen in den Mittelpunkt, die es zu entwickeln gilt.

Gerechtigkeit heißt für mich nicht, die Schwachen mitzuschleppen, sondern sie zu befähigen. Eigenverantwortung ist kein Kampfbegriff der Neoliberalen, sondern Recht und Pflicht jedes sozialen Wesens. Starke und weniger Starke leben solidarisch zusammen, wenn alle das Gefühl haben, dass Leistungen erbracht und anerkannt werden.

Es wäre allerdings unrealistisch, junge Leute auf dem Weg zur Bildung sich selbst zu überlassen. Oft sind es die Eltern, die die Bedürfnisse und Talente ihres Nachwuchses nicht genügend fördern. Ein schmaler Grat: Einerseits wollen wir keine überbehüteten Kinder, die von ihren Helikoptereltern zu drei Kursen täglich chauffiert werden. Andererseits gibt es leider einen Trend dahin, sich nicht verantwortlich für seine Kinder und ihr Verhalten zu fühlen, der durchaus um sich greift. Das wollen wir verhindern.

Elternsein ist ein harter Job, keine Frage. Laut einer Umfrage der Zeitschrift *Eltern* halten Väter und Mütter die Anforderungen heute für höher als zu ihrer Zeit, über 60 Prozent sehen sich enorm unter Druck mit ihren Aufgaben. Eine Vielzahl von Ratgebern und Expertentipps sorgen eher für Verunsicherung als für Klarheit. Während sich Kinder überwiegend wohl und sicher fühlen, zweifeln Eltern oft an sich selbst; viele junge Eltern erleben Erziehung als ewige Folge des Scheiterns. Als entlastend werden vor allem ausreichende und kostenlose Kita-Plätze genannt. Es ist eine Schande, dass ausgerechnet die größte Volkswirtschaft der EU hier Nachholbedarf hat. Ich lege großen Wert auf ein breites Angebot von Bildung und Betreuung, von Ein- und Umstiegshilfen, um die Hemmschwellen zu senken, die gerade bei einkommensschwachen Familien oft bestehen. Wir in Rheinland-Pfalz sind bundesweit an der Spitze, wenn es um den Ausbaustand bei den Kita-Plätzen geht. Diesen Weg fortzusetzen und die Gebührenfreiheit für die Familien beizubehalten wird weiterhin ein nicht verhandelbarer Punkt meiner Politik sein.

Zu den Hemmschwellen gehört ein gewisser deutscher Bildungsdünkel. Bildungsferne Familien haben schlichtweg Bammel, sich in die Welt von Abitur und Universität zu begeben. Heute höre ich in Gesprächen immer mal wieder Sätze wie: »Der Bengel braucht kein Studium. Nachher denkt er noch, er sei was Besseres.« Auch von einem »Akademikerwahn« ist gelegentlich die Rede. Bei allem Respekt vor Lehre und klassischer Ausbildung – es muss doch darum gehen, dass jeder Jugendliche die optimalen Chancen bekommt, ganz gleich, ob auf einer Elite-Uni, in einem Förderprogramm oder ohne Ausbildung, eben ganz ohne überkommene gesellschaftliche Schranken.

Ich halte es für verhängnisvoll, wenn in den Köpfen von Eltern und Jugendlichen eine Rangliste entsteht, nach der Akademiker zum Beispiel wertvollere Arbeitnehmer seien oder gar besser verdienten. Die Realität sieht etwas anders aus: Wer einen Handwerksbetrieb führt, kann oft mit einem komfortablen Einkommen rechnen, wohingegen nicht jeder akademische Abschluss den Porsche garantiert. Die Meisterprüfung und ein akademischer Abschluss sind durchaus vergleichbar. Auch Handwerker sollen noch mehr Möglichkeiten zum Studieren bekommen, ein erklärtes Ziel meiner Politik.

Als Ministerpräsidentin werde ich alles daransetzen, dass das deutsche Bildungssystem sich nicht allein auf die Spitzenkräfte konzentriert. Wie gut wir wirklich sind, wird nicht nur in den Führungsetagen entschieden, sondern auch mit Blick auf die Fähigkeit, gute und qualitativ hochwertige Abschlüsse auf allen Ebenen zu ermöglichen. Das heißt eben auch, alle jungen Menschen mitzunehmen. In Rheinland-Pfalz haben wir nach einem zweijährigen Modellprojekt einen Leitfaden für lokale Kooperationsvereinbarungen von Schule und Jugendhilfe erarbeitet, um jeden Problemfall gezielt und konkret angehen zu können. Je früher wir Kindern die Regeln und Fertigkeiten einer beschleunigten Arbeits- und Lebenswelt beibringen, desto geringer bleiben die späteren Schwierigkeiten, die Arbeitslosigkeit, Suchtprobleme, Ausgrenzung und manchmal auch Kriminalität bedeuten können.

Ein grundsätzliches Problem der Bildungspolitik darf allerdings nicht unerwähnt bleiben – die Ungleichzeitigkeit. Entscheidungen im Bildungsbereich führen nur selten zu schnell sichtbaren Erfolgen, die Politiker so gern haben, damit ein klarer Zusammenhang zwischen Fortschritt und der eigenen Person herzustellen ist. Was heute gegen großen Widerstand entschieden wird und zunächst zum üblichen Durcheinander führt, entwickelt vielleicht erst deutlich später seine Wirkung.

Hier sehen wir einen Grundsatzkonflikt moderner Gesellschaften. Manche Instrumente brauchen eine Weile, bis sie wirken. Eine zunehmend ungeduldige Öffentlichkeit, die von den Medien noch angefeuert wird, verlangt aber nach sofortigen Lösungen und Ergebnissen. Da klafft eine gigantische Lücke zwischen Erwartung und Ergebnis. Niemand will übereilte Entscheidungen. Aber es will auch niemand warten. Gefragt ist der Mut zur Geduld.

Seien wir ehrlich: Eine Familie, die seit drei Generationen

von Sozialtransfers lebt und manche Kulturtechniken längst verlernt hat, die für eine beschleunigte Arbeits- und Bildungswelt nötig sind, die wird kaum mit einer Drei-Monats-Aktion oder einem Zehn-Punkte-Plan auf den richtigen Pfad zu bringen sein.

Die Wissenschaft belegt, was das menschliche Empfinden längst weiß: Techniken und Fertigkeiten werden in der Kindheit vermittelt. Hat eine Familie beispielsweise verlernt, gesund zu kochen oder den Tag sinnvoll zu strukturieren, dann braucht es sehr viel Zeit und Kraft, diese Traditionen zu verändern. Kann man diese Familien zurückholen in die Erwerbsgesellschaft? Ich glaube: ja, durch sehr individuelle und kontinuierliche Ansprache. Wir dürfen dieses Ziel in keinem Fall aufgeben, sonst verabschieden wir uns aus dem Konsens von Demokratie und Humanismus.

Es gibt Zyniker, die behaupten, jede Gesellschaft brauche einen gewissen »Bodensatz«, Menschen eben, die abgehängt sind und ein ziemlich freudloses Leben zwischen Fernseher und Alkohol, zwischen Online-Gedaddel und Glücksspiel finden. Welch ein Unsinn. Die Qualität einer humanen Gesellschaft wird nicht an ihren glänzenden Errungenschaften gemessen, sondern an ihrem Umgang mit den Schwächsten.

Wer glaubt, dass dieser »Bodensatz« die anderen antreibe, weil sie Angst haben, auch in der Dauerabhängigkeit zu landen, der propagiert ein Menschen- und Gesellschaftsbild, das ich nicht teile. Im Gegenteil: Es gehört zu meinem Verständnis von Gerechtigkeit, dass wir gerade Kindern und Jugendlichen aus sozial problematischen Umständen Wege zeigen, dem Elend zu entkommen. Dabei geht es um Humanität, aber eben auch um schlichte Ökonomie. Wir können uns eine große Zahl von problematischen Mitbürgern auf Dauer nicht leisten. Wir brauchen Arbeitskräfte, wir brauchen Gestalter des Miteinanders, wir brauchen Einzahler für unsere Sozialkassen, deren Idee es seit jeher ist, Notfälle zu versorgen. Für arbeitsfähige Menschen darf Stütze kein dauerhaftes Erlösmodell sein.

Vor allem müssen wir verhindern, dass immer neue Kinder in die Abwärtsspirale von Bildungsarmut und sozialen Auffälligkeiten geraten. Ein scheinbarer Automatismus, der mit dem Aufwachsen im sozialen Brennpunkt beginnt und im schlimmsten Fall in der Justizvollzugsanstalt endet, gehört zu den härtesten, gleichwohl wichtigsten Herausforderungen präventiver Sozialpolitik. Ich möchte auf keinen Fall, dass bei uns eine neue Industrie wie in den USA entsteht, die mit dem Wegsperren von Menschen Millionen verdient. Dieses Geld kann sinnvoller ausgegeben werden.

Wir müssen uns immer wieder klarmachen: Prävention beginnt schon in ganz jungen Jahren. Die besten Präventionsmaßnahmen bestehen daher in frühkindlicher Bildung und in einer guten Betreuung. Für diese Aufgaben braucht der Staat finanzielle Mittel, deshalb halte ich auch nicht viel vom Betreuungsgeld, das eine Milliardenbelastung der Haushalte bedeutet, die notwendigen Spielräume für die Kinderbetreuung jedoch verringert.

Schon als Bürgermeisterin habe ich großen Wert darauf gelegt, dass jedes Kleinkind die Chance hat, eine Kita zu besuchen. Wenn den Eltern die Kraft und die Möglichkeit fehlt, ihre Kinder zu erziehen, dann funktioniert es nur andersherum: Die Kinder müssen das Gelernte zurück in ihre Familien tragen. Nur so können Aufstiegsbiografien beginnen, auch dann, wenn Familien aus anderen Ländern zu uns kommen und deren Kinder in den ersten Monaten die einzige Brücke in die deutsche Gesellschaft bilden.

Bürger müssen befähigt sein, gute Entscheidungen zu treffen. Deswegen endet die Betreuung von Kindern und Jugendlichen aus prekären Verhältnissen nicht mit der Schule. »Keine(r) ohne Abschluss«, so lautet das Motto meiner Landesregierung. Ich weiß, dass dieses Ziel ambitioniert ist. Aber es ist aller Mühe wert.

Die dramatische Jugendarbeitslosigkeit, wie sie in manchen südeuropäischen Ländern herrscht, ist ein Gespenst, das Europa für Jahrzehnte verfolgen wird. Es wäre naiv zu sagen, wir hätten es mit einem spanischen, griechischen oder italienischen Problem zu tun, das uns nichts angeht. Früher oder später kommt nahezu jeder Konflikt bei uns an. Nationale Jugendarbeitslosigkeit führt zu Wirtschaftskrisen, die den europäischen Wirtschaftsraum insgesamt schwächen.

Eine Grundbedingung des Sozialstaats ist es, dass die arbeitende Generation für ihre Senioren sorgt. Wie soll das Prinzip funktionieren, wenn die Hälfte eines Jahrgangs ohne Ausbildung bleibt? Wer solche Probleme nicht rechtzeitig und mit aller Kraft bekämpft, der bringt nicht nur das eigene Land, sondern auch die Nachbarn in Gefahr.

Bei allen Klagen über unsere Jugend, die genauso berechtigt oder unberechtigt sind wie zu Zeiten von Sokrates, dürfen wir eine Gruppe nicht vergessen: Lehrerinnen und Lehrer sind, wie Kita-Erzieherinnen und -Erzieher, Hochschullehrerinnen und Hochschullehrer, die Garantie, dass unser Bildungssystem in Schwung bleibt.

Unsere Pädagogen dürfen gern ein bisschen unkonventionell sein, solange sie bei den jungen Menschen Neugier und Bildungsbegeisterung wecken. Mir ist bestens mein Strafrechtsprofessor Justus Krümpelmann in Erinnerung, der mit seiner Plastiktüte in der Hand immer etwas abgerissen aussah. Aber er war ein brillanter Lehrer, von dem wir eine Menge gelernt haben. Professor Krümpelmann strahlte eine natürliche Autorität aus, seine Fälle waren gleichzeitig komplex und unterhaltsam, sodass das Knobeln um die korrekte strafrechtliche Bewertung immer viel Spaß gemacht hat.

Ich finde es interessant, wie bewegt wir sind, wenn Lehrer oder Lehrerinnen in Film und Fernsehen als originelle Figuren dargestellt werden, ob Heinz Rühmann als verkleideter Chemie-Professor in der *Feuerzangenbowle*, Robin Williams als Englischlehrer im *Club der toten Dichter* oder Gérard Jugnot als Musiker und Chorgründer in *Die Kinder des Monsieur Mathieu*. In der Realität aber neigen manche Eltern zu einer Leistungsfixierung, die den Pädagogen jede ungewöhnliche Idee austreibt. Die Lust an Lernen und Leistung kommt mir zu kurz. Und der Respekt vor denen, die tagtäglich unsere Kinder motivieren und begeistern sollen.

Nur gemeinsam, mit starken Lehrern, gelassenen Eltern und einer entschlossenen Politik, werden wir es schaffen, die Zahl von jungen Menschen zu senken, die ohne abgeschlossene Berufsausbildung ins Leben stolpern. Dieses Ziel bedeutet für mich praktische Zukunftsarbeit: Denn die Wahrscheinlichkeit, dass diese Jugendlichen sich selbst oder anderen ein glückliches Leben bescheren, ist nicht so hoch. Pragmatiker wenden ein, dass die Zahl dieser Problem-Jugendlichen stabil geblieben sei, obwohl einfache Arbeitsplätze verschwunden seien, wo Ungelernte früher ihr Auskommen fanden. Ein schwacher Trost, zumal ich fest davon überzeugt bin, dass viele unserer Sorgenkinder durchaus die Fähigkeiten besitzen, einen Job auszuüben, der ihnen Spaß, Sinn und Einkommen verschafft.

Was alles möglich ist, zeigen viele gemeinsame Anstrengungen von Politik, Wirtschaft und Bürgern. Der Bildungsstandort Rheinland-Pfalz ist sehr gut aufgestellt: Unsere Schülerinnen und Schüler schneiden bei bundesweiten Leistungsvergleichen gut ab. Das rheinland-pfälzische Abitur ist bundesweit höchst anerkannt. Die Zahl der Schulabbrecher haben wir deutlich reduziert. Die duale Ausbildung ist nach wie vor ein Erfolgsmodell, und zugleich studieren in Rheinland-Pfalz heute mehr als 120 000 junge Leute. Beides ergänzt sich ganz hervorragend! Weil wir Meister und Master brauchen, haben wir für mehr Durchlässigkeit und Aufstiegsmöglichkeiten in unserem Bildungssystem gesorgt. Das ist eine großartige Leistung, aber zugleich auch notwendig in einer Welt, die ständig neue Ansprüche an Arbeitskräfte stellt. Stillstand ist Rückschritt, das wird uns nirgendwo klarer als auf einem hochdynamischen, globalisierten Arbeitsmarkt. Um dort zu bestehen, braucht es anerkannte und hochwertige Abschlüsse. Ich bin deswegen froh, dass die Kultusministerkonferenz entschieden hat, bundesweite Bildungsstandards für das Abitur zu entwickeln. Denn diese sorgen dafür, dass der Schwierigkeitsgrad aller Aufgaben in allen Bundesländern vergleichbar ist und die Qualität gesichert wird.

Wir müssen uns in einer beschleunigten Arbeitswelt immer wieder fragen, ob all unsere Konzepte zur Arbeitsförderung zeitgemäß und zielführend sind. Schon in den Achtzigerjahren, als ich mich um junge Frauen kümmerte, die Opfer von Gewalt geworden waren, fiel mir eine Eigenart im deutschen Sozialwesen auf, die sogenannte Maßnahme.

Damit keine Missverständnisse aufkommen: Viele Projekte sind klug und erfolgreich, vorangetrieben von engagierten Menschen. Aber: Es ist nicht immer sinnvoll, eine »Maßnahme« befristet über drei, sechs oder zwölf Monate zu finanzieren. Damit sind die Betroffenen zwar für diese Zeitspanne aus der Statistik entfernt. Aber immer wieder bleiben Menschen zurück, so hilflos und verlassen wie zuvor. Die Fragen lauten: Was ist lediglich Kosmetik? Und was hilft wirklich langfristig?

Ich lege großen Wert auf Prävention. Als Sozialministerin habe ich dafür gesorgt, dass Hebammen eine pädagogische

Zusatzausbildung wahrnehmen können. In unserem Kinderschutzgesetz, das ich als Sozialministerin auf den Weg gebracht habe, sehen wir eine »aufsuchende Familienhilfe« vor, um in problematischen Konstellationen idealerweise schon vor der Geburt eines Kindes helfen zu können. Grundlegende Fragen der Gesundheit, der Ernährung, des Kümmerns, des Miteinanders lassen sich am einfachsten und effektivsten ganz zu Beginn einer Familiengründung klären.

Ziel muss es sein, das Zusammenleben von Eltern und Kind so zu gestalten, dass alle Beteiligten mit einer Mischung aus Einsicht, Hilfe und, ja, auch aus einigem Druck mitziehen. Routinen werden eingeübt, Pflichten erklärt und Disziplin eingefordert. Auf diesem Weg müssen wir weitergehen, ebenso unbeirrt wie in der Bildungspolitik.

Im Idealfall kümmert sich ein und derselbe Sozialarbeiter über Jahre um seine Familien. Es entsteht ein Vertrauensverhältnis, weil der Vertreter der Kommunen nicht nur als Kassenwart auftritt, sondern als Coach für ein besseres Leben, der sich um Jobfragen ebenso kümmert wie um Familienzeit und Kinderbetreuung. Eine solche präventive Sozialarbeit ist teuer und aufwendig. Aber es ist weitaus kostspieliger, wenn wir die Folgen des Wegschauens reparieren müssen.

Neoliberale wenden ein, dass jeder Mensch die Freiheit haben solle, sein Leben nach eigenem Ermessen zu gestalten. Das bleibt prinzipiell richtig. Am Ende ist es aber immer so, dass der Staat sich in Menschenleben einmischt, ob auf dem Sozialamt oder vor Gericht. Wo wird Freiheit beschnitten? Und wo wird sie ermöglicht? Eine fürsorgliche Betreuung setzt am Beginn einer Familiengründung ein und verfolgt das Ziel, selbstständige Menschen ins Erwachsenenleben zu entlassen. Was eine gute Kita, engagierte Lehrer und ein erfahrener Meister an Erziehung leisten, kann kein Staat im Nachhinein vermitteln. Zumindest bis zur Kita müssen manche jungen Familien begleitet werden.

Aus unzähligen Studien wissen wir, dass gute Sozialarbeit Geld kostet. Wir wissen auch, dass bereits sehr viel Geld bereitgestellt wird. Und schließlich wissen wir, dass wir nicht den Verlockungen schneller, öffentlichkeitswirksamer Hauruck-Aktionen erliegen dürfen. Eine konsequente Erfolgskontrolle ist ebenso wichtig wie ein langer Atem.

Als Ministerpräsidentin kämpfe ich weiterhin dafür, unser soziales Engagement punktgenauer, effektiver und erfolgreicher zu gestalten. Ich bin froh, dass ich dabei den von Kurt Beck eingeführten »Ovalen Tisch« an meiner Seite weiß, wo auch über Bildungsfragen diskutiert wird.

Am Ovalen Tisch kommen Akteure zusammen, denen bisweilen ein angespanntes Verhältnis nachgesagt wird: Gewerkschaften und Arbeitgeber, die Bundesagentur für Arbeit und die IHK, Vertreter der Landesregierung und starke Verbände. Das Gute: Stets herrscht bei allen Beteiligten ein Geist des gemeinsamen Lösungswillens. Mögen andernorts mediale Schlachten ausgetragen werden; hier legen wir großen Wert auf eine Kultur des Miteinanders. Denn am Ende profitieren alle, wirklich alle, von einvernehmlichen Lösungen. Kompromisse sind keine Niederlagen, sondern Erfolge für alle.

Ursprünglich war der Ovale Tisch gegründet worden, um allen Jugendlichen eine Lehrstelle anbieten zu können. Inzwischen hat sich das Problem praktisch umgekehrt: Überall im Land klagen Unternehmer, Verbände und Betriebe, dass sie kaum ausreichend Bewerber für ihre Ausbildungsplätze finden.

Es ist selbstverständlich, dass wir gute junge Leute aus unseren Nachbarländern herzlich willkommen heißen. Ob Luxemburg oder Frankreich, mit beiden Ländern sind wir Rheinland-Pfälzer beruflich und privat sehr eng verbunden, dass die einstigen Grenzen vor allem fast nur historische Bedeutung haben. Die Luxemburger Freunde zum Beispiel zeigen seit jeher großes Interesse an unseren Programmen »Jugend-Scouts« und »Job-Fux«, mit denen wir jungen Menschen den Übergang von der Schule zur Ausbildung in den Beruf erleichtern.

Gemeinsam mit meinem baden-württembergischen Amtskollegen Winfried Kretschmann habe ich außerdem mit dem Elsass eine Vereinbarung zur grenzübergreifenden deutsch-französischen Berufsausbildung am Oberrhein geschlossen, mit der jungen Auszubildenden ganz neue Chancen eröffnet werden. Nahezu alle Verbände und Institutionen der beteiligten Länder waren dabei, um einen gemeinsamen Ansatz zu finden.

Die Zusammenarbeit lässt sich durchaus vertiefen. Während unserer Gipfelpräsidentschaft der Großregion Saarland, Lothringen, Luxemburg, Rheinland-Pfalz, Wallonie hat meine Landesregierung für mehr Ausbildungsmobilität junger Menschen im Grenzgebiet geworben. Was nützen die tollsten Angebote, wenn die jungen Menschen im Nest bleiben? Stattdessen könnten sie in eine deutsche Berufsschule gehen, aber in Luxemburg eine Ausbildung machen.

Klingt ganz einfach, die Realisierung einer solchen Idee ist aber eine Herkules-Aufgabe. Denn am Verhandlungstisch sitzen Vertreter unterschiedlicher Ebenen, von der Region über Bundesländer bis zum Nationalstaat. Deutsche, Franzosen, Belgier und Luxemburger kommen also zusammen. Auch wenn alle dasselbe wollen, nämlich optimale Ausbildungsvoraussetzungen für junge Menschen, so sind die Regeln und Verfahren doch verschieden.

Das Ergebnis kann sich sehen lassen: Es ist unter der Gipfelpräsidentschaft von Rheinland-Pfalz gelungen – auch dank der guten Zusammenarbeit –, eine Rahmenvereinbarung in der Großregion abzuschließen, um die grenzüberschreitende Aus-

und Weiterbildung zu intensivieren, und erstmals Ziele einer gemeinsamen Berufsbildungspolitik zu definieren.

Ich möchte, dass wir nach und nach immer neue Angebote für internationale Ausbildungen machen können, wie den trinationalen Master-Studiengang der Universitäten Mainz, Dijon und Oppeln. Bei aller Bescheidenheit muss ich erwähnen, dass wir in Rheinland-Pfalz die Ersten sind, die in Deutschland dieses Drei-Länder-Studium anbieten.

Schade, dass es solche Möglichkeiten zu meiner Zeit noch nicht gab. Ich hätte mich sofort beworben.

Zwischen Neustadt und New York

Die Dörfer veröden, aber die Menschen wollen Natur.
Die Städte boomen, aber die Mieten steigen immer
rasanter. Stadtlust – Landfrust? Oder umgekehrt?
Warum es höchste Zeit ist, den alten Zwist zwischen
Provinz und Metropole zu beenden.

Als ich mit dem Studium in Mainz begann, stellten wir Neuen uns die Frage: »Woher kommst du denn?« Fast wahrheitsgemäß antwortete ich »Neustadt an der Weinstraße«. Das klang etwas urbaner als »Lachen-Speyerdorf«.

Die Reaktionen ließen sich in drei Kategorien teilen. Wer aus einer größeren Stadt stammte, der guckte spöttisch bis mitleidig. Wer aus einem ähnlich großen Ort wie Neustadt kam, der schaute verständnisvoll und nickte: Jugendheim, Sportplatz, Klammer-Blues bei Schwarzlicht, das gleiche Programm wie bei unzähligen Altersgenossen. Und nach dem Abi nichts wie weg – wir verstanden uns. Zur dritten Gruppe gehörten diejenigen, die so richtig vom Land kamen. Sie starrten mich bewundernd an, als wollten sie sagen: Wow, aus einer richtigen Stadt. Da ist ja immer was los. Nun ja, fast immer.

Wir ignorieren gern, dass die Deutschen mehrheitlich aus kleinen und mittleren Städten stammen. Zählt man die Einwohner der Millionenstädte Berlin, Hamburg, München und Köln zusammen, bleiben über 70 Millionen Bürger, die nicht in einer Millionenstadt wohnen. Schön, dass alle nach Berlin wollen, aber Fakt ist auch: Die allermeisten leben in der vermeintlichen Provinz. Neustadt ist überall.

Mag jeder Bürger anders definieren, wo die Stadt anfängt und das Land beginnt, so gibt es doch einen historisch gewachsenen Graben zwischen diesen beiden Kulturen. Die Politikwissenschaft kennt einige solcher Trennlinien, die sich durch die Gesellschaft ziehen: zwischen Mann und Frau, zwischen katholisch und protestantisch, zwischen Arbeitgebern und Arbeitnehmern und eben zwischen Stadt- und Landbevölkerung.

So war es schon immer. In der Stadt saßen der König, der Klerus, der Adel, der reiche Bürger. Auf dem Land schuftete das Volk, um alle zu ernähren. Der selbstbewusste Stadtbewohner sagt seit jeher mit einer gewissen Hochnäsigkeit: »Was wäret ihr Bauern ohne uns und unsere Universitäten, unsere Wirtschaft, unsere Kultur, unseren Fortschritt?« Und die Landbevölkerung entgegnet leicht beleidigt: »Was wäret ihr arroganten Städter ohne unser Mehl, unsere Milch, unsere Wurst und unsere Steuern?«

Nur am Rande: Für uns Rheinland-Pfälzer sind Trier und Mainz, Ludwigshafen, Kaiserslautern und Koblenz die Metropolen. Hier liegen die Universitäten und die meisten Hochschulen; Studierende, Wissenschaftler und all die nachgelagerten Betriebe sorgen für kreative Atmosphäre. Als »ländlich« darf man Regionen wie die Eifel oder den Hunsrück bezeichnen.

Doch der Stadt-Land-Graben ist längst nicht mehr so tief wie früher. Im Gegenteil: Städter schieben Frust wegen hoher Mieten und träumen sich ins Grüne. Und wenn Landbewohner Trubel wollen, dann stürzen sie sich in die Städte. Stadtlust, Landfrust oder umgekehrt, wir erleben alles. Jeder beneidet jeden ein wenig, das ist ein gutes Zeichen dafür, dass sich Stadt und Land noch nie so nah waren wie jetzt. Das 21. Jahrhundert bietet uns hier neue Chancen, auch weil moderne Technologie und eine sich rapide wandelnde Arbeitswelt Stadt und Land einander näherbringen.

Schön, dass Heimat immer wieder eine Renaissance erlebt. Im hippen Berlin ist es keine Schande, wenn man ein T-Shirt trägt, auf dem »Mainz«, »Pirmasens« oder »Kusel« steht. Familie, Landschaft, Wurzeln, das sind Chiffren für Beständigkeit, Glaubwürdigkeit und Echtheit. Eine Portion Selbstironie gehört natürlich auch dazu.

An unseren Kindern, alle erwachsen und in der Welt unterwegs, sehe ich immer wieder, welchen Wert die Heimat für junge Leute hat. Alle drei pflegen ihre Clique aus der Schulzeit; die Verbundenheit hält über alle Kontinente und Zeitzonen. Jetzt muss es der Politik noch gelingen, diese jungen, gut ausgebildeten Menschen nach den Lehr- und Wanderjahren zurück in ihre Heimat zu locken, wo sie ihre Familien gründen und moderne Firmen nach vorn bringen.

Bei aller Heimatverbundenheit haben wir gleichzeitig mit einem gegenläufigen Trend zu kämpfen, der Landflucht. Junge Menschen, aber oft auch Ältere, wollen in die Städte. Hinzu kommt der demografische Wandel. Es sterben mehr Menschen, als nachgeboren werden. Wir Deutschen werden weniger. Dörfer leeren sich.

Aber unsere beschleunigte Hochleistungsgesellschaft giert eben auch nach Ruhe, nach Weite, nach frischer Luft und guten Lebensmitteln. Gerade der gesellschaftliche Zusammenhalt ist ein Standortvorteil des ländlichen Raums. Auf dem Land ist fast jeder Zweite in Vereinen, Verbänden und Interessengruppen organisiert, Nachbarschaft funktioniert, auch hier findet trotz Landflucht Verjüngung statt. Dumm nur, wenn der Städter sich sein Bild vom Landleben aus durchgestylten Hochglanzmagazinen zusammengebastelt hat. Wer Romantik und Realität miteinander verwechselt, wird nirgendwo glücklich.

Die Herausforderung besteht darin, einerseits die Landbevölkerung zum Bleiben zu bewegen, durch Wohngruppen, Bürgerbusse, eine bessere medizinische Versorgung. Andererseits
ist es auch an der Zeit, ganz aktiv für die Vorzüge des ländlichen
Raums zu werben. Rheinland-Pfalz bietet den unschätzbaren
Vorteil einer zentralen Lage zwischen Ballungsräumen wie
Rhein-Main, Rhein-Neckar, Köln-Bonn und Luxemburg.

Wenn zum Beispiel eine junge indische Ingenieurin überlegt,
mit ihrer Familie zu uns zu kommen, weil sie einen Arbeitsplatz
in Frankfurt oder Ludwigshafen oder Luxemburg angeboten bekommt – was erwartet dieser Mensch von uns? Sie will keine
Heimat, aber: Sie will sich zu Hause fühlen mit ihrer Familie,
ob für drei Monate, zehn Jahre oder länger. Das Gleiche gilt für
Hamburg und München, Leipzig und Dresden und natürlich für
Berlin.

Ist Deutschland wirklich so sympathisch, wie es von sich
selbst glaubt? Es soll ja noch Deutsche geben, die glauben, ein
Arbeitnehmer aus dem Ausland müsse voller Dankbarkeit sein
wegen der Aussicht, bei uns arbeiten zu dürfen. Ich sehe uns
dagegen in einem harten Wettbewerb mit anderen Regionen
dieser Welt. An unseren Kindern stelle ich eine völlig selbst-
verständliche globale Offenheit fest. Ein Job in Shanghai kann
ebenso attraktiv sein wie eine Anstellung in North Carolina
oder im Westerwald.

Jedes Bundesland, jedes Ballungszentrum, jede Stadt in
Deutschland steht in einem knallharten internationalen Wettbewerb um Unternehmensansiedlungen, um Fachkräfte und
Wissenschaftler, um junge Firmengründer und abenteuerlusti-
ge Familien. Gut ausgebildete Menschen, egal aus welcher Bran-
che, können sich heute oftmals aussuchen, ob sie in den USA, in
Europa, in Indien oder China leben und arbeiten wollen.

Sicher sind Job und gute Bezahlung ein wichtiges Kriterium.

Aber eine schöne Landschaft, gute Schulen, öffentliche Sicherheit und Sauberkeit, ein tolerantes Miteinander und eine gute regionale Küche sind jene weichen Faktoren, die den Ausschlag geben können, wo sich ein Software-Ingenieur, eine Ärztin, ein Pfleger oder eine Professorin mit ihrer Familie ansiedeln und womöglich Wurzeln schlagen. Es ist immer eine Frage des Pakets. Was wird wo geboten?

Die wichtigsten Fragen der Software-Ingenieurin lauten: Gibt es einen Arbeitsplatz für meinen Partner, ebenfalls Akademiker? Gibt es Kindertagesstätten und Schulen in der Nähe? Wie steht es mit der Gastfreundlichkeit? Wie schnell sind wir an einem Flughafen mit Interkontinentalverbindung? Wie gut sind Stadt und Land verbunden? Welche Angebote für Kultur und Freizeit gibt es? Wie sauber sind Wasser, Luft und Landschaft? Gibt es Breitbandinternet immer und überall? Und wie ist es um die Gesundheitsversorgung bestellt?

In Zusammenarbeit mit Landesregierung und Kommunen bieten die Industrie- und Handelskammern seit 2015 Welcome Center an, wo alle diese Fragen beantwortet werden. Dabei werden wir hoffentlich die Erfahrung machen, dass ein bezahlbares Haus auf dem Land mit einer modernen Infrastruktur genauso attraktiv sein kann wie eine teure Stadtwohnung.

Ich gestehe: Die Idee von einem lebendigen ländlichen Raum, der auch ganz neue Bewohnergruppen anzieht, wird noch eine Weile bis zu ihrer Verwirklichung brauchen. Aber wann sollen wir von der Landesregierung die Weichen stellen, wenn nicht jetzt? Deswegen haben wir zum Beispiel den Wettbewerb »Mehr Mitte bitte« gestartet, um ländliche Ortskerne aufzuwerten. Nicht alle Dörfer auf dem Land würden derzeit einen Schönheitspreis gewinnen, viele schon.

Immer wieder gibt es auch diese kleinen Geschichten, die die unbändige Schaffenskraft der Menschen auf dem Lande ein-

drucksvoll beweisen. Im Umkreis meiner früheren Wirkungs-
stätte Bad Kreuznach gibt es beispielsweise Dörfer, in denen nur
noch 50 Menschen wohnen. Häuser verfallen, Buslinien werden
aufgegeben, der Abstieg scheint unaufhaltsam. Manchmal aber
erobern sich die Menschen ein Stück Lebensqualität zurück, wie
unter anderem die *Allgemeine Zeitung* berichtet. In Hergenfeld
zum Beispiel, Verbandsgemeinde Rüdesheim, wurde ein wirtschaftlicher Verein gegründet, der bereits seit acht Jahren einen
Dorfladen betreibt, mit Ehrenamtlichen und 450-Euro-Kräften.
Inzwischen kommen Reisegruppen nach Hergenfeld, um das
Konzept zu inspizieren und womöglich zu übernehmen. Diesen
Kämpfergeist wünsche ich mir überall im Land.

Große Hoffnungen setze ich in unsere jungen Landwirte, die
kein Klischee mehr erfüllen, auch wenn eine RTL-Show ausdauernd daran arbeitet, den Bauern zu diskreditieren. Meine
Begegnungen mit Landwirten oder Vertretern der Deutschen
Landjugend stimmen mich ausgesprochen optimistisch. Auf
dem Land geht was – wenn wir alle den Mut haben, neue Wege
einzuschlagen.

Wir werden nicht jedes Haus in jedem Dorf mit öffentlichen
Mitteln sanieren können. Aber wir haben die große Chance,
wertvolle bauliche Substanz zu erhalten, Schulhäuser, Bahn-
höfe und Rathäuser etwa fürs Wohnen im Alter umzubauen
und leer stehende Gebäude abzureißen, deren Unterhalt keinen
Sinn hat. Wir haben die Möglichkeit, Dienstleistungen klug zu
bündeln und mit den Mitteln der digitalen Kommunikation das
Zusammenleben neu und effizient zu gestalten. Es ist nicht immer sinnvoll, neue Bauflächen außerhalb der Ortskerne auszu-
weisen. Wir entwickeln vor allem, was wir haben.

Und wir zählen auf das Verständnis der Menschen. Natürlich
werden wir eine gute Infrastruktur für alle Bürger sichern. Aber
in Zukunft werden wir auch moderne Angebote nutzen. Mobile

Dienste oder Dienstleistungszentren funktionieren genauso gut. Das gilt ebenfalls für die medizinische Versorgung. Wir müssen nicht für jede Pille 20 Kilometer weit fahren, wenn mobile Apotheken unterwegs sind.

Wie der medizinische Fortschritt aussehen kann, zeigt das bereits erwähnte Gesundheitszentrum Glantal in Meisenheim. Dort gibt es ein kleines Krankenhaus mit Ärzten verschiedenster Fachrichtungen, die auch ambulant behandeln. Was für Mediziner durchaus ungewöhnlich ist: Es wird interdisziplinär gearbeitet, die Patienten werden nicht monatelang in immer andere Praxen mit immer neuen Terminen geschickt. Es gibt modernste Geräte, Betten für alle stationären Patienten und vor allem kurze Wege.

Solche Zentren sind keine Wunderwerke, sondern Ergebnis klaren Denkens und klaren Handelns bei begrenzten finanziellen Mitteln sowie gleichzeitigem Verzicht auf Eitelkeiten, wie sie in der Ärzteschaft durchaus verbreitet sein sollen. Wir können nicht auf jeden Oberarzt und seine ganz besonderen Befindlichkeiten Rücksicht nehmen. Ich wünsche mir vielmehr teamorientierte Menschen, die das Ich dem Wir manchmal unterordnen. In Meisenheim gelingt dieses Miteinander sehr gut, wir bringen die Medizin dorthin zurück, wo sie hingehört, zu den Menschen.

Wie attraktiv das Modell Meisenheim ist, zeigt die Tatsache, dass der Bundesgesundheitsminister Hermann Gröhe persönlich in der Pfalz erschien. Zutreffenderweise stellte Minister Gröhe fest, dass es ja einer ziemlich komplexen Anfahrt bedürfe, um vom nächsten Flughafen oder von der Autobahn bis an den nördlichsten Rand des Nordpfälzer Berglands zu gelangen. Stimmt. Und genau deswegen liegt das Gesundheitszentrum Meisenheim goldrichtig. Denn gerade in den etwas dezentraleren Gegenden müssen wir medizinische Qualität sicherstellen.

Viele Menschen im ländlichen Raum machen sich heute schon Gedanken, ob sie in ein paar Jahren noch eine gute Gesundheitsversorgung haben werden. Für mich ist hier ganz klar: Die zukünftig erfolgreiche Sicherstellung der Gesundheitsversorgung in diesen Regionen wird sich auch wesentlich an der Zusammenarbeit der lokalen Akteure entscheiden. Der Sachverständigenrat im Gesundheitswesen favorisiert dazu sogenannte »Lokale Gesundheitszentren«. Das ist genau der Weg, den ich in meiner Zeit als Gesundheitsministerin für unser Land eingeschlagen habe. In Rheinland-Pfalz gibt es gut funktionierende Beispiele wie das Gesundheitszentrum Büchenbeuren, wo sich freiberufliche Allgemeinmediziner im Hunsrück zu einem Verbund zusammengeschlossen haben, oder eben das Gesundheitszentrum Glantal. Wie diese lokalen Gesundheitszentren konkret aussehen, hängt von den individuellen Bedingungen der Region ab. Dort, wo kleine Krankenhäuser existieren, können diese als Dach für die regionale Gesundheitsversorgung fungieren. Wichtig ist, dass die Strukturen so gestaltet werden, dass die Arbeitsbedingungen für die dort beschäftigten Mediziner attraktiv sind und die teure Infrastruktur gemeinsam genutzt und wirtschaftlich ausgelastet wird.

Im Verhältnis von Stadt und Land hat sich eine Menge umgekehrt. Nicht länger ist die Metropole das Experimentierfeld für neue Firmen, ein Experimentierfeld des Zusammenlebens, der Energieversorgung, der medizinischen Betreuung und der Altenpflege. Nein, neue Schulen, neue Ärzte, neue Läden und neue Versorgungskonzepte entstehen überall in Deutschland auf dem Land.

In seiner Titelgeschichte »2030 – Deutschland, deine Zukunft« lobte der *SPIEGEL* im März 2015 ausdrücklich die rheinland-pfälzischen Konzepte, um demografischem Wandel und Landflucht zu begegnen.

Kein Wunder: Wo es weniger Menschen gibt, weniger Steueraufkommen, weniger Kinder, weniger Busse, aber mehr ältere Menschen und weitere Wege, da helfen nur Kreativität und Miteinander. Plötzlich entstehen Bürgerbusse und völlig neue Ladenkonzepte: am Montag Post, am Dienstag Lohnsteuerhilfe, am Mittwoch Gemeindetreffpunkt – so wird der leer stehende Laden im Dorf sinnvoll genutzt. Und mit selbst erzeugter Energie lässt sich gutes Geld verdienen. Senioren rücken auf dem Land zusammen, weil sie die Einsamkeit satthaben.

Gerade in Zeiten der Globalisierung suchen die Menschen die Sicherheit, das Vertraute der Region. Es ist an der Zeit, dass wir unsere Begriffe von Heimat und Zuhause ein wenig erweitern. In manchen Gegenden gilt schon das Nachbardorf in zwei Kilometern Entfernung als Feindesland. Diese Zeiten sollten vorbei sein. Wo derselbe Dialekt gesprochen wird, wo die gleichen Speisen auf den Tisch kommen, da herrscht mehr Gemeinsames als Trennendes.

Keine Frage, Heimat ist ein emotional hoch aufgeladener Begriff, der oft überstrapaziert wurde. Früher hatte »Heimat« diesen bitteren Nachgeschmack, den Wörter wie »Volk« oder »Vaterland« bis heute hinterlassen. Neutral besehen meint »Heimat« jene Region, in der der Mensch aufwächst, auf einem Boden, in dem Geschichte steckt. Die Geschichte der Familie, die Geschichte von guten und schlechten Zeiten, von Kriegen, von Fortschritt, Irrglaube und Hoffnung.

Meine Heimat Rheinland-Pfalz ist ohne das deutsch-französische Verhältnis nicht zu verstehen, das sich von Erbfeindschaft zu guter Freundschaft wandelte. Obgleich Rheinland-Pfalz ein zwangsvereintes Bundesland ist, haben wir doch ein gemeinsames Bewusstsein entwickelt. Wo wir heute leben, waren zuvor Römer, Schweden, Preußen, Bayern, hier herrschten Kaiser und Könige aller Güteklassen, hier lebten Karl Marx und Johannes

Gutenberg. Wir sind eine der ältesten Kulturregionen Europas. Das schafft ein Bewusstsein von Stolz und Verantwortung.

Unser Eifel-Stonehenge, der Goloring bei Wolken, zeigt, dass schon vorgeschichtliche Stämme den Wert des Bodens, des Klimas, des guten Geistes zu schätzen wussten, der über unserem Land liegt. Wer hier geboren wird und zur Schule geht, atmet unweigerlich die bewegte Geschichte unseres Bundeslandes ein und bekommt ein Gefühl der Zugehörigkeit und Vertrautheit. Heimat lässt sich nicht verordnen, Heimat muss wachsen, ganz gleich, ob an der Küste, in Westfalen, im Harz, im Thüringer Wald, auf der Schwäbischen Alb oder in Niederbayern.

Anders verhält es sich mit dem Gefühl des Zuhause-Seins. Zu Hause fühle ich mich manchmal schon nach wenigen Tagen, ganz gleich, wo ich bin. Wenn die richtigen Menschen, die richtige Stimmung, die richtige Gegend aufeinandertreffen, dann kann dieses Zuhause-Gefühl im Urlaub aufkommen oder bei guten Freunden am anderen Ende der Welt.

Genau hier liegt die Chance für Rheinland-Pfalz. Wir können Menschen aus aller Welt das Gefühl geben, bei uns zu Hause zu sein. Wir sind offen, wir sind gastfreundlich, wir liegen mitten in Europa und sind es gewohnt, ständig Grenzen zu überqueren, ob nach Luxemburg, Frankreich oder Belgien. Bei uns werden die verschiedensten Bedürfnisse des modernen Menschen gestillt. Wir versöhnen die hektische digitale Welt mit der Sehnsucht nach einem vertrauten Nest. Das haben wir mit vielen Regionen in Deutschland gemeinsam. Wir können den Stress des Alltags nicht verschwinden lassen, aber minimieren. Weil unser Land so viele Vorzüge der verschiedensten Welten bietet. So, das war der Werbeblock für meine Heimat. Und er kam von Herzen.

Ich gestehe: Es hat eine Weile gedauert, bis sich die Studentin Malu mit ihrer Pfalz versöhnt hat. Dafür ist das Verhältnis heute umso herzlicher. Natürlich wird man als Studentin verspottet, wenn man aus der angeblichen Provinz stammt, natürlich blickt man als junger Mensch neidvoll auf die lässigen Großstädter, die es lustig finden, Helmut Kohl und »Saumagen« in einem Satz unterzubringen.

Wir Rheinland-Pfälzer sind bodenständige Menschen, viele von uns haben die handwerkliche Produktion von Lebensmitteln als Kinder hautnah miterlebt, ob bei der Weinlese, beim Schlachten oder Backen. Hochmut ist nicht angebracht, nur weil wir keine Austern zu bieten haben – unsere Küstenlinie ist halt sehr überschaubar. Dafür haben wir Natur. Und eine Kulturlandschaft, deren Ursprünge weit in die Römerzeit zurückreichen.

Mit den Jahren habe ich meine Wurzeln wiederentdeckt und neu schätzen gelernt. Und ich stelle immer wieder fest, welche Bindekraft die regionale Zugehörigkeit entwickeln kann. So habe ich, noch als Ministerin, mit größtem Respekt von meinem damaligen thüringischen Kollegen erfahren, wie kooperativ und geräuschlos kassenärztliche Vereinigungen, also die Vertreter der niedergelassenen Ärzte, dort mit der Krankenkasse vor Ort zusammenarbeiten, um das Problem des Landärztemangels zu bekämpfen. Auf der großen Berliner Bühne wäre eine solche Zusammenarbeit von traditionell verfeindeten Akteuren kaum vorstellbar. Die Lust am medialen Schaukampf hätte überwogen. Im überschaubaren Rahmen eines Bundeslandes, wo der mediale Druck etwas weniger brutal lastet, da finden scheinbar unversöhnliche Lager zusammen.

Region, Heimat, ein Zuhause, das ist für mich aber mehr als funktionierende Politik. Zu Hause, das bedeutet immer auch Natur, Weite, Horizont, gern auch starkes, wildes Wetter. Natur ist für mich mehr als der Aufdruck auf einem Badezusatz. Natur ist diese hauchdünne Kruste, die zwischen einem glühend heißen Erdkern und den Weiten des Universums liegt, die uns trägt und die wir seit zwei Jahrhunderten mächtig strapazieren. Wir müssen uns immer wieder klarmachen, dass diese Natur in ihrer ganzen Vielfalt, die ebenso robust ist wie empfindlich, auf unsere Rücksicht angewiesen ist. Natur ist meine Heimat, auch die kultivierte, so wie die Weinberge rund um Neustadt.

Unsere Weinberge sind ein gutes Symbol für einen vernünftigen, nachhaltigen Umgang mit der Natur. Schon die Römer haben an den Hängen der Mosel ihre Reben angebaut. Bis heute ist der Boden ergiebig genug, immer neue Trauben hervorzubringen. Der Wein hat die Landschaft geprägt und behutsam verändert. Scheinbar unzugängliche Steilhänge sind mit viel Fleiß und Ausdauer zu kleinen, blühenden Kunstwerken geworden, die Mensch und Natur gemeinsam geschaffen haben. Nur wer zu Fuß durch die Hänge marschiert ist, kann ermessen, wie viel Energie von Mensch und Natur in einem Glas Wein gespeichert ist. Und eine junge, behutsame Generation von Winzern sorgt dafür, dass die Ernte jedes Jahr fortgesetzt werden kann und die Qualität durchweg steigt.

Wenn es einen fundamentalen Unterschied gibt zwischen Stadt und Land, dann ist es der Umgang mit der Zeit. Landwirte und Winzer wissen: Auch mit der allerneuesten App auf ihrem Smartphone können sie die Jahreszeiten nicht beeinflussen. Es gibt gute Jahre und schlechte. Und manchmal sind Geduld und Bescheidenheit die schlauere Strategie.

Doch auch im jahrtausendealten Weinbau gab es Irrwege. Bis in die Achtzigerjahre wurde von einigen Winzern viel schlechtes, klebriges Zeug produziert, das mit Wein wenig zu tun hatte und ihn in Misskredit brachte. Mit dem Glykolwein-Skandal 1985 war der Tiefpunkt der deutschen Weinwirtschaft erreicht. Das kriminelle Ausmaß des Skandals machte deutlich, dass gehandelt werden musste. Als darüber diskutiert wurde, die Produktion zu begrenzen, gab es gewaltige Aufstände. Keiner konnte sich vorstellen, dass produzierte Menge und Gewinn zu entkoppeln waren. Aber es hat funktioniert. Dieser Schwenk zum anspruchsvollen Tropfen zeigt uns, dass der Wechsel vom quantitativen zum qualitativen Wachstum gelingen kann. Wenn alle mitmachen. Und wenn wir gemeinsam die Ausdauer aufbringen, diesen Wechsel nachhaltig zu gestalten und zu vollziehen.

Der Wein ist ein wunderbares Symbol dafür, dass wir Politiker, aber auch Bürger den Mut zur Geduld aufbringen müssen. Wein braucht Zeit, Beharrlichkeit und Fleiß. Rebstöcke müssen gesetzt und beschnitten werden, das Unkraut gejätet, die Zweige gebunden, der Boden gedüngt und das Ungeziefer verjagt werden.

So ähnlich verhält es sich mit politischen Entscheidungen. Es wäre unrealistisch zu glauben, dass sich fundamentale Änderungen einstellen, sobald ein Gesetz beschlossen ist. Politik sei institutionelle Entschleunigung, so sagt es einer der angesehensten deutschen Politikwissenschaftler, Professor Karl-Rudolf Korte, der bei Mainz zu Hause ist. Klartext: Manchmal müssen wir Dampf rausnehmen.

Ich brauche dafür das Land, die Natur, meine Heimat. So gern ich in Berlin bin, so sehnsüchtig denke ich oft an die Stunden an der frischen Luft, im Wald, zu Hause. Der Wald ist immer noch mein liebster Zufluchtsort. Als Kind war ich jeden Sonntag mit der Familie im Wald unterwegs, kein düsteres Tannendickicht, sondern ein heller, freundlicher Mischwald. Wir haben Esskastanien gesammelt und Heidelbeeren. Es dauerte ewig, bis wir eine Milchkanne voll hatten. Mit den Pfadfindern haben wir Schnitzeljagden veranstaltet, Weidenpfeifen gebastelt und natürlich Bäume bestimmt. Buche, Eiche, Erle, Kastanie halte ich wahrscheinlich bis heute mit verbundenen Augen auseinander. Das warme, gelbe Herbstlicht, das durch die Blätter dringt, habe ich tief in meiner Erinnerung eingeschlossen als eines dieser ewig schönen Heimatbilder.

Ist man eigentlich konservativ, wenn man findet, dass Kinder im Wald mindestens so viel lernen wie vor dem Fernseher? Der Wald hat mir nie Angst gemacht, im Gegenteil: Ich habe mich aufgehoben und beschützt gefühlt.

Mein Vater war ein Frischluftfanatiker, der uns bei jedem Wetter nach draußen gejagt hat. Damals war ich nicht immer begeistert, aber im Nachhinein bin ich ihm sehr dankbar, auch für seine Verrücktheiten. Kaum lag der erste Schnee, hat er sich mit dem Schlitten kopfüber irgendwelche Holperwege hinabgestürzt, was natürlich schwere Unfälle zur Folge hatte. Unser Verbrauch an Schlitten war rekordverdächtig.

Natürlich sind die großen Städte faszinierend in ihrer Wildheit. Früher war ich besonders gern in Paris, dann eine Weile in New York. London ist immer toll, und Berlin mag ich sehr. Nicht zu vergessen San Francisco. Ich liebe Metropolen mit Museen, Menschen, Möglichkeiten. Aber große Städte sind auch laut, teuer und anstrengend. Heimatgefühl kommt da nicht auf, diese Herzensnähe zu dem Land und den Menschen. Dafür kehre ich sehr gern zurück nach Hause.

DIGITALES:
Daten nützen, Daten schützen

Früher sorgten Straßen, Wasserleitungen, Schienen, Stromtrassen für Fortschritt. Heute kommt das schnelle Internet hinzu, um die Menschen zu verbinden und unsere Wirtschaft wettbewerbsfähig zu halten. Wie schaffen wir die Balance zwischen Chancen und Risiken der digitalen Welt?

Meine Heimatstadt Trier mag wie eine von vielen Städten in Deutschland erscheinen, irgendwo am westlichen Rand der Republik. Um das Jahr 300 nach Christus soll Trier, lateinisch Augusta Treverorum, jedoch die größte Stadt nördlich der Alpen gewesen sein. Manche Historiker gehen von 50 000, andere sogar von 80 000 Einwohnern aus – etwas weniger, als Trier heute hat.

Touristen aus aller Welt, die heute die Porta Nigra, den Dom und die Thermen von Trier besichtigen, mögen lächeln über die einfache Bauweise und Technik, die von Motoren und Computern weit entfernt war. Doch die Römer waren ausgesprochen schlaue Ingenieure, die sich bei Ägyptern, Griechen und Etruskern viel Wissen zusammengeliehen hatten. Wie alle römischen Städte verfügte Trier über ein hochmodernes Netzwerk mit leistungsfähigen Leitungen, Speichern, Verteilern und Hochgeschwindigkeitsstrecken. Damals wurden allerdings keine Daten transportiert, aber ein ähnlich kostbarer Stoff: Wasser.

Ein Wehr staute die Ruwer, das Wasser floss durch Kanäle und über Aquädukte durchs Ruwertal und entlang des Grünebergs zu einem Verteiler nördlich des Amphitheaters, um Kaiserthermen und Barbarathermen, Brunnen, Wasserspiele und Privathaushalte zu versorgen. Schätzungsweise bis zu 25 000 Kubikmeter flossen damals pro Tag in die Stadt. Selbst Hacker gab es damals schon. Sie zapften die Leitungen an und zweigten Wasser für den eigenen Verbrauch ab. Plinius der Ältere schrieb, dass »der Erdkreis nichts Bewundernswerteres aufzuweisen« habe als das römische Wassernetz.

Wie sich die Entwicklungsschritte gleichen. Damals stellte Wasser den Stoff dar, aus dem der Fortschritt war. Denn das Wasser brachte Landwirtschaft und Gartenbau, Hygiene für Menschen und Städte. Mit dem Wasser wurde das Leben leichter, angenehmer und sicherer, zumal ein zweites Netz dafür sorgte, dass das Abwasser wieder verschwand.

Netze bedeuten Leben und Fortschritt, ob Wasser, Straßen, Strom. Heute sind Daten der Lebenssaft für alle, für Industrie, Medien, Wissenschaft, Familien. Ohne schnellen Datenverkehr kämen weite Teile unseres täglichen Miteinanders sofort zum Erliegen.

Wie weit die Digitalisierung unserer Gesellschaft bereits vorangeschritten ist, zeigt sich daran, dass mittlerweile junge Erwachsene eine Welt ohne Internet gar nicht mehr kennen und auch Ältere sich sehr anstrengen müssen, sich einen Alltag ohne umfassende Vernetzung vorzustellen. Es soll sogar Menschen geben, die einer Spontan-Depression anheimfallen, wenn das Netzwerk Twitter vorübergehend nicht zu erreichen ist.

Wer mit einem Schnurtelefon aufgewachsen ist, kann ermessen, was es heißt, über das Smartphone mit der ganzen Welt in Bild und Ton verbunden zu sein. Wenn ich unseren Kindern erzähle, dass ich meine ersten Seminararbeiten noch auf einer Schreibmaschine getippt habe, mit Durchschlagpapier, dann lachen sie nur und schütteln den Kopf. Ich habe mir seinerzeit sogar das Zehn-Finger-System beigebracht, linke Hand auf ASDF, rechte auf JKLÖ. Heute scheint es unvorstellbar, dass wir damals eine komplette Seite neu getippt haben, wenn mit Tipp-Ex nichts mehr zu retten war.

Ich bin nicht das, was Konsumforscher einen Early Adopter nennen. Mein erstes Handy war ein Nokia, meinen ersten Laptop bekam ich als Ministerin. Ich erinnere mich an eine Studienfreundin, die beim ZDF arbeitete und sehr früh einen Mac-Rechner besaß, das Symbol der Kreativen. Den konnte ich mir im Studium leider nicht leisten. Aber wenn ich heute erst einmal Feuer gefangen habe, dann sind alle gefordert. Welches Gerät ist das beste? Wie geht das? Wann kommt die nächste Version?

Heute arbeite ich kaum noch am stationären Computer, sondern nutze den Tablet-Computer. Meine erste private E-Mail-Adresse habe ich noch immer. Unser Sohn Nils und sein Freund Sven sind technisch weit vorn und halten mich auf dem Laufenden. Sie weisen mich auf neue Trends hin und beraten mich. Ich wiederum berate dann meinen Mann.

Wer früher Telefonzellen suchen musste, genießt die Möglichkeiten der modernen Kommunikation. Ich kann jederzeit mit meinen Ministern, meinen Kindern, meinem Mann, meinen Freundinnen und Sigmar Gabriel kommunizieren. Meistens ist das von Vorteil. Nach wie vor ist die SMS mein liebstes Kommunikationsinstrument, kurz, schnell, persönlich.

Über die Bedeutung des Internets und all seiner Erweiterungen sind zahlreiche kluge Bücher geschrieben worden. Vor 20 Jahren galt, dass die neue Technik vorbehaltlos zu begrüßen sei und unser aller Leben schöner und leichter machen werde. Spätestens seit der NSA-Affäre, die der Whistleblower Edward Snowden 2013 mit seinen Enthüllungen lostrat, hat sich massive Skepsis in die Debatte gemischt. Politiker und Bürger bekommen einen Eindruck, wie tief greifend die neue Technik unser aller Leben, Zusammenleben und Gesetze verändert: Die digitale Revolution kann Leben retten und Leben zerstören, zwischen großer Freiheit und komplexer Überwachung ist alles denkbar. Darum müssen wir Regeln finden, die Chancen eröffnen und Missbrauch verhindern.

Festzuhalten bleibt: Das Internet ist nicht gut oder böse, sondern neutral, ein neues Medium mit Möglichkeiten, deren Ausmaße wir langsam zu ahnen beginnen. Der rasante Fortschritt hat uns gelehrt, dass das scheinbar Unmögliche bald schon Realität werden kann. Die gewaltigen Speichermöglichkeiten und die einflussreichen Algorithmen bieten solch immense Chancen, dass es fatal wäre, sie nicht zu nutzen.

Auf dem Landesparteitag der rheinland-pfälzischen SPD habe ich im November 2014 klargemacht: Die Digitalisierung wurde lange Zeit wie einer der üblichen technologischen Fortschritte eingeordnet, etwa wie von der Kutsche zum Auto oder vom Radio zum Fernsehen. Tatsächlich aber befinden wir uns mitten in einer gigantischen Revolution: Unsere Gesellschaft, unsere Arbeit, unser Zusammenleben verändern sich rasant, und wir sind mittendrin. Wir erleben eine der bedeutendsten Veränderungen seit der Industrialisierung. Und erst langsam wird vielen bewusst, wie umfassend dieser Prozess ist.

Die entsprechenden Schlagworte finden sich überall, von der »Industrie 4.0.« bis zur »Revolution in den Werkhallen« beschreiben unsere Zeitungen und Websites die Veränderungen. Wenn wir uns vorstellen, wo wir im Alltag ganz selbstverständlich digitale Lösungen nutzen, erkennen wir: Digitalisierung ist nicht das Ende der Selbstbestimmung. Es geht nicht um Entmündigung und um die Machtübernahme durch Maschinen und Systeme. Auf unsere EC-Karte wollen wir nicht verzichten; Pakete, die wir erwarten, verfolgen wir übers Internet; wir lassen uns von einem Navigationssystem durch die Straßen leiten und skypen mit Freunden und Verwandten in Übersee. Und wir erleben viel Neues, etwa eine permanente Individualisierung von Produkten oder Dienstleistungen, ob Autos, Kleider, Herzschrittmacher oder viele weitere Dinge, die uns das Leben vereinfachen.

»Individuell« ist das neue »Normal«, denn in der Fabrik der Zukunft hat jedes Produkt und auch jedes noch so kleine Teilchen seine eigenen Eigenschaften. Es trägt sie auf einem kleinen Aufkleber mit sich, einem RFID-Tag oder einem Barcode.

Die Maschine produziert genau nach Vorgabe. Das Endprodukt ist dann ein Unikat. Damit können ganz persönliche Geschmacksvorstellungen realisiert werden, wenn etwa ein Kunde einen Opel Adam oder eine Mercedes-C-Klasse individuell zusammenstellen lässt. Oder man kann damit Menschenleben retten, wenn ein Medizinprodukt passgenau auf den Patienten abgestimmt wird. Die Digitalisierung führt dazu, dass das individuelle Produkt zur Massenware wird.

Und die Entwicklung geht noch weiter: Beim »Internet der Dinge« können Produkte gleichzeitig, weltweit und ohne menschliche Einwirkung miteinander kommunizieren. Via Internet werden mechanische oder elektronische Teile im Verbund mit Software zu einem sogenannten cyberphysikalischen System. Das hört sich nach Science-Fiction an, ist es aber schon lange nicht mehr. Jedes Jahr wird auf der Hannover-Messe eine Fabrik aus Rheinland-Pfalz aufgebaut, um die neuesten Entwicklungen auf diesem Feld zu zeigen.

Die Fabrik ist ungefähr sechs Meter lang und einen Meter breit. Sie stellt ein Etui für Visitenkarten her. In welcher Reihenfolge die einzelnen Fertigungsschritte beauftragt werden, ist beliebig, denn die Module der Fabrik lassen sich jederzeit verändern. Die Fabrik erkennt selbstständig, was sie tun muss. Denn in der Fabrik der Zukunft steuern Produkte ihren Herstellungsprozess selbst und kümmern sich eigenständig um die Qualitätskontrolle – eine intelligente Fabrik, eine Smart Factory.

Diese Smart Factory hat ihre Heimat am Deutschen Forschungsinstitut für Künstliche Intelligenz in Kaiserslautern. Hier kann man einen Eindruck und eine Vorstellung davon gewinnen, wie künftig produziert werden wird. Bei meinem ersten Besuch in der Smart Factory wurde mir klar: Das »Internet der Dinge«, in dem weltweit und in Echtzeit Maschinen mit Maschinen sprechen, ist die größte Herausforderung für die Industrie überhaupt.

»Die Unternehmen müssen sich auf diese neue Entwicklung einstellen, wollen sie den Anschluss an den globalen Wettbewerb halten. Viele von ihnen mit Standorten in Rheinland-Pfalz, wie Daimler, Siemens oder BASF, haben ihre Produktion in Teilen schon umgestellt. Auch im Mittelstand ist durch die Digitalisierung etwas in Bewegung geraten, und einige haben sich bereits auf den Weg gemacht. In Zukunft muss sich eine Vielzahl von Unternehmen, nicht nur, aber auch, als Teil eines Datenflusses betrachten, der die Wertschöpfungskette vom Zulieferer bis zum Endprodukt umfasst.

Die klassische Industrie wird sich öffnen müssen für junge Unternehmen, die neue Lösungen für Produkte bieten. Am besten als Partner für Start-ups, die sich unter den Fittichen des Großen, Erfahrenen entfalten können.

Natürlich wäre es illusorisch, eine Kopie des Silicon Valley aus dem Boden stampfen zu wollen. Aber ich halte es für ausgesprochen klug, wenn wir unsere eigenen, spezifisch deutschen Fähigkeiten einsetzen, um unseren Teil des Internets zu definieren und zu besetzen. Und da sind wir gar nicht so schlecht. Wie Deutschland insgesamt ist Rheinland-Pfalz ein exportstarkes Industrieland, wir sind Teil eines der führenden Software-Cluster in Europa. Wir werden so von außen oft nicht wahrgenommen, aber wir können Produktion und Software zusammenführen.

Wir haben zahlreiche Forschungseinrichtungen und IT-Unternehmen in und um Kaiserslautern, die eng mit Unternehmen und Instituten im Rhein-Neckar-Raum und in Darmstadt zusammenarbeiten. Der Landmaschinenhersteller John Deere bildet mit dem Fraunhofer-Institut für Experimentelles Software Engineering, kurz IESE, eine Keimzelle für die Digitalisierung der Landwirtschaft. Ja richtig, die Landwirtschaft, die etwa wegen der satellitengesteuerten Mähdrescher mittlerweile zu einem der großen Anwendungsgebiete digitaler Technik zählt.

Auch bei den Fragen, die der demografische Wandel mit sich bringt, kann uns die Digitalisierung helfen. Wie können ältere Menschen auf dem Land möglichst lange in ihrer vertrauten Umgebung bleiben? Wie können wir die Infrastruktur in Dörfern erhalten, aus denen junge Menschen fortziehen? Die Digitalisierung bietet eine Chance, ländliche Räume intelligent zu gestalten. Das Fraunhofer-IESE arbeitet in seinem Forschungsprojekt Smart Rural Areas schon seit Längerem an Zukunftskonzepten für das Leben auf dem Land.

»Living Lab statt Landei« heißt es zum Beispiel in der Westpfalz. Hier wird mithilfe von Fraunhofer ein Modell geschaffen, das zeigt, wie durch smarte, softwarebasierte Lösungen das Leben auf dem Land attraktiv bleiben kann, inklusive Einkauf, Post und medizinischer Versorgung. Die Digitalisierung bietet die Möglichkeit, Gesundheitskompetenz dort zu nutzen, wo sie am dringendsten benötigt wird. Nicht jedes Krankenhaus muss jeden Facharzt und jede Medizintechnologie bereithalten. Röntgenbilder können online von Experten bewertet werden, die womöglich viele Kilometer oder sogar Zeitzonen entfernt sind. Das ist ein Gewinn an Kompetenzen, an zügiger Diagnose und Therapie.

Die Digitalisierung schafft neue Möglichkeiten und große Chancen. Sie darf nie Selbstzweck sein, sondern muss immer einen Mehrwert haben – Digitalisierung senkt Kosten und vermeidet Risiken, schafft Sicherheit und erhöht Leistungen, sie spart Zeit und Ressourcen. Aber natürlich trifft nicht alles auf Akzeptanz, was Informatiker entwickeln. Die kritische Distanz sollten wir uns bewahren, bei aller Begeisterung für neue technische Möglichkeiten.

Als Voraussetzung für all diese Entwicklungen benötigen wir die richtige Technik, etwa ein schnelles Internet. Die Physikerin Angela Merkel wird als Kanzlerin des unterlassenen Netzausbaus in die deutsche Geschichte eingehen, wenn die Bundesregierung hier weiterhin trödelt. Im internationalen Vergleich liegt Deutschland bei Glasfaserausbau und Breitbandversorgung hinter vielen anderen Industrienationen, wie 2014 selbst das Bundesministerium für Verkehr und Digitale Infrastruktur beklagte. Wenn wir ein junges, schnelles, modernes, technologisch fortschrittliches Land sein wollen, dann brauchen wir mittelfristig ein Datenübertragungstempo von 300 und mehr Mbit pro Sekunde. Das habe ich bereits in meiner Rede beim SPD-Landesparteitag im November 2014 gefordert. Im Anschluss habe ich eine Machbarkeitsstudie in Auftrag geben lassen, die herausfinden soll, wie wir mittelfristig 300 Mbit pro Sekunde erreichen können und was wir dafür in unserer Ausbaustrategie heute schon bedenken müssen, damit wir auch in einigen Jahren noch die Nase vorn haben. Derzeit surfen knapp über 60 Prozent der Rheinland-Pfälzerinnen und Rheinland-Pfälzer mit 50 Mbit oder mehr pro Sekunde im Internet. Das ist im Bundesvergleich gut, aber auf Dauer zu wenig. Deshalb arbeiten wir mit Hochdruck an einem zügigen Ausbau.

Ein weiterer guter Ansatzpunkt sind freie WLAN-Netze, die also alle Bürger mitbenutzen können. Freies WLAN fördert die

Wirtschaft, den Tourismus und erhöht die Lebensqualität in den Städten und Dörfern. Momentan geht noch jeder, der sein WLAN für andere Nutzer öffnet, ein großes Risiko ein. Denn bei zivilrechtlichen Vergehen können die »Besitzer« eines WLANs in Haftung genommen werden. Diese sogenannte Störerhaftung, die in Paragraf 8 des Telemediengesetzes geregelt ist, muss gänzlich abgeschafft werden.

Es ist schön, dass fast 80 Prozent unserer Bundesbürger online sind. Aber 20 Prozent sind eben nicht dabei, unter anderem, weil es in manchen Gegenden schlichtweg keinen Empfang gibt. Dabei ist die nötige Technik ja längst da: In der Eifel experimentieren wir mit neuen Versorgungskanälen, in denen zusammen Wasser und Glasfaser laufen. Es gibt so unendlich viele Möglichkeiten, dieses Land erfolgreich weiterzuentwickeln. So schaffen wir Arbeitsplätze, Werte und Optionen für die Zukunft.

Ein leistungsfähiger Datentransport ist die wesentliche Voraussetzung, um den Standort Deutschland zukunftsfest zu machen. Ob sich junge Unternehmer niederlassen, ob Senioren ihre Gesundheitsdaten checken lassen wollen, ob wir Filme gucken oder an großen Projekten gemeinsam arbeiten – nichts geht ohne ein gutes Netz. Aber keine Landesregierung allein hat die finanziellen Mittel, um diesen Modernisierungsschub zu stemmen. Es ist eine gemeinsame Kraftanstrengung von Bund, Industrie und Ländern nötig.

Als ich im April 2014 in China war, stellte ich fest: Dort sind die Wucht der ökonomischen Dynamik, die Innovationsfreude und der Fleiß ebenso faszinierend wie erschreckend. Keine Frage: China hat einerseits gewaltige Probleme an allen Ecken des Landes. Andererseits werden dort konsequent Wege verfolgt, die als wichtig und richtig erkannt worden sind.

Wenn ich in Guangzhou oder Shenzhen besseren Netzempfang habe als in Berlin, dann haben wir in Deutschland ein Problem. Ich befürworte solide Haushalte und eine überlegte Ausgabenpolitik. Dennoch dürfen wir nicht vergessen, in die Zukunft zu investieren, wenn sehr wahrscheinlich ist, dass sich diese Innovationen schon bald über neue Arbeitsplätze und Steuereinnahmen rechnen. Um beim Beispiel Triers zu bleiben: Die Römer haben ihre Wasserleitungen kontinuierlich verbreitert und verbessert und verzweigt – weil es der Blüte der Stadt zugutekam.

Ohne die flächendeckende Versorgung mit Breitband werden wir die Regionen verlieren. Die Chance des Internets liegt ja gerade darin, den ländlichen Raum in Echtzeit mit der Welt zu verbinden. Wenn wir diese Verbindung kappen, wird sich die jahrtausendealte Kluft zwischen Stadt und Land wieder öffnen, die wir eigentlich zu überwinden gedachten, wie ich im Kapitel über Stadt und Land eingehend begründe.

Ich freue mich sehr, dass EU-Kommissar Günther Oettinger (CDU) die Digitalstrategie in Rheinland-Pfalz als vorbildlich lobt. Aber ein Bundesland allein hat kaum eine Chance, diese neue Infrastruktur voranzutreiben. Im Idealfall schließen sich alle Gemeinden eines Landkreises zusammen und machen einen Vertrag mit einem Anbieter. Zugleich gibt es Fördergeld vom Land, vom Bund oder von der EU. Der Landkreis Kusel war einer der ersten, der so vorgegangen ist.

Neben all den Möglichkeiten, die sich aus der Digitalisierung ergeben, ist auch klar: Die Veränderungen sind so fundamental, dass Regeln für den Umgang mit der Technik dringend nötig sind. Die Macht über die Algorithmen kann schnell zur Gefahr für fairen Wettbewerb und Meinungsvielfalt werden. So wie wir als Gesellschaft den reinen Kapitalismus in einer sozialen Marktwirtschaft domestiziert haben, ist es unsere Aufgabe, ein wachsendes Internet in ein dienendes Netz zu verwandeln. Deswegen muss sichergestellt werden, dass wir Nutzer durch Algorithmen, die zum Beispiel bei Suchmaschinen die Ergebnisse sortieren und damit bewerten, nicht manipuliert werden. Vorschläge und Konzepte, wie das gehen kann, gibt es inzwischen zur Genüge. Das Ziel heißt: soziale Digitalwirtschaft.

Niemand weiß heute schon genau, wie dieses Regelwerk aussehen kann. Wir befinden uns mitten in einem Transformationsprozess, dessen Ende kaum abzusehen ist, wenn es überhaupt eines gibt. Was in der Musik- und Medienindustrie begann, setzt sich beim Verkehr, bei Bildung und Gesundheit, an jedem Arbeitsplatz und natürlich in der Politik fort: eine gewaltige Beschleunigung, zunehmende Individualisierung, ganz neue Geschäftsfelder und dramatische Umwälzungen, die wirklich jeden Bürger betreffen. Und zwar unabhängig davon, ob der Mensch persönlich digitale Medien nutzt oder nicht.

Jeder Politiker, aber auch die Zivilgesellschaft ist gefordert, die digitale Debatte zu führen. Wenn zum Beispiel Facebook die allgemeinen Geschäftsbedingungen ändert und ganz offen sagt, dass man die Daten der Nutzer ab sofort noch ungehemmter ausnutzen werde, kann der Kunde heute nur den extrem einseitigen AGBs zustimmen, oder er muss auf den gesamten Dienst verzichten. Diesen Zustand halte ich in einer demokratischen Gesellschaft für nicht vertretbar. Auch wenn manche es so sehen, aber: Die Bedingungen und Spielregeln im Internet sind nicht gottgegeben. Die AGB von Facebook sind so, weil sie das Unternehmen so festgelegt hat. Folglich sind sie auch zu ändern.

Es bleibt unsere Aufgabe, die vielfältigen Möglichkeiten allen Menschen zugänglich zu machen. Aber wir haben auch dafür zu sorgen, dass demokratische und gesellschaftliche Errungenschaften nicht infrage gestellt werden. Das geht nur, wenn Politik und Gesellschaft dieses Ziel gemeinsam verfolgen.

Wir haben alle Bürger, vor allem aber Kinder und Jugendliche, zu befähigen, mit ihren Daten verantwortungsvoll umzugehen.

Deswegen fördern wir, wie im Kapitel »Bildung« beschrieben, die Medien-Kompetenz bereits in der Schule. Viele junge Facebook-User melden sich zum Beispiel mit einem falschen Geburtsdatum an, in der Absicht, nicht so viele Details aus ihrem Leben preiszugeben. Dummerweise gelten mit der Volljährigkeit andere Geschäftsbedingungen. Solche Details muss ein mündiger Bürger einfach wissen.

Die digitale Revolution lädt eben auch zu einer neuen Form von Wildwest-Kapitalismus ein, die auf den ersten Blick nett und nützlich daherkommt, in Wirklichkeit aber gnadenlos auf Profit ausgelegt ist. Hinter dem Schlagwort der »Sharing Economy«, das ja zunächst einmal unverdächtig nach fairem Teilen klingt, lauert oft die Gefahr, dass über Jahrzehnte erkämpfte und bewährte soziale Standards abgeschafft werden.

Der in der Öffentlichkeit viel erwähnte Taxikonkurrent »Uber« zum Beispiel hat nichts Geringeres im Sinn, als Deutschlands Taxifahrern das Leben schwer zu machen. Wie das funktionieren soll? Jeder, der ein Auto hat, ist für Uber ein potenzieller Chauffeur. Eine App sagt dem Kunden, wo der nächste Chauffeur wartet, und Uber kassiert die Vermittlungsprämie. Am Ende sind die Preise dort niedrig, wo die Konkurrenz groß ist, zum Beispiel in den Städten. Auf dem Land wird dagegen wohl kaum ein Uber-Fahrer zu finden sein oder nur zu astronomischen Tarifen. Die Zuverlässigkeit, die das deutsche Taxigewerbe bietet, droht wegzufallen, weil die Uber-Fahrer keinen Taxischein brauchen, keine spezifischen gesetzlichen Bestimmungen einhalten, keine teuren Versicherungen abschließen müssen.

Nicht jedes Taxi in Deutschland ist in einem perfekten Zustand, nicht jeder Fahrer ein Muster an Eleganz und Fröhlichkeit. Aber: Das deutsche Taxigewerbe sorgt dafür, dass Menschen in allen Teilen des Landes, auch den abgelegenen, zu halbwegs überschaubaren Kosten befördert werden. Werden Unternehmen wie Uber dieses bewährte System verbessern? Nein. Stattdessen werden soziale Klüfte verbreitert. Kosten werden privatisiert, Risiken vergesellschaftet und Gewinne garantiert beim Vermittler landen.

Faires Teilen sieht anders aus. Warum wurde der Marktwert von Uber Ende 2014 auf über 40 Milliarden Dollar geschätzt? Weil das Unternehmen soziale Standards berücksichtigt? Uber-Gründer Travis Kalanick hat seinen Kampf sehr klar definiert: »Der eine Kandidat ist Uber und der andere ein Arschloch namens Taxi.« So wird man nicht zum Arbeitgeber der Herzen.

Ähnlich verhält es sich mit dem Übernachtungsportal »Airbnb«. Keine Frage, es hat seinen Reiz, zum Beispiel in New York in einem schicken privaten Loft zu wohnen anstatt in einem teuren, unpersönlichen Hotel. In Großstädten sehen wir aber schon, was das Airbnb-Prinzip auch bedeutet. Die smarte und hippe Konsumideologie hat zur Folge, dass Arbeitsschutzbestimmungen, tarifliche Regeln oder Brandschutzauflagen ausgehebelt werden. Nichts gilt mehr. Wer die Privatwohnungen reinigt, wer im Schadensfall verantwortlich ist, ob und wie am Ende Steuern gezahlt werden, all diese Fragen, die lästig sind, aber für ein funktionierendes Gemeinwesen unvermeidlich, die werden weitgehend schutzlosen Privatpersonen per Knebelvertrag zugeschoben. Ich möchte nicht, dass Uber, Airbnb und andere Netz-Konzerne Regelungen wie den Mindestlohn aushebeln, die wir mit der SPD über Jahre mühsam erkämpft haben. Hier wird deutlich, dass die Ressourcen- und Teilhabeprobleme des globalen Kapitalismus nicht per Smartphone-Apps zu lösen sind. Share-Economy klingt erst mal toll. Aber »share« heißt nicht nur zu teilen, sondern auch »Aktie«.

Manche Internet-Giganten wirken eben nicht zum Wohle der Menschheit, sondern etablieren eine neue Form des Raubtierkapitalismus, nur besser designt. Sascha Lobo verwendet in diesem Zusammenhang das Wort »Plattform-Kapitalismus«, eine digitale Spielart des globalen Monopols. Wenn uns die soziale Marktwirtschaft lieb ist, dann müssen Errungenschaften, die Arbeitgeber und Arbeitnehmer in vielen mühsamen Runden verhandelt haben, auch in digitalen Zeiten Bestand haben. Die digitale und vernetzte Arbeit ist heute schon in vielen Branchen Alltag. Die damit verbundenen Veränderungen betreffen beinahe jeden Bürger und jede Bürgerin. Gerade in der Kreativwirtschaft existieren häufig sehr flexible Arbeitsmodelle, die nicht mehr dem üblichen Arbeitsverhältnis entsprechen. Viele schätzen die Flexibilität, sie arbeiten projektbezogen und zeitlich begrenzt. Dieses entspricht häufig eher ihrem Bild der Work-Life-Balance.

Aber hier müssen wir aufpassen. Die Grenzen zwischen den Arbeitnehmern und den Unternehmen sowie zwischen abhängiger und selbstständiger Arbeit verwischen zunehmend. Bis 2011 waren bereits 2,6 Millionen Solo-Selbstständige tätig. Viele arbeiten dabei nahe an der Selbstausbeutung und erzielen dennoch kein ausreichendes Einkommen. Darüber hinaus erleben sie, wie das Private durch die gleichzeitige Entgrenzung der Arbeit immer weiter zurückgedrängt wird.

Wir dürfen nicht zulassen, dass diese vielen neuen Jobs zur schlechter bezahlten Variante der alten Stellen werden. Arbeitsplätze im Transportgewerbe und im Hotel sind heute schon hart und nicht immer exzellent bezahlt. Aber die neuen Geschäftsmodelle dürfen das Leben von Taxifahrern und Reinigungskräften nicht noch viel härter machen, vor allem wenn das Gegenteil versprochen wird. Hier sehen wir einen Zwiespalt der neuen Technologie. Auf der einen Seite schicke Apps, die den Eindruck vermitteln, in der schönen, digitalen Welt fliege alles schwerelos umher. Auf der anderen Seite jede Menge neuer, prekärer

Jobs, die vieles von dem vermissen lassen, wofür die SPD seit Generationen kämpft.

Deshalb sind die Gewerkschaften in der digitalen Arbeitswelt so wichtig wie eh und je. Dazu wünsche ich mir eine Internationalisierung der Arbeitnehmervertreter. Denn das Tempo, in dem Arbeitsprozesse global verändert werden, ist atemberaubend, es entstehen sehr schnell neue Herausforderungen, die wir langfristig nur gemeinsam mit Vertretern anderer Länder bewältigen werden.

Neben den Folgen für die Arbeitswelt hat die Digitalisierung noch weitere Konsequenzen, denn der digitale Kapitalismus hat viel Ähnlichkeit mit dem traditionellen, der sich zwischen Ausbeutung und Preiskartell bewegte. Das Rockefeller-Imperium entstand ab Mitte des 19. Jahrhunderts, weil das Fördern, Raffinieren, Transportieren und Verkaufen von Öl und Benzin in einer Hand lag. Wettbewerb, das wesentliche Merkmal der Marktwirtschaft, findet in einem Monopol nicht statt. Ähnliches erleben wir derzeit wieder. Ob Apple oder Google, Amazon oder Facebook, alle diese Unternehmen arbeiten an möglichst monopolistischen Strukturen. Und ein Unternehmen wie Apple verfügt dabei zeitweise über einen höheren Börsenwert als die ersten zehn Unternehmen des DAX zusammen.

Zum Erfolg der digitalen Marktführer trug auch die Kaltschnäuzigkeit bei, jede Ecke der Welt optimal auszunutzen. Gestaltung, Produktion, Verkauf und Steuerzahlung findet immer dort statt, wo der höchste Profit winkt. Internet-Konzerne halten sich für sehr schlau, wenn sie ihre gesamten europäischen Gewinne in Irland versteuern. So funktionieren globale Unternehmen nun mal. Einige Top-Verdiener in den USA, billige Fabrikarbeiter in Fernost, niedrige Preise überall auf der Welt. Und die Steuern mit einem globalen System so niedrig wie möglich halten. Ökonomisch gesehen mag das clever sein, die Aktionäre freuen sich. Aber fair ist dieses System nicht. Steuern müssen dort gezahlt werden, wo der Gewinn erwirtschaftet wird.

Ich bin eine Befürworterin der sozialen Marktwirtschaft, die in diesem Land mühsam aufgebaut wurde. Und diese soziale Marktwirtschaft kann es nur bedingt aushalten, wenn Unternehmen für ihre Geschäftsmodelle die öffentliche Infrastruktur nutzen und das funktionierende Rechtssystem loben, aber anschließend ihre erzielten Gewinne absaugen und diesem Land vorenthalten.

Nationale Entscheider haben wenig Macht, globale Konzerne zu mehr Verantwortung zu bewegen. Dem häufig erwähnten Kampf gegen Steuervermeidung müssen die EU-Länder endlich Taten folgen lassen. Es ist schön, wenn Bundesfinanzminister Wolfgang Schäuble feststellt, Steuervermeidung sei »kein europäischer Spirit«. Wenn aber nicht bald gelingt, was die zuständigen Kommissare in Brüssel ankündigen, nämlich die Schlupflöcher für aggressive Steuerplanung zu schließen, werden Staaten weiterhin gegeneinander ausgespielt werden.

Wir befinden uns in einem fundamentalen wirtschaftlichen Strukturwandel. Neue Geschäftsmodelle haben sich etabliert. Von der Suchmaschine über das Taxiunternehmen, vom Bezahlsystem bis zum Lieferservice – all diese Dienste verdienen ihr Geld nicht nur mit dem Verkauf von Produkten, sondern auch mit unseren Daten. Ich gestehe: Mir fehlt noch die Vorstellungskraft, wie diese neue Welt ganz genau aussehen soll. Meine Einkaufsdaten, meine Bewegungs- und Reisedaten, meine Gesprächs- und Themendaten ergeben offenbar eine Menge neuer Informationen nach dem Motto: Sie wissen es vielleicht noch gar nicht, aber Sie werden demnächst eine lindgrüne Hose kaufen. Und schon sehe ich eine im Schaufenster, weil mich mein Smartphone dorthin dirigiert hat.

Unter dem Schlagwort »Big Data« entstehen gerade so unglaublich weitreichende Analysemöglichkeiten, dass es nach meiner Meinung schlicht unmöglich ist, dieses zu ignorieren. Die Verwertung von großen Datenmengen treibt die Entwicklung neuer Technologien und Produkte voran. Es geht hierbei nicht um die reine Quantität der Daten, die verarbeitet werden, es entsteht auch eine neue Qualität der Möglichkeiten. Wo aber bleibt die informationelle Selbstbestimmung?

Datenanalyse und Vorhersagemöglichkeiten können einen Quantensprung bedeuten. Die Steuerung des Verkehrs, der Einsatz medizinischer Daten zur Entwicklung zielgenauerer Therapien oder die Steuerung von Produktionsprozessen sind nur einige Beispiele positiver Nutzung. Selbst in der Verbrechensbekämpfung helfen Big-Data-Analysen.

Was aber treibt den schleswig-holsteinischen Datenschutzbeauftragten Thilo Weichert und andere an, eindringlich vor Big Data zu warnen? Weichert kritisiert hierbei nicht nur die Möglichkeiten des informationellen Machtmissbrauchs und der diskriminierenden Datenanalyse, sondern geht sogar so weit zu behaupten, dass er eine informationelle Ausbeutung, verbunden mit weitreichender Verletzung der Grundrechte, sehe.

Übertreibt Weichert oder steckt hinter der Digitalisierung wirklich ein Risiko, dem wir mehr Beachtung schenken müssen? Die Idee vom intelligenten Haus wirkt auf mich manchmal eher wie eine bedrohliche Fantasie als wie eine Lebenserleichterung. Brauche ich denn wirklich eine App, die meine Kaffeemaschine programmiert? Heikler wird es schon, wenn der Kühlschrank in Zukunft der Tochter das Bier verweigert, weil die analysierende Toilette ihre Schwangerschaft festgestellt hat. Verlieren wir schleichend die Hoheit über unsere Daten? Ratschläge wie die nach Datensparsamkeit sind da keine Lösung mehr. Ich bestelle zwar nur noch selten online, um nicht gläsern zu sein. Aber vor einer Datenerhebung kann man sich heute auch mit diesem Verhalten nicht mehr entziehen. Wir wissen überhaupt nicht mehr, wer wo wann unsere Daten sammelt und in welchem Kontext sie in Zukunft eine Rolle spielen könnten. Deswegen müssen wir dafür einen rechtlichen Rahmen schaffen.

Ich möchte nicht, dass die Versicherung mir künftig mitteilt, dass mein persönlicher Beitrag steigt, weil ich nach der Analyse meiner Daten im kommenden Jahr mit dem Auto wahrscheinlich einen Unfall bauen werde. Denn dann fände ich mich plötzlich, ohne mich dagegen wehren zu können, in einer teuren gesundheits- oder kreditbezogenen Risikogruppe wieder. Hier verschiebt sich etwas. Nicht mehr das Individuum und sein konkretes Handeln werden bewertet, sondern seine persönliche Prognose. Das ist quasi eine Strafe ohne Tat, nur weil eine Wahrscheinlichkeit errechnet wurde. Das Speichern, Analysieren und die Verwertung von Daten dürfen nicht ohne Legitimation und Kontrolle geschehen. Hier müssen wir handeln. Es muss rechtlich verbindliche Regelungen geben, um unsere demokratischen Gesellschaften zu schützen. Es sind dicke Bretter, aber es ist wichtig, dass wir sie uns vornehmen.

Spätestens seit den Enthüllungen von Edward Snowden stellen sich Fragen nach dem Datenschutz ganz neu. Man muss nicht so weit gehen wie der Kolumnist Sascha Lobo, der in der *Frankfurter Allgemeinen Sonntagszeitung* festgestellt hat: »Das Internet ist kaputt.« Aber empören darf man sich schon, und zwar über einen mächtigen Komplex von militärischen, geheimdienstlichen und wirtschaftlichen Interessen, der jeden Winkel unserer Privatsphäre ausspäht, ohne dass die Bürger sich mit rechtsstaatlichen Mitteln dagegen wehren können. Transparenz darf nicht zu Ohnmacht führen. Der Schutz personenbezogener Daten wird als Grundrecht im Grundgesetz, in der rheinland-pfälzischen Verfassung und in der EU-Grundrechtecharta garantiert.

Ein Land alleine kann allerdings wenig ausrichten. Wir brauchen europäische Regeln, um das Internet als innovativen, kreativen und produktiven Raum zu erhalten und auszubauen. Wir brauchen Grund- und Freiheitsrechte im Netz. Diese zu achten, muss ausdrücklich auch für die Geheimdienste gelten. Der digitale Binnenmarkt, das Marktortprinzip, der Datenschutz und das Urheberrecht können nur mit einer europäischen Digitalisierungspolitik verwirklicht werden. Schon lange trete ich öffentlich dafür ein, dass wir uns auf der europäischen Ebene endlich auf eine Datenschutz-Grundverordnung verständigen. Diese kann aber nur ein erster Baustein sein, weitere müssen folgen. Es geht nicht um die Frage, ob wir die Digitalisierung wollen, sondern darum, ob wir sie gut machen.

An unseren Kindern sehe ich, wie schnell sich diese Welt verändert. Früher wollten wir mit 18 unser eigenes Auto, heute wollen die Kids vor allem Mobilität. Und das ist ein gewaltiger Unterschied. Ich war stolz auf mein erstes Auto, die beigefarbene Ente. Den Kindern heute ist der Besitz eines Fahrzeugs häufig egal; sie wollen es nutzen, ganz gleich, ob von Freunden, vom Carsharing oder von einer Autovermietung. Und wenn sie es benutzt haben, zum Beispiel für eine Fahrt zum Bahnhof, dann wollen sie den Wagen nicht parken, nicht betanken, nicht waschen, sondern einfach nur abstellen, damit sie gleich weiter in den Zug können.

Was aber bedeutet dieser Wertewandel für den Industriestandort Rheinland-Pfalz mit seinen zahlreichen Automobilzulieferern und für Deutschland insgesamt, dem Land der Autobauer? Wie müssen Angebote für die nächste Generation aussehen, die garantiert nicht weniger mobil sein wird als meine? Welche Konzepte sich eines Tages durchsetzen, ist noch völlig offen. Klar ist nur: Das Internet wird für die Koordination sorgen, hierzulande und im Rest der Welt. Ich bin froh, zu Beginn meiner Amtszeit einen »Landesrat für digitale Entwicklung und Kultur« eingerichtet zu haben, der mich kompetent berät. Ich sehe die Chancen, ich sehe die Probleme, ganz häufig reichen die bisher bewährten Lösungsmuster nicht aus.

Machen wir uns nichts vor: Die Aufgaben sind komplex und zugleich einem steten Wandel unterworfen. Es ist in der digitalen Welt schick, sich über den vermeintlichen »Neuland«-Fauxpas der Kanzlerin zu amüsieren. Wer zu wissen glaubt, was der nächste globale Megatrend ist, wer die Nachfolger von Apple und Google sein werden, der darf von sich behaupten, dass die digitale Welt kein Neuland sei.

Für manche Menschen ist die digitale Welt inzwischen nicht nur Heimat, sondern sogar eine Art Exil. Eine wachsende Zahl Bürger hat sich aus den klassischen Informationskanälen der Nachrichten- und Qualitätsmedien zurückgezogen. Verschwörungstheorien und Weltuntergangsszenarien beherrschen manche Communitys. Es gibt Menschen, die den Anspruch auf ein informiertes, kritisches, aber grundsätzlich gemeinwohlorientiertes Miteinander aufgegeben haben.

Ich bin mit dem öffentlich-rechtlichen Rundfunk groß geworden, mit Hörfunk und Fernsehen und mit informativen Zeitungen und Zeitschriften. Und ich kann mich erinnern, wie das Privatfernsehen aufkam. Vor gut 30 Jahren wurde die Konkurrenz zu den öffentlich-rechtlichen Anstalten bei uns in Ludwigshafen geboren. Wir reden deshalb immer noch vom dualen System, aber in Wahrheit ist daraus heute eine Medienlandschaft geworden, die viel mehr umfasst. Durch das Netz sind Medienangebote jederzeit von jedermann und oft unentgeltlich verfügbar.

Die Mediennutzung gerade der jungen Leute verändert sich. Das Fernsehen ist nach wie vor das Leitmedium, aber nur noch selten sitzt die Familie gemeinsam vor dem Bildschirm. Heute hat jeder Mensch seine eigene Kombination aus Fernsehen, Radio, Zeitung, Informationen, Unterhaltung, Shoppingangeboten, Online-Portalen, dazu Musik-Streaming und On-demand-Fernsehen, auf dem Tablet, dem Smartphone oder dem PC.

»Konvergenz der Medien« nennen das die Fachleute, und der rechtliche Rahmen muss harmonisiert werden, mit vergleichbaren Regeln. Das ist eine Aufgabe für die Gesetzgebung an der Schnittstelle zwischen Bund und Ländern, die wir gemeinsam angehen.

Zentrales Ziel muss sein, die Meinungsvielfalt in gleichbleibender Qualität zu sichern. Meinungsvielfalt ist unverzichtbar für unsere Demokratie. Vielfalt wird auch von zahlreichen privaten Anbietern gesichert, die lokal und regional Fernsehen und Radio machen, oft in hoher Qualität. Den öffentlich-rechtlichen Hörfunk und das Fernsehen haben wir mit der Umstellung auf den neuen Rundfunkbeitrag finanziell zukunftssicher gemacht.

Gerade der beitragsfinanzierte Rundfunk steht in der gesellschaftlichen Pflicht, mit der technischen Entwicklung Schritt zu halten. Es stört mich, wenn Inhalte von ARD und ZDF nur wenige Tage lang in der Mediathek abrufbar sind, wenn doch manche Sendungen schon häufiger online als klassisch linear im TV gesehen werden.

Mit veralteten Begriffen wie etwa »audiovisuelle Inhalte« kommen wir nicht weiter. Angebote und Kanäle verschmelzen, viele Inhalte werden inzwischen auf mobilen Geräten empfangen. Fernseh-, Radio- und Online-Angebote müssen klug verknüpft werden, wenn wir unsere Kinder auch mit Qualitätsjournalismus erreichen wollen. Barrierefreie Angebote für Menschen mit Behinderung sollten ebenfalls eine Selbstverständlichkeit sein. Unabhängige Medien bilden eine Säule der Demokratie, die wir angesichts eines globalen Kampfes um Aufmerksamkeit stärken müssen.

Wichtiger als je zuvor ist eine unabhängige, gründliche und professionelle Presse. »Qualitätsjournalismus« ist mehr als ein Schlagwort. Die Medien als sogenannte vierte Gewalt im Staat sind unerlässlich; umso besorgter sehe ich den Auflagenverfall auch bei hochwertigen Zeitungen und Zeitschriften. Online-Angebote sind oftmals großartig und zunehmend hochwertiger gemacht. Aber Verlagsrepräsentanten sagen mir auch, dass die Erträge weit unter denen des gedruckten Produkts liegen.

Ich finde es bemerkenswert, wie die Blätter überall in der Welt mit Bezahlmodellen, Stiftungsgeldern und Crowdfunding experimentieren. Aber eine zufriedenstellende Finanzierung ist noch nicht gefunden. Umso sorgfältiger müssen wir darauf achten, dass der öffentlich-rechtliche Rundfunk seine journalistische Stärke auf- und Verwaltungskosten abbaut.

Mich besorgt die Allmacht undurchsichtiger Suchmaschinenkonzerne. Die Marktmacht von Google liegt in Europa bei über 90 Prozent und ist nicht nur für den Bundeswirtschaftsminister und die EU-Kommission ein Thema. In der Medienpolitik interessiert uns, ob die Algorithmen, wenn sie immer wieder bestimmte Informationsquellen als prioritäre Suchergebnisse zeigen, die Meinungsvielfalt einschränken.

Demokraten aller Länder haben sich grundsätzliche Gedanken zu machen, wie wir die Chancen der Digitalisierung nutzen, um unser Gemeinwesen zu stärken. Die Demokratie hat es mit völlig neuen Herausforderungen zu tun. Im Internet etwa gilt das Gesetz der vielen. Der demokratische Rechtsstaat aber muss auch die Interessen der Minderheiten schützen, sogar die der unbequemen und widerständigen, und derjenigen, die nicht in der Lage sind, ihre Anliegen zu artikulieren oder dies nicht wollen. Die neuen Möglichkeiten des Digitalen brauchen ein neues Bewusstsein für das Miteinander. Das Netz bietet ebenfalls die Chance, Regeln zu umgehen.

Machtverhältnisse sortieren sich neu in der digitalen Welt. Wir Demokraten glauben an die Macht der fairen, gleichen Wahlen und sind überzeugt, dass unsere Gesellschaft Regeln und deren Einhaltung braucht. Hier prallen manchmal zwei Kulturen aufeinander.

Das Netz bietet viel Raum für Anonymität, Demokratie aber lebt von persönlicher Verantwortung. Das Netz begünstigt außerdem die Genialen, die Schrägen, die Skrupellosen, die Draufgänger – ein bisschen wie im Wilden Westen. Demokratie aber braucht auch den ganz normalen Menschen.

Und noch ein Punkt ist mir wichtig bei der gesellschaftlichen Debatte über Chancen und Risiken der digitalen Gesellschaft: Das menschliche Hirn ist nur bis zu einem bestimmten Punkt aufnahmefähig. Ob nun Frauen oder Männer, Kinder oder Ältere die besseren Multitasking-Fähigkeiten haben, ist mir egal. Nur eines glaube ich nicht: Wenn die Zuhörer auf ihr Smartphone starren, während vorn jemand seinen Vortrag hält, dann kann die Konzentration nicht so ausgeprägt sein. Von Höflichkeitsfragen reden wir gar nicht. Wenn aber Vater, Mutter, Kinder im Restaurant auf ihre Bildschirme schauen, anstatt miteinander zu reden, dann sollte man am Thema der gegenseitigen Zuwendung arbeiten. Und wenn Politiker den ganzen Tag auf Facebook oder Twitter verbreiten, wo sie gerade mit wem was veranstalten, dann hätte ich als Bürger meine Zweifel, ob es wirklich um Inhalte geht oder vielmehr um die Inszenierung von Politik.

Auch ich nutze das Internet und die sozialen Medien in meinem beruflichen wie privaten Alltag. Aber ich habe mich entschieden, den Großteil meiner Zeit für das persönliche Gespräch und das konzentrierte Handeln zu verwenden, statt pausenlos im digitalen Strom zu strampeln, der von den wirklich wichtigen Dingen auch ablenken kann. Ein wenig fasziniert bin ich zwar schon von Kollegen wie Peter Altmaier (CDU), der vor allem als Bundesumweltminister manchmal bis tief in die Nacht damit beschäftigt war, per Twitter die Welt zu erklären. Aber ich habe mich immer gefragt, wann der gute Mann mal zur Ruhe kommt.

Auch das ist eine Erkenntnis aus vielen Jahren Internet: Es gibt viele Möglichkeiten, aber kein Mensch muss alle Kanäle nutzen. Wie ich kommuniziere, kann ich selbst entscheiden. Manchmal hilft einfach nur ein gutes Gespräch.

70 ist das neue 50

Deutschlands Rentnern geht es gut – statistisch.
Wie schaffen wir es, dass sich Altersarmut und Einsamkeit
in Zukunft nicht ausbreiten? Wie wollen, wie können
wir glücklich alt werden? Und was kann jeder Bürger
schon heute dafür tun?

Mein Mann Klaus Jensen kann sehr charmant sein. Leider ist er es nicht immer. Wenn er mich ärgern will, dann behauptet er, ich hätte mich damals nur für ihn interessiert, um die lange Warteliste fürs Schammatdorf abzukürzen. Was stimmt: Schon als Bürgermeisterin in Bad Kreuznach hatte ich von diesem ungewöhnlichen Projekt in Trier gehört, einem der ältesten Wohn-Experimente in Deutschland. Und wer war von Anfang an mit dabei? Klaus Jensen. Das machte ihn natürlich interessant. Aber er hat noch einige weitere Reize.

Schon als Studentin habe ich es genossen, mit anderen zusammenzuwohnen, nicht in dieser Über-Enge, die manche Wohngemeinschaften pflegten, sondern in einem angenehmen Wechsel von Privatheit und Gemeinsamkeit. Als Studentin in Mainz lebte ich in einem kleinen Mietshaus, wo es üblich war, dass fast alle Wohnungstüren offen standen. Es war ein Kommen und Gehen. Und wer privat sein wollte, schloss die Tür. Als Kind einer großen Familie bin ich es gewohnt, dass immer was los ist. Zu viel Stille ist eher unheimlich. Ich mag dieses wohlige Gefühl, zu wissen, dass jemand in der Nähe ist.

Das Schammatdorf ist für mich der Inbegriff von gutem Wohnen – ein Dorf in der Stadt, bunt, lebendig, vertraut. Und jederzeit kann ich die Tür schließen und habe meine Ruhe. Jung und Alt, gut und weniger gut verdienend, Familien und Alleinstehende, Menschen mit und ohne Behinderung wohnen zusammen. Zwölf Wohnungen mit etwa 30 Menschen bilden einen Hof, der autonom über Gartengestaltung, Alltagsfragen oder Festivitäten entscheidet und bei der Wohnungsbelegung mitbestimmt. Für alle Höfe mit ihren insgesamt 144 Wohnungen gibt es ein Dorfzentrum mit unserem Kneipchen, wo man am Freitagabend vorbeischaut. Knapp 300 Menschen leben im Schammatdorf, die eine angenehme Routine im Umgang miteinander entwickelt haben. Wir haben ja auch lange genug geübt. Viele der Ureinwohner stammen aus der Friedensbewegung; damals war es üblich, total engagiert jede Kleinigkeit auszudiskutieren. Ich zog im Jahr 2003 ein, da hatten sich viele Verfahren und Entscheidungswege und Zuständigkeiten bereits entwickelt.

Ich kam damals aus Mainz, wo ich für eine Weile in einem sanierungsbedürftigen Altbau in der Altstadt gelebt hatte. Ich erinnere mich noch, wie ich durch mein offenes Fenster, das zur Straße lag, eines Morgens den Dialog zweier Damen verfolgte, die offenbar vor meinem Klingelschild standen. »Hier wohnt unsere neue Bürgermeisterin«, sagte eine der beiden mit einer Mischung aus Faszination und Schrecken. Die beiden kamen wohl aus Bad Kreuznach, wo es keine bewohnten Ruinen gab und ich als Bürgermeisterin antrat.

Im Schammatdorf herrscht heute wohltuende Normalität; der Umgang ist rücksichtsvoll, aufmerksam, aber deutlich effektiver als früher. Grundsatzdebatten sind ein zeitraubender Luxus aus Unizeiten. Der Laden läuft heute meistens unaufgeregt und konsensorientiert. Die monatlichen Versammlungen sind kurz, dennoch hat keiner das Gefühl, übergangen zu werden. Die Machtspielchen, die in der Politik so hingebungsvoll zelebriert werden, gibt es im Schammatdorf kaum. Der Handel ist allen klar: Ich gebe ein wenig Zeit und Bereitschaft und bekomme dafür Gemeinschaft. So bringen wir das Ich und das Wir in eine gute Harmonie.

Die zweigeschossigen, in Wohnhöfe aufgeteilten Häuser stammen aus den Siebzigerjahren und sind nicht übermäßig attraktiv, aber zweckmäßig. Das Schammatdorf ist eine verkehrsberuhigte Zone, mit unserem Dorfzentrum als Treffpunkt, mit Laubengängen, Bänken und Bäumen im Hof und zwischen den Wohnhäusern.

Hier bin ich nicht die Frau Ministerpräsidentin, sondern Malu. Die war, die bin und die bleibe ich. Ich habe nicht eine Sekunde überlegt, hier auszuziehen. Nicht jetzt und nicht später. Es gehört zur Idee dieses Projekts, dass die Bewohner alle möglichen Lebensphasen durchlaufen, aber eine Konstante behalten: das Schammatdorf. Ich schätze dieses Gefühl von Vertrautheit und Sicherheit, die bekannten Gesichter, die Rituale und Zusammenkünfte. Meine Mitbewohner haben sich inzwischen daran gewöhnt, dass häufiger mal ein Polizeiauto vorbeifährt. Die Kinder lieben es, das Blaulicht auszuprobieren. Und ich mag den Gedanken, hier später einmal mit Klaus in Ruhe alt zu werden.

Als ich zur Ministerpräsidentin gewählt wurde, haben mir meine Nachbarn und Nachbarinnen einen wunderbaren Empfang bereitet, mit einem Spalier aus Lichtern, mit großem Zuspruch und viel Lächeln. Es war ein Moment der Freude, der Wärme, aber auch ein Abschied auf Zeit. Alle wissen, dass ich in diesen Jahren nicht übermäßig viel zum Dorfleben beitragen kann. Und ich weiß, dass es mir niemand übel nimmt. Vor allem weiß ich, dass meine Privatsphäre geachtet wird, obwohl wir in großer Offenheit miteinander leben. Es ist einfach selbstverständlich, dass man an der Tür der älteren Nachbarin schaut, ob sie die Zeitung bis mittags hereingeholt hat. Wenn nicht, klingelt man.

Skeptiker nennen es »soziale Kontrolle«, Optimisten sprechen von »guter Nachbarschaft«. Ich sehe einen Unterschied zwischen übertriebener Neugier und Verantwortungsgefühl. Ich bin fest davon überzeugt, dass diese Nachbarschaftsmentalität in jedem von uns steckt. Was ist daran Kontrolle, wenn sich Menschen umeinander kümmern? Ich spüre eher einen Willen zur gegenseitigen Wertschätzung und Hinwendung. Wir alle wünschen gerade im Alter ein vertrautes Zuhause, wo wir willkommen sind und eine warme Suppe bekommen, wenn es uns nicht gut geht. Gemeinsam ist das Gegenteil von einsam.

Natürlich gibt es Konflikte. Dem einen wird der Rasen zu selten gemäht, die andere ärgert sich über streunende Katzen. Aber diese Probleme sind immer zu lösen, mit einem offenen, respektvollen Gespräch und der Bereitschaft, einen Kompromiss einzugehen. Was Konflikttrainer an Schulen, in Firmen oder Institutionen üben müssen, die Grundregeln respektvoller Kommunikation, wird bei uns tagtäglich praktiziert. Das Schammatdorf ist also auch ein Trainingsgelände für gutes menschliches Verhalten.

Ginge es nach Helmut Schmidt, dann müsste ich dringend zum Arzt gehen. Denn ich habe eine Vision, und die lasse ich mir nicht mal von unserem ehrwürdigen Altkanzler nehmen. Meine Vision: In jedem Dorf gibt es ein solches Wohnprojekt mit Menschen, Alt und Jung, eine Art Familienersatz, ein bezahlbares, soziales, kulturelles Nest, das Wärme bietet und Zusammenhalt. Ich spüre jeden Tag, wie wichtig Gemeinschaft ist. Und als Politikerin weiß ich, dass wir eine Zukunft gestalten müssen, die gemeinsam deutlich angenehmer ausfällt als in millionenfacher Einsamkeit.

Sind wir zum Alleinsein geboren? Manche sicher, aber viele Ältere leben eher unfreiwillig für sich. Einsamkeit ist oft das Gegenteil von Lebensqualität. Es fehlen Austausch, Anregung und Wertschätzung; dafür gewinnen Beschwerden bisweilen eine Bedeutung, die sie gar nicht verdient haben.

Wer gegen seinen Willen allein ist, der verfällt leichter in Trübsal, der hört zu oft zu aufmerksam in seinen Körper und dramatisiert Zipperlein, die einem aktiven Menschen gar nicht auffallen würden. Einsamkeit kann zu krankem Körper und kranker Seele führen und verstärkt sich mit den Jahren zudem. Einstmals dynamische Persönlichkeiten werden in der Einsamkeit antriebslos und gleichgültig.

Unsere moderne Welt begünstigt die Alterseinsamkeit. Die Kinder sind aus dem Haus und arbeiten irgendwo weit entfernt. Die Nachbarschaften sind nicht mehr so eng wie früher, Freunde und Bekannte ziehen weg oder sterben. Früher hielt die Großfamilie oder die dörfliche Gemeinschaft ihre Alten mitten im Leben. Es gab fast immer etwas zu tun.

Heute müssen sich Senioren ihr Leben selbst organisieren. Und die Bedürfnisse sind sehr ähnlich. Die meisten älteren Herrschaften möchten die Wahl haben zwischen Gesellschaft und der Chance, sich bei Bedarf zurückzuziehen; manchmal brauchen sie eine helfende Hand, freuen sich aber zugleich, wenn sie selbst helfen können. Diese Bedürfnisse werden in guten Wohnprojekten bedient. Deswegen sollte es überall eines geben.

Für unsere nahe Zukunft müssen wir gemeinschaftliches Wohnen neu denken, fördern und wertschätzen. Denn eine Rundum-Betreuung in Seniorenheimen werden wir den geburtenstarken Jahrgängen, zu denen ich als 1961 Geborene auch gehöre, nicht bieten können. Immer weniger Kinder werden es in Zukunft schwer haben, immer mehr Alte zu finanzieren. Die

Generation der Wirtschaftswunderkinder wird sich selbst helfen müssen. Warum auch nicht? Wir waren immer viele, wir sind es gewohnt, uns zu arrangieren. Wir haben Spaß am gemeinsamen Leben und Wohnen.

Natürlich verstehe ich den Wert der eigenen vier Wände auch als Symbol für eine Lebensleistung. Andererseits finde ich es eine Überlegung wert, sich mit dem Alter ein wenig zu reduzieren. Müssen die, die es sich leisten können, wirklich allein auf 200 Quadratmetern wohnen, mit zu vielen Treppen, zu vielen Ecken und zu viel Kram, den man nicht braucht?

Für mich ist Übersichtlichkeit ein großer Wert. Bergwanderer wissen: Auf dem letzten Stück zum Gipfel lädt man sich kein Gepäck auf, sondern wirft eher Ballast ab. Wir Babyboomer sind da, so meine Erfahrung, angenehm unprätentiös und durchaus experimentierfreudig. Bescheidenheit gilt nicht als Schwäche, sondern als Nachweis erfolgreicher Priorisierung. Wir haben großes Vertrauen in uns und unsere Generationsgefährten. Wir hatten eine tolle Jugend, ein Leben in Wohlstand und Sicherheit, wir haben echte Krisen und eingebildete Weltuntergänge erlebt, überfüllte Hörsäle und enge WGs. Welche Generation ist besser geeignet, um alle denkbaren Formen des Zusammenlebens zu probieren, von ganz normal bis völlig ungewöhnlich?

Unsere Gesellschaft definiert Familie heute nicht mehr nur als klassische Oma-Opa-Vater-Mutter-Kind-Konstellation. Für mich schließt »Familie« auch Freunde mit ein, Nachbarn, Weggefährten. Menschen, die oft und überwiegend gern zusammen sind, die sich umeinander kümmern, sich wertschätzen und gern haben, nicht weil sie es müssen, sondern weil sie es wollen. Dazu gehört natürlich die Bereitschaft, das eigene Ego ein klein wenig zu zügeln.

Diese Fähigkeiten des konstruktiven und empathischen Miteinanders werden in den nächsten Jahren verstärkt gefragt sein.

Denn hinter dem Schlagwort des demografischen Wandels verbirgt sich nichts Geringeres als eine fundamentale gesellschaftliche Veränderung. Die Angstmacher zählen die kommenden Krisen bereits genüsslich auf: Pflegekrise, Rentenkrise, Demenzkrise, Krise der sozialen Sicherungssysteme und noch viele Krisen mehr.

Richtig ist: Dieses Land wird älter, zugleich aber auch fitter. Ein Blick ins eigene Familienalbum genügt. Wie sahen früher die 50-Jährigen aus? Wie Großeltern eben. Heute verbitten es sich 70-Jährige, als alt bezeichnet zu werden. Der »Seniorenteller« im Restaurant gilt als diskriminierend. Begriffe wie »Lebensabend« oder »Ruhestand« sind hoffnungslos überholt. Das Wort »noch« haben die fröhlichen Alten ebenso aus ihrem Wortschatz gestrichen wie alles, was mit »Silver« beginnt: Silver Surfer, Silver Generation, Silberrücken – das will doch keiner hören. 70 ist das neue 50, und die Stretchjeans ist für alle da.

Die Soziologen sprechen von einem neuen Lebensabschnitt. Früher gab es die Jugend- und Ausbildungszeit, die Arbeits-, Nestbau- und Familienzeit und schließlich eine relativ kurze Altersphase. Als Bismarck 1889 die gesetzliche Rente einführte, lebten Arbeitnehmer nach dem Renteneintritt meist nicht mehr sehr lange, Leistungen erhielten vor allem Invalide. Arbeit ging auf die Knochen.

Wer sich heute in den Ruhestand verabschiedet, hat berechtigte Aussicht, 20 weitere Jahre in relativer Fitness zuzubringen. Diese Phase, das sogenannte Dritte Alter, ist historisch neu und hat sich zwischen Ende des Arbeitsalters und Beginn der Betreuungsbedürftigkeit geschoben.

Dank medizinischem, technischem und sozialem Fortschritt ist die Lebenserwartung seit 1900 um mehr als 30 Jahre gestiegen, auf 83 Jahre für Frauen und 78 für Männer. Die meisten seit dem Jahr 2000 geboren Kinder werden 100 Jahre alt, so die

Prognose. Wir leben in einer historisch einmaligen Phase der Menschheitsgeschichte. Dank unseres Fortschritts bekommen wir Lebenszeit geschenkt, und es wird immer mehr. Nun gilt es, dieses Geschenk sinnvoll zu nutzen, ohne unsere Kinder und Enkel zu überfordern.

Wir sehen diese Veränderungen überall, auf der Straße, in der Forschung, in der Familie, in der Politik. Der Wandel des Altersbegriffs ist faszinierend. In den Sechzigerjahren galt noch die Disengagement-Theorie. Das Alter wurde als zwangsläufiger körperlicher und geistiger Verfall angesehen, weshalb sich der alte Mensch gleichsam automatisch aus dem Leben zurückzog. Heute ist dagegen von »später Freiheit« die Rede, weil wir es mit fitten, selbstbewussten und tatendurstigen Senioren zu tun haben. Die Hochbetagten-Studie der Generali-Versicherung belegt, dass auch Menschen jenseits der 80 aktiv am Leben teilnehmen, in ihrem Tempo.

So ändert sich langsam, aber sehr beharrlich das Altersbild der gesamten Gesellschaft und jedes Einzelnen. Aber das dauert. Jahrelang wurde den deutschen Rentnern erzählt, dass sie ein Kostenposten seien, nicht mehr produktiv, und den Jungen den Platz wegnehmen würden. Viele Ältere haben sich tatsächlich verhalten, als wollten sie möglichst wenig auffallen. »Ich will euch ja nicht zur Last fallen«, ist einer dieser viel zu häufig geäußerten Sätze, die einer vorweggenommenen Entschuldigung gleichkommen, dafür, dass man immer noch am Leben sei. Diese Selbstwahrnehmung von Siechtum und Lästigkeit gilt es, konsequent zu entgiften. Altern muss nicht in Depression und Elend münden, wenn wir uns rechtzeitig kümmern.

Denn bei aller Freude über gewonnene und gut gelaunte Lebenszeit müssen wir uns zugleich mit dem Phänomen der dramatisch gesunkenen Geburtenrate befassen. Wir Deutschen werden weniger, weil wir zu wenige Kinder in die Welt setzen.

Ich bin leider ein Teil dieses Problems, denn ich habe kein Kind zur Welt gebracht. Es sollte nicht sein. Als Feministin konnte ich mir damals die Mutterrolle nicht vorstellen, dann fehlte der richtige Mann, dann kam der politische Aufstieg, dann die Krankheit. Als MS-Patientin hätte ich zwar Kinder bekommen können, aber es hat sich nicht ergeben. Ich bedaure das, doch umso mehr freue ich mich, dass ich drei wunderbare Kinder geheiratet habe.

Unsere Gesellschaft ist eine der ältesten auf der Welt. Aber Millionen Rentner der geburtenstarken Jahrgänge wollen in zehn, fünfzehn Jahren versorgt sein. Wie kann das funktionieren, wenn zwei Beschäftigte einen Ruheständler finanzieren müssen, zumal die Arbeitsverhältnisse längst nicht mehr so stabil sind wie einst?

Die deutschen Sozialdemokraten haben die ersten Antworten bereits gegeben: Wir haben das Renteneintrittsalter gleichzeitig zukunftsfest, aber auch gerechter gestaltet. Wir haben eine private Vorsorge eingeführt, mit der Riester- und der Rürup-Rente, um neben der gesetzlichen Grundversorgung eine private Säule aufzubauen. Wir haben Augenmaß bewiesen, wenn auch im zweiten Anlauf, weil Beschäftigte mit 45 Vollerwerbsjahren abschlagsfrei in Rente gehen können.

Meine Hoffnung liegt auf einem weiteren Vorhaben der Großen Koalition, dem Kampf gegen die Altersarmut. Aufgrund immer bunterer Erwerbsleben haben immer weniger Arbeitnehmer eine konstante Rentenbiografie. Eine Solidarrente soll die Lebensleistung vor allem von Frauen würdigen, die wegen unterbrochener Erwerbsbiografien, Erziehungs- oder Pflegezeiten oder sehr geringen Einkommens heute nur eine Grundsicherung beziehen.

Fast überall in Europa wird zugleich das Rentenalter heraufgesetzt, denn unsere Nachbarn haben ähnliche Probleme. Wir müssen anerkennen, dass es inzwischen die verschiedensten Lebensläufe und Arbeitsbiografien gibt, die wir besser berücksichtigen müssen. Wer erst mit 30 in den Beruf eingetreten ist, wer einige Jahre Auszeit genommen und sich körperlich nicht krumm gerackert hat, der kann sich mit 63 noch nicht in den Ruhestand verabschieden, jedenfalls nicht mit vollen Bezügen. Das wäre demjenigen gegenüber, der 45 Jahre durchgehend geschuftet hat, wirklich ungerecht.

Zugleich aber dürfen wir Elternzeiten, Sabbaticals oder Fortbildungen nicht bestrafen. Die Herausforderung für die Politik und die ganze Gesellschaft besteht darin, für unterschiedliche Lebens- und Arbeitsbiografien ein gerechtes und bezahlbares System zu entwickeln. Vor dieser Aufgabe stehen alle Industrienationen. Ich bin fest davon überzeugt, dass wir dieses Problem nur schrittweise und gemeinsam lösen können, die Bürger und Bürgerinnen und eine kluge Politik. Die Rente ist ein Vertrauensthema, das weit über ein paar Euro mehr oder weniger hinausgeht. Die Deutschen arbeiten auch deswegen so legendär zuverlässig, weil sie auf die Ruhegeldversprechen des Staates zählen. Vertrauen aufzubauen, das dauert Jahrzehnte. Misstrauen ist in wenigen Tagen entstanden.

Bei vielen Begegnungen und Terminen in Rheinland-Pfalz stelle ich immer wieder fest, dass sich viele Menschen bereits eingestellt haben auf die demografischen Veränderungen. Früher galt: Der Arbeitnehmer lebt mit einer Art Tunnelblick auf den 65. Geburtstag hin, wenn endlich der erste Rentenbescheid kommt. Und dann? Werden die Füße hochgelegt, die lange geplante Kreuzfahrt absolviert, dann der Keller aufgeräumt und ein paar Schränke ausgemistet. Nach spätestens drei Monaten entfaltet sich die ganze lähmende Kraft der Langeweile.

Häufig kommen genau in diesem Moment Infarkt oder Schlaganfall. Warum? Weil der Mensch ein Gewohnheitstier ist. So wie Leistungssportler langsam abtrainieren müssen, um Herz, Lunge und Muskeln wieder an Normalbetrieb zu gewöhnen, so wollen immer mehr Arbeitnehmer ihr Leben nicht von hundert auf null fahren. Der Begriff vom »wohlverdienten Ruhestand« klingt mir nach einer sehr überholten Weltsicht. Wir Deutschen führen das Arbeiten nun mal ganz oben in unserer Prioritätenliste. Die Rentner von heute finden es daher sehr viel schicker, wenn sie sich in einem »Unruhestand« wissen.

Viele Menschen organisieren inzwischen einen behutsamen Rückzug aus der Arbeitswelt. Altersteilzeit ist ein gutes Instrument für jedes Bedürfnis: Man kann die Wochenstundenzahl reduzieren, die Zuständigkeitsbereiche verkleinern oder ganz neu zuschneiden.

Natürlich sollen die wilden Alten nicht dem Aufstieg der jungen Wilden im Wege stehen. Aber sie sollen mit ihrem Erfahrungsschatz, ihrem Wissen und den Kontakten auch nicht schlagartig die Firma verlassen. Warum auch? Viele Unternehmen sind froh, wenn Routiniers mitarbeiten. Erfahrung ist durch keine Software zu ersetzen. Kunden mögen gewachsene Beziehungen. Der Nachwuchs ist froh, wenn ein alter Hase sein Wissen teilt. Und die Senioren sind glücklich, gebraucht zu werden.

In den USA ist die Rede von einer »Encore Career«, was am ehesten mit »noch eine Karriere« zu übersetzen ist. Dabei geht es weniger um »Karriere« im Sinne einer ökonomischen Erfolgsstory, sondern eher um eine weitere Laufbahn, die zur persönlichen Erfüllung beiträgt. Wenn dabei auch noch ein Verdienst herumkommt – umso besser.

Derzeit sind wir in Deutschland im Begriff, individuellere Arbeitszeitmodelle gesetzlich möglich zu machen und zu fördern. Es kann doch nicht sein, dass wir unsere eigenen Fachkräfte in den Ruhestand zwingen, um gleichzeitig in der ganzen Welt verzweifelt nach Fachkräften zu fahnden. Aber wie beim

Thema Inklusion gilt auch für Rente und Ruhestand: Wir haben es mit historisch neuen Umständen zu tun. Das Gewohnte und oft Bewährte wird nicht mehr länger zu bezahlen sein, ohne dass das Neue schon perfekt dastünde. Wir befinden uns in einem Veränderungsprozess, der von allen Beteiligten Kreativität, Behutsamkeit und Gelassenheit erfordert.

Dieser Prozess kann aber nicht mit Gesetzen allein vorangetrieben werden. Die Altersbilder, die in unseren Köpfen herrschen, sind mindestens so zäh wie die deutsche Bürokratie. Seien wir ehrlich: Wie viele Ängste ranken sich um das Altwerden? Plastische Chirurgen, Botox-Farmen und Haar-Transplanteure feiern Rekordumsätze, weil immer mehr Menschen dem Irrglauben anhängen, sie könnten dem Alter entkommen. Diesen Wettlauf hat noch jeder verloren.

Wie aber formen wir unsere Alterspanik in Gelassenheit um, wie verwandeln wir Kopfbilder von Verfall und Nutzlosigkeit in eine neue, positivere Richtung?

Auch hier gilt: Respekt ist der Anfang von allem. Wir Kinder wurden früher ermahnt, doch bitte etwas mehr Respekt für Ältere zu haben. Aber der Anfang sieht anders aus. Zunächst brauchen Ältere mehr Respekt vor sich selbst, einen Respekt, der sich etwa an einer gelassenen Wertschätzung der eigenen Lebensleistung festmachen kann.

Natürlich hat kein Mensch alles richtig gemacht; wer wüsste das besser als eine Politikerin? Aber Alter bedeutet weit mehr als Verfall. Das Leben ist eben kein Anstieg bis zur Mitte, gefolgt von einem kontinuierlichen Abstieg bis zum Ende hin. Ich sehe das Leben vielmehr als das Erklimmen eines Gipfels. Je höher es geht, desto dünner wird die Luft, desto langsamer erfolgt der Aufstieg, aber desto größer ist die Leistung zu bewerten.

From Age-Ing to Sage-Ing heißt das kluge Buch des Rabbiners Zalman Schachter-Shalomi, der für einen Wandel unseres

Selbstbildes plädiert. Wir sollen nicht länger von Altern reden und entsprechend denken, sondern eher in Begriffen wie Reifen oder Weise-Werden. Wenn sich Ältere nicht mehr als Ballast begreifen, sondern als Bereicherung, dann ist viel gewonnen, vor allem an Motivation.

Wie viele Menschen jenseits der 60 sagen Sätze wie: »Ach, das lohnt doch nicht mehr«? Mit dieser Haltung wird es nichts mit lebenslangem Lernen oder mit dem Umzug in ein neues Wohnprojekt. Eine selbstbewusste innere wie äußere Beweglichkeit aber wird für unsere Babyboomer-Generation unerlässlich sein. Wir wollten uns doch immer selbst verwirklichen: Jetzt ist die Chance gekommen.

Die allermeisten Senioren sind zum Glück fit und schlau genug, sich selbst um ihr Alter zu kümmern. Bei uns im Schammatdorf gibt es das Demenz-Café, die Judo-Gruppe, die Spiele-Gruppe und die Rad-Gruppe, alles selbst organisiert. Und es ist gar nicht schwer. Wir haben die Zeit, uns um neue Autos, die tollsten Urlaubsreisen und viel anderen Schnickschnack zu kümmern. Mit größter Akribie planen wir das Leben unserer Kinder vom ersten Tag an. Da wird ja wohl ein wenig Energie übrig sein, um auch den eigenen Lebensabend zu gestalten. Wie immer und überall gilt auch bei Fragen des Alters: Wer nicht handelt, der wird behandelt.

Wir aus der Landesregierung tun alles Erdenkliche, um die vielfältigen Interessen und Aktivitäten von Senioren zu unterstützen. Der Aktionsplan »Gut leben im Alter« ist auch auf bewährte und neue Modelle des gemeinschaftlichen Wohnens ausgerichtet. Wir unterstützen mit Know-how, Finanzierung und rechtlichen Maßnahmen.

Als Bewohnerin eines dieser Projekte, die vor 30 Jahren noch ziemlich schräg angeguckt wurden, weiß ich, wie bereichernd das Leben mit anderen Menschen sein kann. Alles, was in unserer Gesellschaft häufig bemängelt wird – fehlende Verantwortung, zunehmende Rücksichtslosigkeit, Abschottung, Vereinzelung –, gibt es bei uns im Schammatdorf nicht.

Kinderwägen oder Rollstühle sind keine Hindernisse, sondern Symbole der Lebendigkeit. Demokratisch gefällte Entscheidungen sind keine verschwendete Zeit, sondern praktisch gelebter Respekt vor den Interessen jedes Einzelnen und aller zusammen. Es fühlt sich für alle Beteiligten gut an, wenn neue Bewohner zur Mitbestimmung eingeladen werden, anstatt skeptisch beäugt. Das ist Willkommenskultur.

Wir üben und leben demokratisches, rücksichtsvolles und empathisches Miteinander, ohne dass wir uns jeden Tag vor lauter Sympathie abknutschen. Das richtige Verhältnis von Nähe und Distanz muss eingeübt werden, zwischen unterschiedlichen Generationen, Kulturen und Mentalitäten. In meinem festen Glauben an den guten Willen der allermeisten Menschen vertraue ich darauf, dass sich das Miteinander-Lernen ständig verbessern lässt.

Anders als bei den Putz-Listen der Studenten-WG ist bei uns allerdings niemand verpflichtet, irgendwelche Aufgaben zu erfüllen. Alle haben Verständnis, dass eine Ministerpräsidentin nicht den vollen Einsatz für die Gemeinschaft bringen kann. Natürlich kümmere ich mich ums Treppenhaus, helfe mindestens einmal im Jahr, den Hof zu schrubben oder die Balkone zu entrümpeln. Am Putztag versuche ich, da zu sein. Und beim Sommerfest habe ich traditionell Kassendienst. Irgendwann kehren die Vielbeschäftigten schließlich zurück in die Gemeinschaft, mein Mann zum Beispiel. Seit Klaus nicht mehr Oberbürgermeister von Trier ist, engagiert er sich wieder verstärkt für die Nachbarn. In einer Kochgruppe etwa waren bis zu 80 Leute beim Essen, in einer anderen half man sich beim Rasenmähen. Das hatte er schon vermisst.

So begeistert ich vom Schammatdorf bin, so vehement wehre ich mich gegen eine Über-Idealisierung unseres Wohnprojekts. Ich wundere mich eher, dass gemeinschaftliches Wohnen nicht weiter verbreitet ist. Wer immer über diese Art des Miteinanders staunt, der sollte sich fragen, ob seine Vorstellungen von gutem, gemeinsamem Leben nicht vielleicht einer Korrektur bedürfen. Wir sind keine Romantiker, keine Spinner, keine Kommunen-Jünger, sondern geradezu beängstigend normale Menschen, die eines gemeinsam haben: Wir möchten nicht, dass das Leben in Einsamkeit endet.

Diese Haltung scheint sich in anderen Teilen des Landes langsam ebenfalls auszubreiten. Legendär ist die Bielefelder Genossenschaft, mit der wir uns austauschen. Auch der von mir hochgeschätzte ehemalige Bremer Bürgermeister Henning Scherf hat sich als Missionar für altengerechtes Wohnen verdient gemacht und viele Gruppen und Interessierte in ganz Deutschland ermutigt. Internet-Portale informieren bundesweit, nach Bundesländern oder Städten geordnet, über Projekte gemeinschaftlichen, generationenübergreifenden Wohnens.

In meiner ersten Regierungserklärung als Ministerpräsidentin im Januar 2013 habe ich die Vision formuliert, dass es mal in jeder Gemeinde in unserem Land ein Wohnprojekt geben soll. Denn für mich ist klar: In Zeiten des demografischen Wandels ist ein Umdenken von uns allen gefordert. Die Politik in Bund und Ländern muss der wachsenden Zahl von alleinstehenden Älteren begegnen und sicherstellen können, dass sie selbstständig, aber nicht einsam altern. Entscheidend wird sein, wie wir Leben und Wohnen organisieren. Gemeinschaftliche Wohnprojekte sind dafür eine gute Antwort.

Die Saat der guten Idee geht auf. In Rheinland-Pfalz gibt es bereits über 110 Wohnprojekte der unterschiedlichsten Stile und Organisationsformen. Es gibt Mehrgenerationen-Quartiere, Wohn-Pflege-Gemeinschaften, Baugemeinschaften, ganze Dörfer oder Häuser mit unterschiedlich genutzten Stockwerken. Und jedes Jahr kommen neue, vielversprechende Projekte hinzu, ganz gleich, ob in den Städten oder auf dem Land. Die Landesregierung hilft ganz aktuell mit dem Projekt »Wohn-Punkt RLP«, Senioren-WGs aufzubauen.

Diese Vielfalt zeigt, dass wir eine gute Politik machen. Denn wir geben diesen Gründern, die mir genauso lieb und wert sind wie jedes Start-up, genügend Raum und rechtliche Spielräume, um ihre Ideen von gutem Wohnen und Leben zu verwirklichen. Wir organisieren Tagungen und Beratungen, wir zeichnen besonders pfiffige Modelle aus, und wir ermuntern Interessenten, Kontakt mit erfolgreichen Machern zu suchen. Aus Studien wissen wir, dass der Bedarf an solchen Projekten gewaltig ist und in den kommenden Jahren stark wachsen wird.

Sind solche Wohnprojekte ein Privileg für Städter? Keinesfalls. Wichtig sind vielmehr guter Wille, die richtigen Köpfe und Herzen. Im Westerwald zum Beispiel leben pflegebedürftige Menschen zusammen auf einem alten sanierten Bauernhof. Die Scheune ist zum Gemeinschaftsraum ausgebaut. Da laufen die Gänse frei herum, alle haben zu tun, und keiner wird allein gelassen. Hier wohnen auch Demente, denen es guttut, zwischen Tieren und Garten zu leben, im Einklang mit Natur und Jahreszeiten. Ein Unternehmer hat das Projekt gestartet. Es war wie immer: Ein aktiver, visionärer, mutiger Antreiber genügt häufig, um großartige Entwicklungen in Gang zu bringen.

So war und so ist es auch bei uns. »Ohne Kümmerer wäre das Schammatdorf eines Tages am Ende«, sagt Bruder Eucharius. Er ist so ein Kümmerer, nebenbei Richter am Amtsgericht Trier und Benediktinermönch. Seine Abtei hat vor 40 Jahren den Anstoß zur Gründung gegeben, auf einem Grundstück, das dem Orden gehört. Mein Mann, damals der erste Sozialplaner Triers, war 1976 aus dem Ruhrgebiet gekommen und sofort angetan von der Idee des integrativen Wohnens. Es war ihm wichtig, dass vor allem Alleinerziehende und Behinderte, deren Eltern verstorben waren, berücksichtigt wurden. Das passte zur Idee vom Dorf in der Stadt. Paul Kreutzer, ein engagierter Sozialdezernent, Menschen mit Behinderung vom »Club Aktiv«, die damals stadteigene gemeinnützige Wohnungsbaugesellschaft und der aufgeschlossene Abt Ansgar schufen aus einer Idee eine lebenswerte Realität.

1979 zogen die ersten Bewohner in die Häuser auf die »Champs de Matthias«, die der Trierer »Schammat« nennt. Bis heute sorgen die Benediktiner im Hintergrund dafür, dass das Projekt weiterläuft. Zuverlässig kümmert sich Eucharius Wingenfeld um die Finanzierung unserer »Kleinen Bürgermeisterin«, die das Schammatdorf führt. Sie hält die Gemeinschaft zusammen, organisiert und schlichtet.

Ich bin mir sicher: Unser ganzes Land ist voll von solchen Ideen und von Kümmerern, die die Energie haben, solche und ganz andere Modelle zum Laufen zu bringen. Die Politik kann helfen, ermutigen, manchmal finanzieren. Aber am Ende sind es die Menschen selbst. Bürger, traut euch! Wir helfen mit der Landesregierung, wo immer wir können.

Und es werden immer mehr, im Hunsrück, in der Eifel, sogar im Internet, wo sich Senioren zu virtuellen Wohngemeinschaften zusammenfinden, die gemeinsam einkaufen, Fahrdienste und Betreuung organisieren. In Külz im Hunsrück ist aus der digitalen inzwischen eine reale WG geworden. In Mastershausen finanziert sich eine Senioren-Wohngruppe mit Einnahmen aus der Windkraft. So hilft die Energiewende, den demografischen Wandel zu gestalten.

Besonders begrüßenswert finde ich es, wenn solche Projekte auch eine soziale Komponente haben. Denn die Vielfalt unserer

Lebensentwürfe wird es mit sich bringen, dass nicht alle Ruheständler der Zukunft eine lückenlose Erwerbsbiografie vorweisen können: Viele kleine Selbstständige hatten nicht die Mittel für ausreichende Vorsorge, Alleinerziehende haben womöglich als Geringverdiener gearbeitet, Trennungen oder Erwerbsminderungen können die Ruhestandsbezüge ebenfalls reduzieren. 2013 gab es in Deutschland bereits mehr als 800 000 Mini-Jobber über 65. Umso wichtiger wird es sein, dass die gemeinschaftlichen Wohnformen der Zukunft auch mit kleinen Renten bezahlbar sind. »Intergenerationelle Solidarität« nennt man die Bereitschaft, andere mitzunehmen, den eigenen Wohlstand zu teilen oder zumindest Formen des Erwerbs jenseits des Bargelds zuzulassen.

Die Landesregierung hilft mit rechtlicher Beratung und zeigt, wie solche Gemeinschaften fair zu gestalten sind. Wir fördern Wohnraum für Menschen mit niedrigem Einkommen. Es gibt viele Möglichkeiten, Menschen diskriminierungsfrei in Projekte aufzunehmen. Oft hilft es schon, größere und kleinere Wohneinheiten zur Miete oder zum Kauf anzubieten oder bestimmte Dienstleistungen entsprechend zu vergüten. Wer Hausmeistertätigkeiten erledigt, der darf auch günstiger wohnen. Das nützt allen.

Und immer wieder hilft das Internet. Denn auch Senioren, die lieber allein wohnen möchten, dürfen sich in Zukunft sicherer fühlen. In Trier wurde beispielsweise ein Frühwarnsystem getestet. Wenn tagtägliche Routinen wie das Öffnen der Kühlschranktür oder das Betätigen von Lichtschaltern unterbleiben, schlägt das System Alarm, wahlweise bei Nachbarn, Angehörigen oder Pflegekräften. So ist unauffällig, aber effektiv sichergestellt, dass alte Menschen nicht längere Zeit ohne Hilfe in ihrer Wohnung ausharren müssen. Bei allen Problemen, die uns die demografische Entwicklung beschert, gilt auch: Es gibt unendlich viele Ansätze und Initiativen, die Mut machen für eine Zukunft ohne Katastrophe.

Zu unseren renovierten Altersbildern gehört untrennbar das Thema Eigenverantwortung. Für Menschen im Ruhestand gilt das Gleiche, was ich auch von Jugendlichen fordere, die ihr Arbeitsleben noch vor sich haben. Kümmert euch! Haltet euch in Schuss! Lernt Neues! Es ist nicht zu viel verlangt, wenn erwachsene Menschen auf sich achten.

Wir wissen heute, dass Körper, Geist und Seele quasi Muskelapparate sind, die durch Training, Anregung und Achtsamkeit bis ins hohe Alter funktionsfähig gehalten werden können. Die Politik ist kein All-inclusive-Anbieter, der tägliche Arztbesuche, Entertainment und Betreuung finanzieren kann. Ein guter Staat braucht Bürger, die für sich selbst Verantwortung übernehmen.

Das körperliche, geistige und seelische Wohlergehen sind wesentliche Bedingungen für erfolgreiches, also glückliches Altern. Unsere Eltern hielten es für Fortschritt, Auto oder Aufzug benutzen zu können. Heute wissen wir: Moderates Training ist sehr viel schlauer als das Vermeiden jeglicher Anstrengung. Nie war es einfacher, auf die eigene Gesundheit und Beweglichkeit zu achten, auch im Kopf.

Bewegung ist ein wichtiger Schlüssel zu größerer Lebenszufriedenheit. Wer sich selbstständig bewegt, ist unabhängig und selbstbewusst. Wer auf seinen Körper achtet, kümmert sich auch um gute Ernährung und hat ein feines Gespür für Regeneration. Unser Energiebedarf liegt niedriger als früher. Mangelernährung ist kaum noch ein Thema. Ich frage mich gleichwohl, warum die Deutschen im Vergleich zu den Nachbarländern so viele Nahrungsergänzungsmittel konsumieren, bei denen Preis und Nutzen nicht immer in einem optimalen Verhältnis stehen. Warum fühlen sich Dänen im Alter deutlich länger gesund als Deutsche? Ich bin fest überzeugt, dass wir für unser Wohlbefinden mehr tun können, ohne dass es Mühen oder Kosten verursacht.

Erschreckend finde ich auch die Ergebnisse einer Studie über »Schmerzen und Schmerzkontrolle in europäischen Altenheimen«. Das Ergebnis: In Israel leidet etwa jeder Fünfte an dauernden Schmerzen, in Deutschland jeder Zweite. Welche Faktoren bestimmen unser Empfinden im Alter? Die Forschung hat viele Fragen, aber noch wenige Antworten.

Nur eines steht fest: Bewegung hilft fast immer. Wissenschaftler der London School of Economics and Political Science sowie der Stanford University in Kalifornien haben Daten von mehr als 300 000 Teilnehmern ausgewertet und kamen zu einem einfachen Ergebnis: Dosierte Bewegung wirkt sich positiv auf chronische Krankheiten wie Diabetes oder Herz-Kreislauf-Beschwerden aus. Systematische Reha mit gezieltem Muskelaufbau kann das selbstbestimmte Leben verlängern. Ich weiß das aus eigener Erfahrung, dreimal in der Woche.

Ganz ähnlich verhält es sich mit unserem Denkmuskel zwischen den Ohren. Vermeintliche Gewissheiten wie zum Beispiel, dass Gehirnzellen nicht nachwachsen, sind durch aktuelle Studien überholt. Zusammengefasst lässt sich sagen: Praktisch alle Teile des Gehirns lassen sich trainieren, reparieren und aktivieren, auch und gerade im Alter. Ist es Zufall, dass gerade in der Kunst so viele Senioren aktiv sind? Menahem Pressler ist über 90 Jahre alt und gibt immer noch gefeierte Klavierkonzerte. Picasso schuf auch noch jenseits der 80 Meisterwerke. Verdi war bei der Uraufführung von *Otello* 73, Thomas Mann veröffentlichte den *Felix Krull* mit Ende 70. Kunst, insbesondere Musik, hält offenbar jung, wie der Neuropsychologe Professor Lutz Jäncke bestätigt: Musizieren verjüngt das Gehirn und knüpft sogar neue neuronale Verbindungen. Der Klaviervirtuose Pressler schwört zudem auf die Arbeit mit Schülern, den ständigen gemeinsamen Lernprozess. Von einem Renteneintrittsalter ist bei Künstlern übrigens nie die Rede. Weil sie Arbeit nicht als Last, sondern als erfülltes Leben betrachten.

Lebenslanges Lernen ist demnach kein Schlagwort, sondern eine konkrete Maßnahme, um das Wohlbefinden zu verbessern. Die Studenten mit grauem Haar, die in immer mehr Hörsälen die ersten Reihen besetzen, weil sie von dort besser sehen können, zeigen, wie dieses lebenslange Lernen praktisch aussieht.

Keinesfalls müssen ausschließlich Senioren mit Senioren untergebracht werden. Das Lernen voneinander kommt allen Generationen zugute. Bei uns im Schammatdorf leben wir vor, dass ein Generationenmix sehr gut funktionieren kann, sofern keine Seite mit übermäßigen Erwartungen ins Spiel geht. Es ist ja schön, wenn die alte Dame von nebenan mal die Kinder der Nachbarsfamilie betreut. Aber man darf nicht erwarten, dass sich hier zwangsläufig ein zuverlässiges und dauerhaftes Betreuungsverhältnis ergibt.

Wie herausfordernd das Mehrgenerationenwohnen sein kann, hat Henning Scherf ebenso klug wie einfühlsam beschrieben. Als er noch Bürgermeister von Bremen war, hatte er tolle Pläne von einem gewaltigen Mehrgenerationenprojekt entwickelt. Nach den ersten Erfahrungen hat sich Scherfs Wohnprojekt dann deutlich reduziert, auf gemeinsames Leben mit guten Freunden.

Für größere Projekte, womöglich mit Menschen, die man noch nicht so richtig gut kennt, empfiehlt sich zunächst einmal das Einüben von klarer, aber rücksichtsvoller Kommunikation. Dazu gehört der Mut, Nein zu sagen, ebenso wie die Kraft, ein Nein nicht gleich persönlich zu nehmen. Immer wieder bin ich dankbar für Henning Scherf, der in seinen Büchern besonnen, klar und wohltuend pragmatisch viele Fragen beantwortet: Wie verhält man sich, wenn ein Bewohner schwer erkrankt? Wie lassen sich Konflikte ums Geld lösen? Wie findet man, ganz praktisch, eine Gruppe Gleichgesinnter?

Was fehlt jetzt noch zur glücklichen Reife? Richtig. Eine sanfte Seele, die im Frieden mit sich und der Welt schwingt. Erfolgreiches Altern braucht den Einklang mit sich selbst, die Gelassenheit, alte Geschichten ruhen zu lassen und seinen Platz für die letzten Jahre zu finden. Auch hier kommen wieder Altersbilder ins Spiel. Sehen wir ältere Menschen als lästige Störenfriede, die entweder meckern oder die ewig gleichen Geschichten von früher erzählen? Oder finden wir Altersbilder, die etwas mehr mit Würde und Gelassenheit und Reife zu tun haben? Wie sieht unsere Rolle, unsere Aufgabe im Alter aus?

Ich bin eine begeisterte Anhängerin des Mentoren-Modells, ob im Arbeits- oder Privatleben. Ältere Menschen sind im Vergleich zum Nachwuchs weniger von Karriere- und Erfolgsstreben getrieben. Gelassenheit ist ein Privileg der späten Jahre. Senioren können gönnen. Die meisten sind frei von Neid und freuen sich, wenn der Nachwuchs Erfolg hat. Wer wäre besser geeignet, um jungen Menschen behutsam und überzeugend hier und da einen Schubs zu geben, um gleichzeitig von der Energie und den frischen Gedanken der Jugend zu profitieren?

Um einen überzeugenden Mentor, einen Lehrer oder Weisen abzugeben, muss mancher alte Mensch vielleicht ein neues Selbstbild von sich entwerfen, weg vom schlechtlaunigen, passiven Beobachter und hin zu einem aktiven, positiven Gestalter. Ich halte das für eine ausgesprochen ehrenhafte Aufgabe.

Denken und handeln wie Stammesälteste, die die Schöpfung bewahren und die Gruppe selbstlos stärken – das ist ein Altersbild, das am Arbeitsplatz, in der Familie, im Verein, in Schule oder Universität gebraucht wird. Alte können schlichten, überprüfen, motivieren und mobilisieren, als gütige Lehrer, Mentoren, Wächter.

Für diese Art des glücklichen Reifens ist die Erdung unglaublich wichtig, das Gefühl, in einer sicheren, warmen Gemeinschaft aufgehoben zu sein. Dieses Gefühl spüre ich jedes Mal, wenn ich in mein Zuhause komme, in das Schammatdorf.

PFLEGE:

Menschenwürde oder Minutentakt

Kein Mensch will zum Pflegefall werden. Doch sehr viele
werden es eines Tages. Warum wir eine neue Haltung zur
Pflege brauchen – und zu den Pflegenden.

Meine Mutter macht es richtig. Sie wohnt zwar in einer Senioren-Residenz, aber sie besitzt dort ihre eigene Wohnung. So hat sie alle Freiheiten, aber auch Hilfe, wenn es sein muss. Ihr Auto fährt sie noch, was mir allerdings wachsende Sorgen bereitet. Wenn sie mit ihren Freundinnen durch die Pfalz rollt, dann ist bei anderen Verkehrsteilnehmern Geduld und Vorsicht gefragt. So oft ich kann, schaue ich bei ihr in Neustadt vorbei. Jeden Sonntag telefonieren wir ausgiebig. Ich muss immer lachen, wenn sie sich über die »vielen alten Leute« beschwert. Solange Senioren sich wehren, als alt eingestuft zu werden, ist alles in Ordnung.

Altersforscher sprechen vom Dritten Alter, wenn der Mensch fit ist und für sich sorgen kann. Das Vierte Alter, gleichsam das letzte Kapitel des Lebens, ist fast immer mit zunehmender Pflegebedürftigkeit verbunden. Gute Pflege ist ein Grundrecht des Menschen und eine Grundpflicht der Gesellschaft. Derzeit ringen wir in Deutschland darum, die Pflege zukunftsfest zu machen. Die demografische Entwicklung macht dies notwendig.

Heute sind in Deutschland über 2,5 Millionen Menschen pflegebedürftig, für das Jahr 2030 werden mehr als 3,3 Millionen prognostiziert. Obgleich Pflegekräfte bei uns inzwischen besser bezahlt und gesellschaftlich anerkannt werden, sagen alle Studien voraus, dass wir mit einem Mangel an Pflegepersonal rechnen müssen. Zugleich werden im Jahre 2050 etwa ein Drittel der Deutschen über 60 Jahre alt sein, darunter deutlich mehr als eine Million Rheinland-Pfälzer, ich auch.

Auch wenn die Prognosen schwanken und ich von Schwarzmalerei nichts halte, so steht doch fest: Mit der Pflege von heute werden wir die Aufgaben von morgen nicht bewältigen. Wir dürfen die Interessen des Pflegepersonals nicht ignorieren. Wir haben die Belange der pflegebedürftigen Menschen im Auge zu behalten und natürlich die Kosten.

Schon im Jahr 2003 habe ich mit meiner Initiative »Menschen pflegen« mit verschiedenen Partnerinnen und Partnern vielfältige Projekte und Maßnahmen zur Verbesserung der Pflege entwickelt und gebündelt. Als Sozialministerin habe ich Pflege-Stammtische organisiert. Regelmäßig habe ich mich mit Bürgern getroffen, um zu erfahren, welches die heiklen Themen sind, was den Menschen auf der Seele liegt, was das Leben unnötig schwer macht. Auf Papiertischdecken haben die Teilnehmer notiert, was sie interessiert oder verängstigt. »Selbstbestimmtes Wohnen« war immer Thema Nummer eins.

Man kann es auch andersherum sehen: Die Vorstellung, eines Tages nicht mehr allein zurechtzukommen, ängstigt alle Menschen, ob in der Stadt oder auf dem Land, ganz gleich, ob arm oder reich. Es ist auch die Angst vor der stationären Pflege, die die Menschen umtreibt, diese Vorstellung, allein und hilflos in einem Bett zu liegen, im schlimmsten Fall wund oder pharmazeutisch ruhiggestellt, nicht mehr in der Lage, die eigenen Bedürfnisse zu äußern.

Daher habe ich mich in meiner Zeit als Sozialministerin intensiv um die Zukunft der Pflege gekümmert, zunächst einmal um das, was ich schnell und effektiv ändern kann. Die gute

Nachricht: Es gibt schon eine ganze Reihe von guten Angeboten, von Diensten, Treffs und Einrichtungen, die überall verstreut im Land ihre Arbeit machen. Was fehlte, war eine zentrale Anlaufstelle, wo Ältere oder ihre Angehörigen auf einen Blick alle notwendigen Informationen erhalten, ob es nun um Formulare, Anträge oder einfach nur die nächste Praxis für Physiotherapie geht.

Dafür haben wir das Konzept der Pflegestützpunkte entwickelt, aufbauend auf den Sozialstationen und auf ambulante Hilfezentren. Seit 2009 sind nun überall im Land solche Stützpunkte entstanden, deren Aufgabe es ist, Angebote zu bündeln und jede, aber auch jede Anfrage kompetent zu beantworten, ob es um interkulturelle Pflege für Bürger mit ausländischen Wurzeln geht, um Demenzpatienten oder Fragen nach der Pflegestufe, nach Hilfen und Diensten wie Essen auf Rädern oder Hauswirtschaft. Auf 30 000 Einwohner kommt ein Pflegestützpunkt. Mit dieser Dichte an Service und Beratung sind wir in Deutschland spitze.

Hinzu kommt ein einzigartiges bürgerschaftliches Engagement, das buchstäblich unbezahlbar ist. Ob Besuchsdienste oder Bürgerbusse, Einkaufshilfe oder Nachbarschaftsdienste – in Rheinland-Pfalz sind unvorstellbar viele Menschen jeden Tag auf den Beinen, damit es anderen ein wenig besser geht. Diese Herzensarbeit ist eine Säule unserer Gesellschaft. Würden wir all diese geleisteten Stunden entlohnen, wäre unser Sozialsystem augenblicklich überfordert.

Aber es gibt keinen Rechtsanspruch auf nachbarschaftliche Hilfe. Auf guten Willen können wir keine solide Pflege bauen. Wir werden die demografischen Lasten der Zukunft nur bewältigen, wenn wir unser bereits sehr gut entwickeltes Pflegesystem konsequent ausbauen, weiter verbessern und aus den bisherigen Erfahrungen lernen.

So müssen wir zum Beispiel wegkommen von der Minuten-pflege. Die Idee, nach einem exakten Zeitschlüssel den Umgang mit Menschen organisieren zu wollen, entspricht zunächst ein-mal dem Streben nach Transparenz und Gerechtigkeit. Wie manche Ideen, die am grünen Tisch geboren werden, kommen aber leider die menschlichen Bedürfnisse zu kurz. Neben pro-fessioneller Pflege ist Zuwendung ein bewährtes Heilmittel. Nette Worte, eine Nachfrage, eine Handreichung, die nicht im Leistungskatalog steht, helfen fast immer. Oft aber rennt die Stoppuhr dagegen.

Eine gerechte Pflegereform braucht neben genügend Pfle-gekräften und fairem Lohn auch eine solide Finanzierung. Zu-gleich müssen wir die Aufgaben und Leistungen von Pflege passgenauer definieren. Ein Demenzpatient braucht eine andere Betreuung als ein Schwerkranker, der Tag und Nacht gepflegt wird. Dringend muss die Über- oder Unterversorgung mit Arz-neien auf den Prüfstand.

Wichtig ist mir auch der Blick auf die Angehörigen. 70 Pro-zent aller Pflegefälle werden in der Familie betreut, größtenteils von Frauen, die wiederum Gefahr laufen, eine Pflegedepression zu erleiden. Wer über Jahre neben Kindern und Beruf auch die ei-genen Eltern oder die des Partners pflegt, wird mit hoher Wahr-scheinlichkeit eines Tages am Ende seiner Kräfte sein. Bekommt die Familienpflege genügend Anerkennung und Unterstützung von uns? Sollten wir nicht hier ein bisschen mehr investieren, weil jegliche Alternative teurer, aber nicht besser wäre?

Gut, dass Familienministerin Manuela Schwesig die Fami-lienpflegezeit vorangebracht hat. Menschen können eine be-zahlte Auszeit nehmen, um die Pflege von Angehörigen zu organisieren. Aber klar ist auch: Wir befinden uns nicht am Ende, sondern am Anfang einer Entwicklung. Wir müssen ein neues Pflegebewusstsein entwickeln. Die gleiche Sorgfalt und Energie, die wir auf die ersten Jahre unserer Kinder verwenden, sollten wir auch für die letzten Jahre unserer Altvorderen aufbringen.

Angesichts unserer alternden Gesellschaft wäre es der falsche Weg, all unsere Ressourcen in einen Ausbau der Heimpflege zu stecken. Alle Bundesländer und Kommunen machen inzwischen ähnliche Erfahrungen: Der Bau und Unterhalt von Alten- und Pflegeheimen ist irrsinnig teuer, die Qualität hingegen nicht immer optimal.

An der Debatte um den sogenannten Pflege-TÜV sehen wir, dass eine verlässliche Bewertung offenbar eine schwierige Sache ist. Seit 2009 soll dieser Pflege-TÜV Auskunft darüber geben, welches Heim seine gesetzlichen Verpflichtungen erfüllt. Zunächst einmal ist der bürokratische Aufwand immens gewachsen. Gleichwohl ist das Resultat irritierend, denn die Durchschnittsnote aller Häuser lautet 1,3. Was erfahren Interessierte, die ein Heim für Angehörige suchen, wenn alle Fächer mit »gut« oder besser benotet werden? Kann diese Bewertung stimmen? Haben sich die Belegschaften auf den Besuch der Prüfer vorbereitet? Wird überall in Deutschland gleich benotet? Benoten die Prüfer zu gnädig? Oder ist die deutsche Pflege wirklich immer und überall nahezu erstklassig?

Dazu wollen die Berichte über Missstände in deutschen Pflegeheimen nicht passen. Offenbar müssen die Bürger hinter dem Komma lesen. Eine Note von 1,9 darf man als Chiffre für »ziemlich mies« interpretieren.

Ich habe mich immer für Transparenz eingesetzt, aber ich habe auch früh die Pflegenoten kritisiert, weil sie irreführend sind, etwa bei den Bewertungskriterien: Eine falsche Medikamentierung gilt als ebenso großer Fehler wie eine zu klein gedruckte Speisekarte. In Bonn wurde Anfang 2015 ein Heim wegen untragbarer Zustände geschlossen, obgleich es eine 1,0 bekommen hatte. Viele Heime hatten gelernt, wie man clever dokumentiert, um gute Noten zu erhalten. Das Ziel, durch mehr Transparenz die Qualität zu verbessern, wurde nicht erreicht.

Bis 2016 hat die Berliner Koalition eine Reform versprochen, zusammen mit der zweiten Stufe der Pflegereform. Pflegekassen und Betreiber werden diesmal nicht bei der Gestaltung dabei sein. Ich hoffe sehr, dass die Koalition der beiden Volksparteien am Ende ihrer Regierungszeit die Kraft zu einer Reform aufbringt, die den Pflegepatienten in den Mittelpunkt stellt.

Ich bin eine Freundin der Wirtschaft, ich kenne einige kleinere privatwirtschaftlich betriebene Dienste und Einrichtungen, die sehr engagiert sind und hochwertige Leistungen anbieten, aber ich sehe keinen Vorteil von privaten Pflegekonzernen. Aktionäre und Investoren wollen Rendite sehen. Bei überschaubaren Rationalisierungsreserven stammen Gewinne aber nahezu zwangsläufig aus mäßiger Qualität oder suboptimaler Bezahlung. Wer 20 Cent pro Mittagessen spart, macht bei 1 000 Heimbewohnern am Tag 200, im Monat 6 000 und im Jahr 72 000 Euro zusätzlichen Profit. An dieser Schraube lässt sich immer weiter drehen. Auf der Strecke bleibt allzu oft die Menschenwürde.

Gemeinschaftliches Wohnen ist nicht die einzige, aber eine sehr vernünftige Alternative. Denn was in den Familien nicht geleistet werden kann, schafft eine größere Gruppe. Das haben mein Mann und unsere Kinder im Schammatdorf auf eine bewegende Weise selbst erlebt, als seine Ehefrau schwer krank war und lange gegen ihre Krebserkrankung kämpfte. Die Mitbewohner haben den beiden zur Seite gestanden, sodass Klaus bis heute sehr gerührt ist vom Mitgefühl und von der praktischen Hilfe, die ihm damals zuteilwurde.

Diese Art der Pflege mag nicht für alle Fälle von Krankheiten oder Beschwerden geeignet sein. Aber sie weist einen Weg: Die Pflegenden sind nicht allein gelassen, der Gepflegte fühlt sich nicht abgeschoben und einsam, die Kosten bleiben überschaubar, durch eine Mischung aus Pflegediensten und hilfsbereiten Mitbewohnern.

Für das Schammatdorf soll nun erstmals eine WG für Pflegebedürftige eingerichtet werden, ebenso eine Wohngruppe für Demenzkranke, wo feste Pflegekräfte tätig sind. Damit wird das Schammatdorf erweitert, weil einige Neubauten nötig sind. Zugleich dürfen wir nicht versäumen, junge Familien ins Dorf zu holen, damit die Mischung weiterhin stimmt.

Ja, es bedeutet ein bisschen Aufwand, ein bisschen Kümmern und, ganz praktisch, auch ein wenig Platzschaffen. Damit sichern wir aber zugleich ein deutliches Mehr an Lebensqualität. Alle Erfahrungen zeigen, dass die Dauer der stationären Pflege deutlich gesenkt wird, wenn gute Nachbarschaft und professionelle ambulante Pflege zusammenwirken.

Oft kommen ältere Menschen ins Heim, weil keine Angehörigen da sind, die Wohnung nicht seniorengerecht ausgebaut ist und nachbarschaftliche Hilfe fehlt. Das kann auch eine richtige Entscheidung sein, aber das Heim darf nicht zwangsläufig zum letzten Ausweg gegen die Einsamkeit werden. Allein schon deswegen nicht, weil unsere Gesellschaft altert und betreuungsintensive Erkrankungen wie die Demenz zunehmen. Eine Aufgabe, die historisch bislang einmalig ist und bereits einige Begehrlichkeiten weckt.

Denn wenn Investoren und Fonds auf das Geschäft mit Alzheimer lauern und entsprechende Finanzmarktprodukte mit satten Renditeversprechen anbieten, dann ist Vorsicht geboten. Mit den Hilflosen ist viel Geld zu verdienen. Diese Perspektive kann nicht unsere sein. Wir müssen Wohl und Würde der Menschen im Blick behalten und nicht die Rendite.

Wissenschaftler und Politiker haben bereits das Jahrhundert der Demenz ausgerufen. Auch wenn sich die Studien nicht einig sind, so müssen wir derzeit davon ausgehen, dass steigende Lebenserwartung eine wachsende Zahl von Erkrankungen bedeutet. Während heute 1,4 Millionen Menschen in Deutschland an Demenz erkrankt sind, prognostiziert die vom Bundesgesundheitsministerium geförderte »Zukunftswerkstatt Demenz« etwa 2,2 Millionen für das Jahr 2030.

Die Statistiken und Prognosen geben allerdings nur unzureichend wieder, was tagtäglich in Deutschland an kleinen und großen Dramen geschieht. 2014 saß ich in der Talkshow von Maybrit Illner zusammen mit der Autorin Martina Rosenberg, die das Buch mit dem bösen Titel *Mutter, wann stirbst du endlich?* verfasst hat.

Was unmenschlich klingt, hat einen tragischen, wahren Kern. Denn die Demenz verändert die Persönlichkeit. Eltern erkennen ihre Kinder nicht mehr, sanfte Menschen werden plötzlich aggressiv, schlagen um sich, wollen sich nicht waschen lassen, spucken ihr Essen wieder aus, werden zu einer täglichen Probe für Angehörige und Pflegekräfte. Die Wissenschaft spricht von »herausforderndem Verhalten«, wenn in Heimen und Privathaushalten emotionale, psychische, physische Grenzen erreicht und oftmals überschritten werden.

Ich bin skeptisch, ob wir der Demenz mit statischen Pflegekonzepten angemessen begegnen. Diese Krankheit ist eine ernste Probe für unser Selbstverständnis als Gesellschaft. Was wollen wir, was können wir, was ist uns wichtig? Betrachten wir diese Mitmenschen als Bedrohung, als Last und Kostenfaktor? Haben wir es mit Feind und Kampf zu tun? Oder gelingt es uns, unsere Einstellung zu ändern, hin zu einer mitfühlenden Haltung, die Älteren mit einer Art Gastfreundschaft begegnet? Ich bin heute froh, das Thema Demenz so früh aufgegriffen zu haben. Es verändert die Sicht.

Ich gestehe: Ich habe noch kein perfektes Konzept. Ich weiß nur: Die professionelle Heimbetreuung ist keine Option für alle

Pflegebedürftigen. Viele wünschen sich gute Pflege und Unterstützung, in ihrem Quartier, in ihrer Umgebung, in ihrem Zuhause. Ein erster Schritt ist das vorurteilsfreie Ausprobieren neuer Konzepte. Vor 20 Jahren hat man in Berlin erstmals versucht, zwölf Pflegefälle, darunter auch Demenzpatienten, in einer häuslichen Gemeinschaft zu betreuen. Aus den gemeinsamen Pflegeansprüchen lässt sich eine Rund-um-die-Uhr-Betreuung gut finanzieren. Hier funktioniert das alte WG-Prinzip: Geteilte Kosten sind geringere Kosten für den Einzelnen.

Ebenso wichtig erscheint mir ein neuer Blick auf die Demenz. Natürlich ist es dramatisch, wenn Patienten gewalttätig werden oder ihre nächsten Angehörigen nicht mehr erkennen. Davor aber liegen oftmals lange Jahre der Friedfertigkeit. *In Ruhe verrückt werden dürfen* heißt ein Buch der beiden Autoren Erich Schützendorf und Helmut Wallrafen-Dreisow. Auch wenn ich nicht alle ihre Thesen teile, so bin ich doch wie sie dafür, die Demenz zu entgiften. Es hilft nicht, wenn sich die Gesellschaft erschrocken wegdreht. Ist es möglich, dass wir die Krankheit bei aller Brutalität als eine Art Reise betrachten, auf die sich ein Mensch begeben hat?

Die Demenz stellt alle Gesellschaften mit hoher Lebenserwartung vor soziale, kulturelle und auch wirtschaftliche Fragen, vor denen wir nicht weglaufen können. Letztendlich bündelt sich in diesem Thema die große Frage nach dem Umgang mit Hochbetagten. Wir lesen von alten Menschen, die an ihr Bett fixiert werden. Wir debattieren die Sterbehilfe. Wir hören von Pillen, die wahlweise die Laune heben oder dauerndes Dahindämmern bringen. Und wir sehen das Leid der Angehörigen.

Bei der Pflege gelten ähnliche Grundsätze wie bei der Inklusion von Menschen mit Behinderung. Es ist ein ökonomischer und humaner Irrweg, wenn wir all unsere Ressourcen in die Massenpflege stecken. Das Kuratorium Deutsche Altershilfe fordert das Gegenteil: generationenübergreifende und kleinräumige Netzwerke, die wir mit unseren Pflegestützpunkten und staatlichen Geldern unterstützen.

Seit die Pflegestützpunkte ihre Arbeit aufgenommen haben, sind selbst Experten überrascht, welche vielfältigen Angebote manche Region zu bieten hat, von der weder Politik noch Mitmenschen bislang wussten. Als ich im Zuge unserer Aktion »Gut leben im Alter« durchs Land gereist bin, konnte ich sehen, wie engagiert die unterschiedlichen Angebote umgesetzt wurden: Sicherheitsberater, Seniorentrainer, Seniorenakademie, Pflegeangebote in allen Formen und Farben. Sicher lässt sich vieles verbessern. Aber: Wir sind auf dem Weg. Jenseits der bundesgesetzlichen Regelungen ist die Pflege auch auf Landesebene durchaus zu gestalten. Wir erproben innovative Pflegekonzepte in Modellprojekten und verbreiten sie in Best-Practice-Prozessen.

Wie eine Gesellschaft die Pflege organisiert, sagt viel aus über ihre Einstellung zu Alter und Krankheit, über ihre Fähigkeit zur Solidarität und über das Verhältnis der Generationen zueinander. Der Staat kann die Achtung vor dem Alter, vor Krankheit, der Generationensolidarität oder Menschlichkeit nicht verordnen, aber er kann Vorbild sein.

Der Deutsche Pflegepreis, der mir im März 2015 verliehen wurde, macht mich deshalb sehr stolz. Ich sehe ihn auch an als Auszeichnung für alle in der Pflege Engagierten. Immer wieder stelle ich fest, mit welchem Elan in unserem Land in der Pflege gearbeitet, aber auch gelacht wird. Dabei handelt es sich um einen Knochenjob. In Deutschland arbeiten 1,5 Millionen Menschen in der Pflege, in Rheinland-Pfalz 42 000. Diese Menschen sind gesundheitlich besonders gefährdet, vor allem ihre psychische Gesundheit leidet. Burn-out und Depressionen nehmen zu. Ihnen gilt nicht nur unser Dank, sondern auch unsere Aufmerksamkeit.

Mit unserer bunter werdenden Gesellschaft kommen außerdem weitere Herausforderungen auf unser Pflegesystem zu. Wie gehen wir mit Menschen anderer Religionen um, die sich nicht von Krankenpflegerinnen oder -pflegern waschen lassen wollen? Wie verfahren wir mit Menschen, die unsere Sprache nicht beherrschen?

In Großstädten gibt es bereits erste Einrichtungen, die sich zum Beispiel auf Muslime spezialisiert haben. Aber vielen Kulturen ist der westeuropäische Umgang mit älteren Mitbürgern fremd; Betreuung und Pflege wird in der Familie erledigt. Als ersten Schritt gilt es, Lotsensysteme zu etablieren, die den Weg durch oftmals als feindlich wahrgenommene Bürokratien weisen.

Keiner beschäftigt sich gern mit seinem eigenen Tod. Aber als mein Vater plötzlich unvermittelt starb, kam bei mir die Frage auf, wie ich mir meinen eigenen Abschied vorstelle. Mein Mann und ich haben viele Jahre später eine Patientenverfügung unterschrieben, nachdem wir dieses Thema lange vor uns hergeschoben hatten. Wir haben die Unterlagen einfach mit in den Urlaub genommen, wo Zeit ist, um dieses sensible Thema in Ruhe durchzusprechen.

Im Kern geht es darum, zu unterschreiben, dass eine Vertrauensperson, mein Mann zum Beispiel, Entscheidungen über Leben und Tod treffen kann, wenn ich dazu wegen einer Krankheit oder eines Unfalls nicht in der Lage sein sollte. Der dramatischste Fall ist wohl der Einsatz lebensverlängernder Maßnahmen.

Ich bin sehr froh, dass der Deutsche Bundestag 2009 das Recht in dieser Frage sehr behutsam, aber juristisch eindeutig geregelt hat. Das Ergebnis war eben die Patientenverfügung. Zwar lassen sich nicht alle Fragen bis ins letzte Detail durchregeln. Aber wir sollten Fragen über Leben und Tod auch nicht kommerziellen Anbietern überlassen. Sterbehilfevereine wie in der Schweiz lehne ich ab, auch wenn ich keinen Menschen verurteile, der für sich nur noch diesen Ausweg sieht. Mir sind viele Ärzte in Tumorzentren und Hospizen begegnet, die sehr verantwortungsvoll mit Patienten in ihrer letzten Lebensphase umgehen.

Wäre es ein Fortschritt, das Sterben juristisch eindeutig zu definieren? Ich denke nicht. Ich kann mir einen Staatsanwalt ebenso wenig am Sterbebett vorstellen wie einen Controller, der ausrechnet, wie teuer jeder Tag ist, den ein Sterbenskranker am Leben bleibt.

Wir rutschen von einem Dilemma ins nächste, wenn wir für jeden Fall Regeln aufstellen wollen. Manchmal stehen sich Werte einfach unvereinbar gegenüber, wie der tragische Fall des zurückgetretenen EKD-Vorsitzenden Nikolaus Schneider zeigt. Als Geistlicher muss Schneider gegen jede Art der Sterbehilfe für seine schwer an Krebs erkrankte Frau eintreten; als liebender Ehemann aber, so hat er gesagt, würde er seine Frau beim betreuten Suizid begleiten. Eine private Entscheidung, die allen Respekt verdient.

Aber auch den anderen Fall gibt es, das völlig unerwartete Ableben, wenn keine Chance zum Abschiednehmen bleibt. Mein Vater ist viel zu früh und für alle überraschend von uns gegangen. Er war 71 Jahre, sehr dynamisch, und wir hätten mit allem gerechnet. Aber nicht damit, dass er plötzlich tot umfällt.

»Ein gnädiger Tod«, sagten viele. Für mich jedoch war es ein Schock. Ich bin jeden Tag in die Aussegnungshalle nach Neustadt gegangen, um mit ihm zu reden. Die Stunden am offenen Sarg waren mein Weg, einen Abschied zu vollziehen, um loszulassen. Wir waren nicht immer einer Meinung, politisch schon gar nicht. Aber ich weiß, dass er immer Stolz für mich empfunden hatte. Und ich habe ihm viel zu verdanken. Wir sind in

Frieden auseinandergegangen. Aber wir fehlen einander. Seither weiß ich ganz sicher: Wenn ich eines Tages gehen muss, möchte ich mich in Frieden von all denen verabschieden, die mir wichtig sind. Ich hoffe, dieser Wunsch wird mir erfüllt.

Als Ministerpräsidentin bin ich froh, dass wir in unserem Land ein dichtes Netz von ambulanten und stationären Hospiz- und Palliativeinrichtungen haben. Mit großer Kompetenz und mit viel Feingefühl werden Schwerstkranke und sterbende Menschen – meist zu Hause – sowie ihre Angehörigen begleitet. Die vielen ehrenamtlichen Helfer sind die Basis dieser Arbeit. Sie begleiten Menschen in der letzten Lebensphase, sodass keiner einsam sterben muss.

Ich glaube fest an die Kraft der Rituale. Für die Sterbenden, damit sie gut und leichter gehen können. Für die Lebenden, um ihre Trauer zu bewältigen und dieses nagende Gefühl zu vermeiden, da sei noch irgendetwas offen oder unausgesprochen. Man kann Gefühle zu unterdrücken oder ignorieren versuchen. Aber sie kommen immer wieder. Ich muss meine Trauer zulassen, um sie bewältigen zu können. Ich habe auch durch meine Krankheit gelernt, mich mit Gefühlen des Abschiednehmens auseinanderzusetzen, sie zuzulassen und zu durchleiden. Erst dann hat das Herz Platz für Neues.

Von Bürgermut und Bürgerwut

Die Menschen wollen mitreden bei politischen Entscheidungen. Gut so. Andere Bürger wenden sich ab. Null Bock
auf Politik. Wie viel Beteiligung, wie viel Verdrossenheit
hält unsere Demokratie aus?

Ich habe schon immer gern mit angepackt, ob in der Kirchen-
gemeinde oder bei den Pfadfindern. Ich gehörte zu denen, die
man am Sonntagmorgen im strömenden Regen auf einen men-
schenleeren Platz stellen konnte, wenn es darum ging, die Welt
zu retten. Als Teenager habe ich für die Sanierung eines Klosters
gesammelt. Damals hatte ich eine intensive christliche Phase
und kam mir nicht mal komisch vor, in der Fußgängerzone von
Neustadt Jesus-Lieder zur Gitarre zu singen. Ich hatte Mitleid
mit all den armen Menschen auf der Welt, die nicht so gläubig
waren wie ich. Mal habe ich *Bravo* gelesen, mal die Bibel. Die
Lektüre widersprach sich nicht, sondern ergänzte sich ganz gut
in meinen Augen.

Bürgerschaftliches Engagement ist definiert als freiwilliges,
öffentliches, gemeinsames, gemeinwohlorientiertes Tun ohne
Gewinnabsicht. All diese Kriterien erfüllten meine jugendlichen
Aktivitäten. Wobei das Thema »Gewinnabsicht« durchaus eine
Rolle spielt. Es mag kein finanzielles Interesse vorliegen. Aber
viele Menschen, ich zum Beispiel, wünschen sich einen ideellen
Gewinn, von sich selbst und von anderen. Wer sich engagiert,
fühlt sich gut. Und sie und er fühlen sich noch besser, wenn An-

erkennung von anderen kommt. »Ehrenamt« ist ein Begriff, den ich mag. Es ist ehrenvoll, für andere da zu sein. Wer ein Ehrenamt ausfüllt, verdient den Respekt seiner Mitmenschen.

Millionen Deutsche engagieren sich, davon über 40 Prozent der Menschen in unserem Bundesland, ob beim Seniorenbüro in Bad Ems, ob beim Kampf für Toleranz und Menschenrechte oder bei Unfällen und Katastrophen. Bei »Dein Tag für Afrika« haben 2014 allein in Rheinland-Pfalz über 50 000 Schüler mitgemacht, bundesweit waren es sogar 180 000 Kinder. Und ich. Im Mainzer Café »Dicke Lilli, gutes Kind« habe ich gekellnert, wie in alten Zeiten.

Dieses Land, unsere Demokratie, ist eine Mitmach-Veranstaltung. Engagement hält die Menschen zusammen und bringt eine Gesellschaft voran. Bürger und Bürgerinnen können gemeinsam eine Menge bewegen. Ein Ehrenamt, zusammen mit Gleichgesinnten, ist zudem eine Art von Heimat, ein Zuhause. Die Mitarbeit in einer Partei betrachte ich übrigens auch als bürgerschaftliches Engagement in Sachen praktischer Demokratie. Partei, das sind nicht die paar Spitzenpolitiker im Fernsehen, sondern Tausende in Ortsvereinen, Arbeitsgruppen und Kommunalparlamenten. Die meisten Mitglieder bekommen kein Geld, sondern müssen noch Beiträge entrichten. Meine SPD ist eine sehr spezielle Mischung aus Familie, Verein und Bürgerinitiative. Schön zu wissen, dass andere Menschen so ähnlich ticken wie man selbst.

Der Staat, die Gemeinschaft, die Gesellschaft, das sind wir. Davon war ich immer überzeugt. Staatsgläubigkeit ist leichtfertig, Obrigkeitsdenken gefährlich. Der in Trier geborene Sozialphilosoph Oswald von Nell-Breuning hat gesagt: »Wenn alle, anstatt den Staat zu tragen, sich an ihn hängen wie das kleine Kind an die Schürze der Mutter, dann ist die staatsbürgerliche Moral bereits zusammengebrochen.« Selbstbestimmung und

Eigenverantwortung sind die wesentlichen Säulen einer modernen Demokratie. Politiker, die den totalen Staat versprechen, sind dumm, gefährlich oder beides.

Bei meinem Amtsantritt als Ministerpräsidentin habe ich mir vorgenommen, neue Formen der Zusammenarbeit von Bürger und Staat zu etablieren. Ich will das staatliche Handeln transparenter machen, die Beteiligung erleichtern, das bürgerschaftliche Engagement stärken und das Gespräch mit allen gesellschaftlichen Gruppen pflegen.

Mir ist klar, dass sich unsere Gesellschaft in einem tiefen Wandel befindet. Manche sprechen von einer Krise der Demokratie. Die Wahlbeteiligung sinkt, die Parteien verlieren Mitglieder, und das Vertrauen in das politische System nimmt ab.

Auf der anderen Seite wächst bei den Menschen der Wunsch, sich zu beteiligen. Und das ist ein Segen. Wir sind auf diese Hilfe angewiesen, denn der Staat kann in vielen Politikfeldern nicht mehr erfolgreich handeln ohne das Know-how von Bürgerinnen und Bürgern. Dabei hat Bürgerbeteiligung viele, oftmals lebenserfahrene Gesichter. Fast die Hälfte aller Menschen zwischen 65 und 85 Jahren engagiert sich, im Schnitt etwa vier Stunden pro Woche. Und die Tendenz ist steigend.

Damit wir all diesen Menschen wenigstens ein wenig unter die Arme greifen, haben wir als Landesregierung die Ehrenamtsversicherung eingeführt, damit engagierte Mitbürger haftpflicht- und unfallversichert sind, wenn sie Gutes tun. Wir haben zudem die landesweite Ehrenamtskarte etabliert, die unseren engagierten Bürgern günstigere Eintritte in Museen, Bäder und Theater ermöglicht. Die Landesregierung verleiht den »BrückenPreis« in acht Kategorien wie »Jung und Alt«, »Deutsche und Migranten« oder »Soziale Benachteiligung und Diskriminierung«. Und wir ehren die »Helden des Alltags«, Menschen, die kein Geld für ihre Arbeit wollen, aber unser aller Anerkennung verdienen.

Es gibt Zyniker, die herablassend lächeln über sogenannte Gutmenschen. Ich verabscheue diese Art der Diskriminierung. Wollen wir uns etwa »Schlechtmenschen« als gesellschaftliches Vorbild nehmen? Der US-Psychologe Dan McAdams hat herausgefunden, dass die Bereitschaft zum bürgerschaftlichen Engagement deutlich zunimmt, wenn die Menschen gegenseitiges Mitmachen erwarten, ermutigen und es genügend Möglichkeiten gibt. Kurz: Ein positives Klima verstärkt bürgerschaftliches Engagement. Je mehr Menschen mitmachen, desto mehr Menschen machen mit.

Deswegen sind Preisverleihungen, Symposien und Tagungen kein Selbstzweck, sondern verstärken konkret das Engagement. Ich bin stolz auf die Enquetekommission unseres Landtags zur Bürgerbeteiligung, auf unsere Initiative »Ich bin dabei« für ältere Menschen, auf unsere Jugendaktion »Sich einmischen – was bewegen«, die immer neue gute Ideen produziert, und darauf, dass die bundesweite Woche des bürgerschaftlichen Engagements im Jahre 2013 in Mainz stattfand. Als Gründungsmitglied des Bundesnetzwerkes Bürgerschaftliches Engagement (BBE) haben wir in Rheinland-Pfalz bereits Fachtagungen zu den Themen Kita, Schule, Einwanderer und Forschung organisiert. Denn auch im Rest der Republik gibt es viele Menschen, die bereit sind, sich für die Gemeinschaft zu engagieren, und Anregungen suchen.

Engagement bedeutet für mich allerdings nicht nur fortgesetztes Nettsein. An meiner eigenen Engagement-Biografie lässt sich ablesen, dass ich oft auch ziemlich lästig war. Protest ist eine Bürgerpflicht, solange die Kritik sachlich und einigermaßen hilfreich ist. »Früher war alles besser« lasse ich als Argument nicht gelten. Unzufriedenheit mit der Gesamtsituation ist ebenfalls kein guter Ansatz.

Als Studentin habe ich gegen die Vernichtung bezahlbaren Wohnraums in der Mainzer Altstadt protestiert. Wir mussten keine Häuser besetzen, weil wir bereits darin wohnten. Ich hatte zwar eine Lederjacke, aber keine militante Vergangenheit. Mich hat die Polizei nirgendwo wegtragen oder mit dem Wasserwerfer traktieren müssen. Ich habe immer auf Argumente vertraut, auch in der Mainzer Altstadt.

Die Altbauten waren in der Tat ziemlich heruntergekommen, aber eben auch billig, und sie lagen zentral – die perfekten Studentenbuden. Damals wie heute ging es um die ewigen innerstädtischen Themen von Sanierung und Verdrängung. Wir haben Flugblätter verteilt, Bürgerversammlungen organisiert, in jeder Kneipe für den Erhalt der alten Häuser geworben. Es gab die Mieter, die Eigentümer, die Verwaltung; keiner konnte sich verstecken, wir haben das Thema öffentlich gemacht und die Standpunkte zur Diskussion gestellt.

So geht Politik. Und jeder hat das Recht, sich für sein Thema zu engagieren. Ja, das kostet Zeit und auch ein paar klare Gedanken. Aber das sind wir uns gegenseitig schuldig, Politik und Bürger.

Als Politikerin will ich konkrete Missstände, Zahlen, Argumente hören und verstehen, was wir besser machen können. Schweigemärsche wie in Dresden, die sich gegen »die da oben« richten, bringen das Land nicht weiter. Es ist mir ein bisschen zu einfach, alles auf die Politik zu schieben und wüste Verschwörungstheorien zu stricken.

Ich verstehe, dass es Verdruss gegenüber Parteien, Politikern und Politik gibt. Seit 2002 liegt die Wahlbeteiligung bei Bundestagswahlen unter 80 Prozent, bei der Wahl 2013 hatten wir bundesweit über 17 Millionen Nichtwähler zu verzeichnen. Eine niedrige Wahlbeteiligung aber stärkt erfahrungsgemäß radikale Parteien. Auch deshalb ist es so wichtig, dass alle demokratischen Parteien gemeinsam die Wahlbeteiligung wieder spürbar anheben.

Dazu gehört jedoch ein parteiübergreifender Konsens, dass wir nicht der Verlockung der plakativsten Pressemitteilung nachgeben. Die Forderung nach einem Burka-Verbot mag im ersten Moment entschlossen klingen, löst aber kein einziges Problem, sondern schürt noch Ressentiments.

Wir leben einerseits in einer Alles-sofort-Gesellschaft, in der die Menschen gewohnt sind, dass ihre Wünsche und Bedürfnisse umgehend befriedigt werden. Andererseits werden die Verflechtungen zwischen Rathaus und EU-Kommission immer komplexer, sodass schnelle Entscheidungen kaum möglich sind. Die Kommune, das Land, Berlin, Brüssel und natürlich die Bürger; alle wollen aus guten Gründen mitentscheiden.

So stehen sich das Bedürfnis nach »Alles sofort« und die zähe politische Realität eines mühsamen Abstimmens manchmal unversöhnlich gegenüber. Ja, unser föderales System ist langsam, das Versprechen von schnellen, einfachen Lösungen für jeden Politiker dagegen reizvoll, zumal in der Opposition. Dennoch plädiere ich für Umsicht. Es gibt krisenhafte Lagen, da sind schnelle Entscheidungen gefragt. Aber bisweilen ist es auch klug, dem Drang nach Aktionismus zu widerstehen.

Wir alle wollen fertig werden, Dinge zum Abschluss bringen, den Schreibtisch leer bekommen. Bundeskanzlerin Angela Merkel brachte diesen Wunsch sehr deutlich zum Ausdruck, als sie 2005 angesichts der bereits bestehenden Unions-Mehrheit im Bundesrat und der positiven Prognosen für die anstehende Bundestagswahl von »Durchregieren« sprach. Aber Politik ist ein langer Prozess, der nie an ein Ende kommt, sondern sich allenfalls beschleunigt oder verlangsamt. Und der Wähler hat ein sehr feines Gespür dafür, die Führungskräfte immer mal neu zu bestimmen. So gehört es zur guten deutschen Tradition, dass die Bundesländer nach und nach von genau jener Partei regiert werden, die den Kanzler nicht stellt. Eine Ausnahme an Kontinuität ist seit über 20 Jahren das sozialdemokratisch regierte Rheinland-Pfalz.

Helmut Kohl hat während seiner Regierungszeit erlebt, wie seine CDU ein Bundesland nach dem anderen an die SPD verlor, bei Gerhard Schröder war es umgekehrt, bis die Niederlage in Nordrhein-Westfalen ihn 2005 zu Neuwahlen trieb. Angela Merkel erlebt gerade den gleichen Effekt. Vom Durchregieren hat der deutsche Wähler die Nase voll.

Die Union hat zugelassen, dass eine weitere konservative Partei in die Parlamente einzieht, die sich »Alternative für Deutschland« nennt. Die Erfolge der AfD bei den zurückliegenden Wahlen zeigen, dass wir die Modernisierungsängste der Bevölkerung, die sich etwa in einer Sehnsucht nach der D-Mark, einem veralteten Familien- und Frauenbild oder in der Ablehnung von Zuwanderung ausdrücken, ernst nehmen und ihnen begegnen müssen.

Es gilt, die Menschen davon zu überzeugen, dass Parteien wie die AfD nicht zukunfts- und politikfähig sind. Die AfD mag vielleicht eine kurzfristige Gewinnerin des Parteienverdrusses sein, langfristig sind ihre Ziele jedoch eine gewaltige Rolle rückwärts in eine längst vergangene Zeit, die nur Nostalgiker als die »gute alte« bezeichnen. Dennoch gilt: Die AfD ist durch Wähler legitimiert und macht so im demokratischen Wettbewerb mit. Gerade das wird für die Partei aber zunehmend zum Problem, denn sie droht zwischen national-konservativen und rechtspopulistischen Positionen zerrieben zu werden.

Ich habe nichts gegen harte politische Auseinandersetzungen. Wie könnte ich? Ich habe den Mächtigen früher selbst mit Vergnügen Dampf gemacht. Kritik ist kein Problem, sondern Treibstoff unseres Gemeinwesens. Und oft auch berechtigt. Die Politik darf sich vor Themen, die die Bürger bewegen, nicht wegducken.

Manchmal sind die Politiker aber auch verblüfft, was Menschen auf die Beine stellen. Der Bürgerempfang in der Staatskanzlei stand 2015 unter dem Motto »Flüchtlingshilfe«. Und ich war berührt von dem breiten Engagement, das die Rheinland-Pfälzer leisten. Deutschkurse, Hilfe bei Behördengängen, Patenschaften – es geschieht viel Gutes in unserem Land. Und ich bin sicher, das gilt auch für andere Regionen in Deutschland.

Dagegen steht ein Trend, den ich für verhängnisvoll halte. Menschen verabschieden sich aus dem öffentlichen Dialog. Statt Argumenten herrscht eine notorische Verweigerungshaltung. Der Blogger Sascha Lobo spricht von »Pseudoskepsis«, wenn Menschen »Lügenpresse« rufen, Politiker als Versager beschimpfen und Unternehmer als Ausbeuter. Skepsis frage, Pseudoskepsis rufe aus, hat Lobo festgestellt.

Der große Philosoph Karl Popper hat all unser Wissen als vorläufig bezeichnet, bis zum Nachweis des Gegenteils oder einer Verbesserung. Skepsis bedeutet, dass wir nicht nur die ganze Welt, sondern auch unsere eigenen Standpunkte permanent infrage stellen. Pseudoskepsis dagegen zweifelt an allem, aber nicht an den eigenen Überzeugungen. Wie aber soll eine demokratische Debatte, die einen Kompromiss zum Ziel hat, also das Abrücken vom eigenen Standpunkt, wie soll diese demokratische Debatte mit Besserwissern geführt werden?

Diese selbstgerechte und nur scheinbar kritische Haltung erleben wir in allen Teilen der Gesellschaft. Pseudoskepsis ist ein Phänomen, das sich bei Ernährungsfragen ebenso Bahn bricht wie beim Impfen, in der Erziehung ebenso wie bei Glaubensfragen. In einer Welt voller Unsicherheit wollen die Menschen offenbar Gewissheiten, egal welche. Dafür werden alle Gegenstimmen ausgeblendet. Gerade in diesen Zeiten ist mir der Dialog mit den Bürgerinnen und Bürgern wichtig. Wegschauen und weghören ist ein falscher Weg – schließlich kann das ein oder andere Vorurteil im persönlichen Gespräch oft schnell entkräftet werden.

Zur Wahrheit gehört auch, dass Nicht- oder Protestwähler überproportional häufig aus Milieus mit geringerer Bildung und sozialen Problemen stammen. Es ist nachvollziehbar, dass Menschen einem Staat nicht vertrauen, der ihnen keine Perspektive bietet. Das beste Rezept gegen eine Radikalisierung der Wählerschaft ist und bleibt daher eine gute Sozial- und Bildungspolitik.

Wie aber gewinnen wir das Vertrauen der Menschen wieder? Die Krisen und Kriege der vergangenen Jahre haben uns klargemacht, dass Deutschland und sein Wohlstand ein globaler Glücksfall sind. Soziale Marktwirtschaft, Mitbestimmung, Ausgleich sind Errungenschaften, um die uns der größte Teil der Welt beneidet.

Gleichzeitig gibt es Deutsche, die sich abgehängt und vernachlässigt fühlen. Wir dürfen diese Mitbürger nicht vergessen. Wir dürfen den Populisten nicht das Feld überlassen, die mit einem Kasten Bier durch die Hochhaussiedlungen ziehen, um Stimmen zu fangen. Wir dürfen uns nicht darauf verlassen, dass sich rechte Parteien fast immer von allein erledigen, sobald sie sich dem parlamentarischen Alltag stellen müssen, auch wenn die AfD diesem Muster zu folgen scheint. An der Schill-Partei in Hamburg, an den Republikanern in Bayern und der NPD in Mecklenburg-Vorpommern haben wir bislang gesehen: Die größten Kritiker der Elche sind nach dem Wahlerfolg selber welche.

Ich bin überzeugt, dass die Förderung von bürgerschaftlichem Engagement die Staatsverdrossenheit lindern kann. Sobald die Menschen ein Gefühl entwickeln, dass dieses Land auch ihnen gehört, kann der Trend der Entfremdung umgekehrt werden. Die direkte Demokratie ist da sicher hilfreich, deshalb bin ich davon überzeugt, dass eine moderne Demokratie Elemente der direkten Beteiligung als Ergänzung zu unserer repräsentativen Demokratie übernehmen sollte. Am Giebel des Reichstagsgebäudes, dem Sitz des Deutschen Bundestags, prangt die Inschrift »Dem deutschen Volke«. In der Schweiz heißt es hingegen: »Durch den Willen des Volkes«. Dahinter verbirgt sich ein großer Unterschied. Können wir von unseren Schweizer Nachbarn lernen? Ist ihr direktdemokratisches System für Deutschland zu übersetzen? Ja, jubeln die Befürworter. Gern, entgegnet die Juristin, aber es muss auch zu unserer Verfassung passen.

Die in der Schweiz praktizierte direkte Demokratie stammt aus einer völlig anderen politischen Kultur, die sich in über 300 Jahren entwickelt hat. Per Volksabstimmung getroffene Entscheidungen können von keiner Macht, auch nicht vom obersten Gericht der Schweiz, ausgehebelt werden. Der große Vorteil der direkten Demokratie ist eine bürgernahe Politik. Die Menschen entscheiden selbst, sie übertragen Entscheidungen nicht per Wahl auf Mandatsträger. Aber sie haben dieses Entscheiden auch lange geübt.

Rheinland-Pfalz und Baden-Württemberg arbeiten mit dem Kanton Aargau im Bereich Bürgerbeteiligung und direkte Demokratie vertieft zusammen. Denn auch wir wollen neue Verfahren ausprobieren und einüben. Repräsentative und direkte Demokratie sind nicht länger Gegensätze. Wie wir die jeweiligen positiven Erfahrungen nutzen können, wird sich im Alltag herausstellen. Wir wollen auf die Bürger zugehen, um ihre Beteiligungsmöglichkeiten und ihr Engagement weiter zu erleichtern. Wir werden ein flexibles System bekommen, je nachdem, wie viel bürgerschaftliches Engagement gefragt ist. Das Vertrauen in Fachleute ist bei der Entwicklung jedenfalls unersetzlich. Auch hier gilt: kein Aktionismus, sondern kluges Entscheiden.

Die Frage der Übertragbarkeit hat ein Schweizer Politologe zwar jüngst mit einem »Njein – Tendenz eher nicht« beantwortet. Aber wir werden prüfen, wie wir Elemente der direkten Demokratie übernehmen können. Am Oberrhein zum Beispiel proben wir die Mitbestimmung bereits recht erfolgreich: In drei trinationalen Bürgerforen haben Vertreter der Zivilgesellschaft aus Rheinland-Pfalz, Baden-Württemberg, dem Elsass und der Nordwestschweiz Perspektiven für die Entwicklung der Region formuliert und mit Vertretern aus Politik, Wirtschaft und Wissenschaft diskutiert. Ziel ist es, die Zivilgesellschaft am Oberrhein grenzüberschreitend zu entwickeln und zu vernetzen.

Schon jetzt steht fest: Politik und Verwaltung werden Macht abgeben müssen. Nicht jede Entscheidung, die das Volk trifft, wird bei uns professionellen Entscheidern oder der Wirtschaft auf Begeisterung stoßen. Es gilt aber auch das Gegenteil: Die Bürger müssen lernen, mit den Konsequenzen ihrer Entscheidungen zu leben. Mal verschwinden Arbeitsplätze, mal steigen die Preise, mal meutern die Nachbarn. Und immer öfter äußert auch Brüssel seine Bedenken.

Ich bin ein optimistischer Mensch. Ich glaube fest daran, dass wir unsere Demokratie modernisieren und dabei so viele Bürger wie möglich mitnehmen können. Wer sich beteiligt, kann verlieren. Wer sich nicht beteiligt, hat schon verloren.

Mit Gelassenheit durchs Leben

Das beschleunigte Leben stresst immer mehr Menschen. Der Burn-out greift um sich. Was dagegen hilft? Freunde und ein gutes Gespräch, Mut zur Gelassenheit und ein optimistischer Blick nach vorn. Die Probleme sind gewaltig, aber die Chancen sind es auch. Ich freue mich auf die Zukunft.

An guten Tagen weckt mich das Handy um halb sieben. Ich bin eine Schnellaufsteherin. Am Abend vorher habe ich mir meistens überlegt, was ich anziehen will. Nach spätestens 45 Minuten stürme ich aus dem Haus, ohne Frühstück. Das war schon immer so. Meine Hauptmahlzeit ist das Mittagessen.

Grausam beginnen Tage, an denen ich um halb fünf aufstehen muss. Um 7:05 Uhr startet das Flugzeug in Luxemburg, 8:35 Uhr Ankunft in Berlin, dann ab zu Hauptstadt-Terminen.

An großartigen Tagen schlafe ich aus, bis etwa halb acht. Leider kommt das nur sonntags vor. Dann bin ich putzmunter. Die Langschläferzeiten habe ich lange hinter mir. Ich erinnere mich noch, wie es mittags im Radioprogramm des SWR, damals SWF, hieß: »Guten Morgen, liebe Studenten.«

Mein Arbeitsplatz ist das Auto. 2014 habe ich über 60 000 Kilometer zurückgelegt, das entspricht bei einer optimistischen Durchschnittsgeschwindigkeit von 90 km/h fast einem Monat auf dem Rücksitz, Tag und Nacht. In meinem rollenden Büro kann ich lesen, schreiben, telefonieren, mailen. Manchmal entspanne ich mich mit einer Atemübung, die ich aus meinen Yoga-Zeiten kenne. Dreimal tief ein- und ausatmen. Alles loslassen. Ruhe finden. Und weiter geht's.

Menschen mit Einschlafproblemen haben in der Politik ebenso wenig Chancen wie Menschen mit konditionellen Schwächen. Denn jeden Abend ist Programm: Sitzungen, eine Preisverleihung, Vortrag, Jubiläum und hinterher Gespräche. Mit Glück bin ich um 21 Uhr zu Hause, wo E-Mails, Post und die Redetexte für den nächsten Tag warten.

Ich will mich nicht beklagen. Tage wie diese kennen viele Menschen. Warum aber kamen mir die gleichen 24 Stunden früher so viel länger vor – als die Familie beieinander saß und tratschte, als man trödelte und sich als Teenager öfter auch mal langweilte? Das Paradox unserer hektischen Zeit lautet: Überall können wir angeblich Zeit sparen, aber davon haben wir immer weniger. Wir sind gehetzt, suchen Orientierung, aber finden nur neue Fragen. Psychische Erkrankungen wie der Burn-out werden immer häufiger als Grund für eine betriebliche Krankmeldung angegeben; die Zahl der Depressionen nimmt kontinuierlich zu.

Ist es Aufgabe der Politik, sich um die Lebensgestaltung der Menschen zu kümmern? Natürlich will ich keine Vorschriften machen. Aber um Gerechtigkeit kann und muss die Politik sich kümmern. Wir können Freiräume und damit Entlastung schaffen wie etwa mit der Familienarbeitszeit, die für berufstätige Mütter und Väter partnerschaftliche Arbeitszeitmodelle vorsieht.

Und wir können den Sonntag als Tag der Ruhe und des Miteinanders verteidigen, indem wir die Ladenschlusszeiten eben nicht vollständig liberalisieren. Shopping gehört für mich eindeutig nicht zu den klassischen Familienbeschäftigungen. Aber ich gestehe: Ich bin kein gutes Vorbild. Denn eine Ministerpräsidentin ist auch am Sonntag im Einsatz. Immerhin halte ich mir, so gut es geht, den Abend frei: Sofa, *Tatort* und dann ab ins Bett. So akribisch, wie wir uns um die »Industrie 4.0« kümmern und um die »Arbeit 4.0«, sollten wir uns auch um ein »Leben 4.0« bemühen. Wofür der Fortschritt, das Tempo, all die tollen Möglichkeiten, wenn viele Menschen nicht glücklicher werden, sondern gestresster? Warum leben angeblich in der Südsee die glücklichsten Menschen, obwohl sie keine großen Reichtümer besitzen? Warum hat der frühere König von Bhutan seinen Untertanen als Staatsziel das »Bruttonationalglück« verordnet und nicht Wachstum um jeden Preis? Weil Menschsein mehr bedeutet als das fortwährende Steigern ökonomischer Kennzahlen.

Neulich habe ich gelesen, dass Grönlandwale bis zu 200 Jahre alt werden können, sie sollen damit länger leben als jedes andere Säugetier. Warum? Weil ihre Körperfunktionen ausgesprochen langsam ablaufen. Beim Grönlandwal verlangsamen zwei Gene diesen Alterungsprozess. Entschleunigung darf man also als lebensverlängernde Maßnahme verstehen.

Die Entdeckung der Langsamkeit von Sten Nadolny gehört zu meinen Lieblingsbüchern. Wobei ich zwischen einer reflektierten Gelassenheit und provozierender Trödeligkeit unterscheiden möchte. Langsamkeit hat für mich nichts mit bewusster Verzögerung zu tun, dafür bin ich zu ungeduldig. Aber ich sehe einen klaren Zusammenhang zwischen Hochgeschwindigkeit und Oberflächlichkeit. Manchmal hilft es, einmal mehr nachzudenken, ganz in Ruhe. Hektik führt zu schlechten Entscheidungen. Besonnen regiert es sich besser.

»Alles hat seine Zeit«, so hieß eine Predigt, die ich beim Kaiserslauterner Universitätsgottesdienst zum Sommersemester 2014 gehalten habe. Es ging um das Thema »Zeit-Souveränität«. Wie viel wirklich freie Zeit haben wir eigentlich noch? Ist es tatsächlich schlau, mit seinen Kindern nur noch »Quality

Time« zu verbringen, also 30 Minuten durchgetaktetes Powerplay nach ausgeklügelten pädagogischen Vorgaben?

Es sind doch gerade die Phasen des einfachen Miteinanderseins, des Redens und Zuhörens und Schweigens, die Lebensqualität ausmachen. Summen, denken, blödeln, am liebsten draußen. Ich kann stundenlang aufs Meer schauen, wenn wir im Urlaub in Dänemark sind. Das ist keine vertane Zeit, sondern eine Phase des Durchatmens und Ordnens.

Viele Menschen aller Generationen empfinden die stetige Beschleunigung des Alltags als belastend. Macht Dauertempo womöglich sogar krank? Seit dem Siebten Familienbericht der Bundesregierung aus dem Jahr 2006 ist der Begriff der »Rushhour des Lebens« bekannt, der die Lebensphase zwischen dem 27. und 35. Lebensjahr bezeichnet, wenn Kinder, Karriere und womöglich die ersten gesundheitlichen Probleme der eigenen Eltern zusammenkommen. Aber sind inzwischen nicht alle Menschen von einer permanenten Rushhour betroffen, von Kindergartenkindern bis zu den Senioren?

»Samstags gehört Vati mir«, so lautete ein Slogan deutscher Gewerkschaften beim Kampf um die Einführung der Fünf-Tage-Woche in den Fünfzigerjahren. Als die Ladenöffnungszeiten vor einigen Jahren verlängert wurden, haben die Gewerkschaften auch die »Muttis« einbezogen. »Nachmittags gehören Mutti und Vati mir« heißt ein neues Motto der IG Metall, die sich damit gegen eine weitere Flexibilisierung der Arbeitszeiten durch die ständige Erreichbarkeit mit Handy und Laptop wendet. Respekt für einen DAX-Chef wie Heinrich Hiesinger, Vorstandsvorsitzender von ThyssenKrupp, der sich zum Ausschalten und Abschalten bekennt und von seinen Mitarbeitern Wochenendruhe verlangt, Notfälle natürlich ausgeschlossen.

Ich weiß aber auch, dass der Wandel von der Industrie- zur Dienstleistungs- und Informationsgesellschaft die Gestalt und die Organisationsform der Arbeit verändert. Ja, ich sehe die Chancen der digitalen Wirtschaft. Ja, ich weiß, dass zunehmend Arbeit rund um die Uhr verlangt wird. Arbeit, die keinen Platz mehr kennt, sondern immer und überall geleistet werden muss, auch im Urlaub.

Genau deswegen mache ich Politik. Um solche Gegensätze zu versöhnen. Das ist nicht leicht. Denn unser aller Leben hat den Rhythmus der Zeit verloren. Das Angebot an personenbezogenen Dienstleistungen wächst. Automatisch wandelt sich das Nachfrageverhalten, und damit verändern sich Lebensstile, Freizeitverhalten und das Verhältnis von Arbeit und Freizeit. Wenn Supermärkte bis 22 Uhr geöffnet haben, bedeutet das für viele Menschen mehr Freiheit, aber eben auch ein Auflösen der abendlichen Rituale wie dem gemeinsamen Essen.

So ist der Sonntag kein Überbleibsel einer vergangenen Epoche, sondern die große Chance für eine Gesellschaft im Wandel. Viele Menschen müssen an Sonn- und Feiertagen arbeiten, wie die Beschäftigten in Krankenhäusern, Rettungsdiensten, bei Polizei und Feuerwehr, aber auch bei den Verkehrsbetrieben, in den Medien und in der Kommunikation, in der Gastronomie, in der kontinuierlichen Produktion der Chemie- oder Metallindustrie und nicht zuletzt in den Kirchen. Diesen Menschen gebührt unser Dank und vor allem eine gerechte Kompensation und Freizeit.

Zugleich dürfen wir den Sonntag nicht weiter strapazieren. Ein freier Sonntag hält Menschen zusammen, insbesondere junge Familien, die ihre Bindung erst einmal finden und entwickeln müssen. Es genügt eben nicht, die Vereinbarkeit von Familie und Beruf entweder als Teilbereich der Gleichstellungsdebatte oder aber als Wirtschaftsthema zu diskutieren. Es ist eine Gerechtigkeitsfrage, das Leben für Eltern und Kinder, Großeltern und Enkel lebenswert zu erhalten.

Rheinland-Pfalz hat als erstes Bundesland ein Kinderschutz-gesetz erlassen, das ein gesundes Aufwachsen unseres Nach-wuchses ermöglichen soll. Noch als Sozialministerin hatte ich das Landesprogramm »Viva Familia« gestartet, das Familien-kompetenzen fördern, realistische Lebensperspektiven aufzei-gen und gesellschaftliche Teilhabe ermöglichen sollte. Nein, wir wollen den Menschen keine Vorschriften machen. Aber wir wollen Möglichkeiten eröffnen, gemeinsame Zeit zu schaffen und zu nutzen. In einer Kooperation mit rheinland-pfälzischen Jugendherbergen haben wir Familien mit geringem Einkommen einen Urlaub ermöglicht – manche Kinder haben zum ersten Mal gemeinsam mit ihren Eltern Ferien gemacht.

Leistungssportler wissen: Jede Anstrengung hat nur dann einen Trainingseffekt, wenn genügend Zeit zur Regeneration eingeplant ist. Leisten ohne Pause führt in tiefe Erschöpfung. Der Weg hinaus ist mühsam und dauert. Es gehört Mut dazu, sich seine Zeit zu nehmen. Früher war es einfacher, weil die In-tervalle größer waren. Ich empfinde es als Luxus, dass ich mit 16 Jahren als Austauschschülerin in die USA durfte – ein ganzes Jahr lang. Heute werden Kinder oft nur für acht Wochen ins Aus-land geschickt, damit sie auf gar keinen Fall ein Schuljahr ver-passen. Viele sind via Skype oder WhatsApp ununterbrochen mit der Heimat verbunden. Während meines USA-Aufenthalts habe ich genau zweimal mit meinen Eltern telefoniert, an mei-nem Geburtstag und zu Weihnachten. Es war schlicht viel zu teuer. Was heute heftig klingt, hat mir geholfen, selbstständig zu werden.

Meine kalifornische Familie bestand aus den Eltern Betty und Keith sowie ihren vier Töchtern. Ich wurde die fünfte. Für mich war diese Zeit die große Freiheit. Ich besuchte die High-school und verbrachte den ganzen Tag auf dem Campus. Kurse, dauernd Sport, in der Sonne liegen, Konzerte, Theater, alles fand an der Schule statt. Es hat unglaublich viel Spaß gemacht. Manche Mitschüler hatten schon einen Führerschein, und in den Freistunden sind wir an den Strand gefahren. So frei habe ich mich nie wieder gefühlt. Wir fuhren nach Arizona, Utah, Nevada, und mich faszinierte diese grundpositive Unbekümmertheit, diese Lebensfreude, ob beim Gospel-Gottesdienst oder im Burger-Laden.

Ich habe nicht eine Stunde bereut. Ich konnte mit 17 Auto fahren, und mein Englisch war erstklassig, wenn auch mit deutschem Akzent. Ich hatte ein anderes Gesellschaftssystem kennengelernt, mich in einer neuen Welt zurechtgefunden. Vertane Zeit? Niemals. Ich habe meine Gefühle genossen, selbst wenn Einsamkeit aufkam, was aber nur selten der Fall war.

Ich bin fest überzeugt, dass mir diese frühe Erfahrung, auf eine andere Art zu leben, auch die Kraft gegeben hat, mit meiner Krankheit besser fertigzuwerden. Schon damals habe ich gelernt, dass die Einstellung oft wichtiger ist als das Problem selbst. Diese Erkenntnis hat sich in der Politik immer aufs Neue bestätigt. Mag der politische Alltag auch von zähen Verhandlungen, Empfindlichkeiten und viel zu oft auch Spielchen und Ritualen geprägt sein – kluge Politik wirkt, vor allem wenn sie langfristig angelegt ist und auf Gerechtigkeit und Ausgleich basiert.

Häufig werde ich gefragt, woher ich die Kraft und den Willen nehme, mich im komplexen und fordernden Job der Ministerpräsidentin zu behaupten. Ja, es macht mir Spaß, für eine bessere Welt zu kämpfen. Politik ist ein großer Teil meines Lebens. Aber die Energie beziehe ich auch und vor allem aus einem stabilen und erfüllenden Privatleben.

Ich war nie auf eine lebenslange Partnerschaft aus; ich konnte mir lange Jahre nicht mal vorstellen zu heiraten. Doch als ich mit 42 Jahren meinen jetzigen Mann kennenlernte, war es um mich geschehen, und ich heiratete ganz klassisch.

Ich habe es nie bereut. Klaus ist mein Ruhepol und meine Kraftquelle, meine Heimat und mein Herzenspartner. Er ist Freund und Zuhörer und Liebhaber und Partner und Mann und Helfer und noch viel mehr – ein Glücksfall eben. Klaus ist im besten Sinne geerdet. Er meint, was er sagt. Für ihn zählt jeder Augenblick, so wie für mich.

Klaus Jensen ist ein verrückter Vogel, im besten Sinne. Ich liebe ihn. Bei meiner Vereidigung hat er sich in die Schlange der Kinder gestellt, die mir gratulieren wollten. Er ist so tief in die Knie gegangen, dass ich erst im letzten Moment gemerkt habe, wer mir da diese verdächtig große Hand entgegenstreckte. Klaus ist ein begnadeter Wortspieler, ein Situationskomiker, einer, dem auch bei den schwersten Themen immer ein Entlastungsscherz gelingt.

Klaus hat das Grausamste erlebt, was einem Menschen widerfahren kann: Seine Ehefrau und die Mutter seiner drei Kinder starb mit 40 Jahren an Krebs. Mein Mann war alles andere als unbeschwert, als wir uns kennenlernten. Wir kannten uns flüchtig aus der Mainzer Politik. 2002 begegneten wir uns auf seiner Geburtstagsfeier. Mit einer Gruppe von gemeinsamen Freundinnen und Freunden aus Mainz war ich zu ihm nach Trier gefahren. Ich lud ihn wiederum zu meinem Geburtstag ein, den ich traditionell in meiner Mainzer Wohnung feierte – mit selbst gebackener Pizza, Wein und dem üblichen netten Small Talk, den Menschen zu schätzen wissen, die sich seit Jahrzehnten kennen. Bestimmt zwei Dutzend guter Freunde und Weggefährten waren dabei. Wir redeten über alles, von der Politik bis zur Liebe, vom Fußball bis zum Wetter.

Klaus und ich teilen viel Grundsätzliches, unsere Haltung zum Leben, zur Liebe, zur Welt. Wir beide sind sehr emotional und sehr politisch. Klaus kommt aus der Friedensbewegung, war bei Amnesty International und ist davon überzeugt, dass

Politik diese Welt ein Stück besser machen kann. Er ist engagiert, immer. Wenn wir nach Südafrika fahren, dann nicht nur zum Urlaubmachen. Klaus klügelt eine Route aus, die uns zu Wegbegleitern von Nelson Mandela führt. Das ganze Leben ist Politik. Wir geben uns Kraft, reichlich Kraft. So glaube ich fest daran, dass ich eines Tages wieder durch den Wald laufen werde, ganz allein, ohne Hilfe, aber an seiner Seite. Ich habe noch viel vor in diesem Leben: für mich, für meine Familie und meine Freunde, für mein Land und seine Menschen.

In diesem Buch habe ich dargelegt, wie ich den großen Aufgaben der nächsten Jahre begegnen möchte – mit Offenheit, mit Klarheit, mit Ausdauer und mit der Lust, Lösungen zu schaffen, die alle Beteiligten akzeptieren können. Ob Gleichstellung oder Inklusion, Wirtschaft und Arbeit, digitale Beschleunigung, Bildung oder Demografie – wir haben alle Chancen, unsere Zukunft zu gestalten, sofern wir uns auch in Respekt und Rücksicht üben.

Das Leben ist zu kurz und zu wertvoll, um es nicht mit anderen zu teilen und optimistisch nach vorn zu schauen. Es gibt noch viel zu tun, zu erleben, zu verbessern. Gemeinsam schaffen wir das. Wir haben noch viel zusammen vor. Die Zukunft ist unsere Freundin.

Dank

Danken möchte ich hier all jenen, die mich in den letzten Jahrzehnten unterstützt und inspiriert, beraten und auch kritisiert haben und ohne die ich nicht da wäre, wo ich heute bin. Zum Entstehen dieses Buches haben viele beigetragen, die ich nicht alle einzeln nennen kann. Zuerst geht mein Dank an Dr. Hajo Schumacher für viele anregende Gespräche, gekonnte Formulierungen und kluge Fragen, die für mich altbekannte Themen oftmals in einem neuen Licht erscheinen ließen. Danken möchte ich auch seiner Assistentin Carla Mönig für ihre gründliche Recherche und ihre ordnende Hand.

Des Weiteren möchte ich Barbara Wenner für ihren stets klaren Kopf und guten Rat danken, mit dem sie dieses Projekt von Anfang an professionell begleitet hat. Mein besonderer Dank geht auch an den Quadriga-Verlag – vor allem für die unerschöpfliche Geduld und Bereitschaft, sich darauf einzulassen, mit einer Ministerpräsidentin jenseits ihres Regierungsgeschäfts ein Buch herauszugeben. Persönlich danken möchte ich Felix Rudloff, Helmut Feller, Barbara Fischer und der Lektorin Ramona Jäger für ihre vielen kritischen Anmerkungen und konstruktiven Vorschläge.

Mein besonderer Dank gilt zudem vielen Freunden und Bekannten, die bereit waren, mit mir abends und am Wochenende über dem Text zu brüten und ihn nach Verbesserungsmöglichkeiten zu durchforsten. Danke an euch alle!

Am allermeisten danke ich meinem Mann für seine engelsgleiche Geduld, immer wieder aufs Neue verschiedene Fassungen zu lesen, mit mir über Passagen zu diskutieren und an Formulierungen zu feilen. Die Zukunft ist unsere gemeinsame Freundin.

Mainz im Juni 2015

Literatur

Abel, Andreas, Anker, Jens, Kraetzer, Ulrich: »80 Prozent der Muslime fühlen sich als Deutsche.« In: *Berliner Morgenpost* Online 24. Januar 2015. http://www.morgenpost.de/berlin/article136740474/80-Prozent-der-Muslime-fuehlen-sich-als-Deutsche.html

Accenture GmbH (accenture strategy): *Mut, anders zu denken: Digitalisierungsstrategien der deutschen Top500.* (Studie) Kronberg im Taunus 2015. http://www.accenture.com/de-de/Pages/service-deutschlands-top-500.aspx

Arens, Christoph: »›Es ist einfach nur ein Desaster‹.« In: *Die Welt Online* 5. Februar 2015. http://www.welt.de/regionales/nrw/article137147531/Es-ist-einfach-nur-ein-Desaster.html

Bail, Ulrike et al. (Hrsg.): *Bibel in gerechter Sprache.* 4. Aufl. Gütersloh 2006.

Bartens, Werner: »Der will nur gesund werden.« In: *Süddeutsche Zeitung* 13. Februar 2015.

Bartsch, Matthias et al.: »2030 – Es kommen härtere Jahre.« In: *DER SPIEGEL* 12/2015. S. 22 ff.

Bebenburg, Pitt von: »Asylbewerber arbeiten lassen.« (Interview mit Malu Dreyer) In: *Frankfurter Rundschau Online* 17. April 2015. http://www.fr-online.de/flucht-und-zuwanderung/interview-mit-malu-dreyer--asylbewerber-arbeiten-lassen-,24931854,30454444.html

Berg, Lilo: »Zusammen ist man weniger allein.« In: *Berliner Zeitung Online* 8. Juli 2013. http://www.berliner-zeitung.de/politik/ministerpraesidentin-malu-dreyer-zusammen-ist-man-weniger-allein,10808018,23639036.html

Berkel, Manuel: »312 000 Stromsperren im Jahr.« In: *taz.de* 20. November 2012. http://www.taz.de/Energiewende-in-Deutschland/!105885/

Berlin-Institut für Bevölkerung und Entwicklung (Hrsg.): *Wie zukunfts-fähig sind Deutschlands Regionen?* (Studie) München 2006. http://www.berlin-institut.org/fileadmin/user_upload/ Deutschland_2020/Die_demografische_Lage_der_Nation__ ungeschuetzt.pdf

Berliner Institut für empirische Integrations- und Migrationsforschung (BIM): *Deutschland postmigrantisch I. Gesellschaft, Religion, Identität. Erste Ergebnisse* (Studie). Berlin 2014. https://www.projekte. hu-berlin.de/de/junited/deutschland-postmigrantisch-1/

Berres, Ines: »Studie: Selbst leichte Bewegung verlängert das Leben.« In: *SPIEGEL Online* 7. November 2012. http://www.spiegel.de/ gesundheit/ernaehrung/sport-selbst-leichte-bewegung-steigert-die-lebenserwartung-deutlich-a-865592.html

Berufundfamilie gemeinnützige GmbH – eine Initiative der Gemeinnützigen Hertie-Stiftung: *audit berufundfamilie.* www.berufundfamilie.de. http://www.beruf-und-familie.de/index. php?c=21

Bielicki, Jan: »Unermüdlich und besessen.« In: *Süddeutsche Zeitung Online* 25. Mai 2015. http://www.sueddeutsche.de/politik/ pegida-unermuedlich-und-besessen-1.2492756

Bohsem, Guido: »Der Stress haut Arbeitnehmer um.« In: *Süddeutsche Zeitung Online* 9. Juli 2010. http://www.sueddeutsche.de/karriere/ psychisch-krank-im-job-der-stress-haut-arbeitnehmer-um-1.972266

Bude, Heinz: *Das Problem der Exklusion. Ausgegrenzte, Entbehrliche, Überflüssige.* Hamburg 2006.

Bundesagentur für Arbeit (Hrsg.): *Perspektive 2025: Fachkräfte für Deutschland.* Nürnberg 2011. http://doku.iab.de/externe/2011/ k110124r01.pdf

Bundesministerium für Familie, Senioren, Frauen und Jugend (Hrsg.): *Familie zwischen Flexibilität und Verlässlichkeit. Perspektiven für eine lebenslaufbezogene Familienpolitik. Siebter Familienbericht.* Berlin 2006. http://www.bmfsfj.de/doku/Publikationen/ familienbericht/download/familienbericht_gesamt.pdf

Bundesministerium für Gesundheit: *Zukunftswerkstatt Demenz.* http://www.dlr.de/pt/desktopdefault.aspx/tabid-3169/4823_read-11264/

Bundesministerium des Innern (Hrsg.): *Zuwanderung gestalten Integration fördern. Bericht der Unabhängigen Kommission »Zuwanderung«.* Berlin 2001. http://www.bmi.bund.de/cae/servlet/contentblob/ 123148/publicationFile/9076/Zuwanderungsbericht_pdf.pdf

Bundesrat (Hrsg.), Drucksache 70/15 vom 25.02.2015: Antrag des Landes Rheinland-Pfalz. Entschließung des Bundesrates »Einwanderung gestalten – Einwanderungsgesetz schaffen«. http://www.bundesrat.de/SharedDocs/drucksachen/2015/ 0001-0100/70-15.pdf?_blob=publicationFile&v=3

Bundeszentrale für politische Bildung (Hrsg.): *Aus Politik und Zeitgeschichte (ApuZ aktuell)* 4-5 / 2013, 21. Januar 2013. (Thema: »Alternde Gesellschaft«)

Dasgupta, Rana: *Delhi: Im Rausch des Geldes.* Berlin 2014.

Dawkins, Richard: *Das egoistische Gen.* Heidelberg 1994.

Deutsche Gesellschaft für Neurologie: *Multiple Sklerose: die Krankheit mit den tausend Gesichtern.* http://www.dgn.org/component/ content/article?id=1648:multiple-sklerose-die-krankheit-mit-den-tausend-gesichtern.htm

Dreyer, Malu: »Schritt für Schritt.« In: Rudolf Walter (Hrsg.): *Inspiration für das Leben: Im Dialog mit der Bibel.* S. 109 ff. Freiburg i. B. 2014.

Durain, Pascal: »Arm, alt, abgeschrieben.« In: *Mittelbayerische Zeitung Online* 19. November 2014. http://www.mittelbayerische.de/ nachrichten/oberpfalz-bayern/bayern-oberpfalz/artikel/arm-alt-abgeschrieben/1152357/arm-alt-abgeschrieben.html

Dworschak, Manfred: »Im Tollhaus der Zukunft.« In: *DER SPIEGEL* 3/2015, S. 118 ff.

Eisen, Alexandra: »G8 oder G9: Diskussion um Turbo-Abitur – Rheinland-Pfalz hat keinen Stress.« In: *Allgemeine Zeitung Rhein Main Presse* 1. April 2014. http://www.allgemeine-zeitung.de/politik/ rheinland-pfalz/g8-oder-g9-diskussion-um-turbo-abitur-rheinland-pfalz-hat-keinen-stress_14017284.htm

Eisen, Alexandra: »In Rheinland-Pfalz ist G8 durchaus beliebt.« In: *Bonner General-Anzeiger Online* 6. Mai 2014. http://www.general-anzeiger-bonn.de/news/politik/in-rheinland-pfalz-ist-g8-durchaus-beliebt-article1342183.html#plx746946812

Frank, A. und Reuter, T.: »›Ich lasse mich nicht behindern.‹« (Interview mit Malu Dreyer) In: taz 14. Januar 2013. http://www.taz.de/!108961/

Gigerenzer, Gerd: *Bauchentscheidungen: Die Intelligenz des Unbewussten und die Macht der Intuition.* Gütersloh 2007.

Gneuss, Michael: »Anfänger im Netz.« In: *Welt am Sonntag* 11. Januar 2015.

Haimann, Richard: »Provinz reloaded.« In: *Welt Online* 25. Januar 2015. http://www.welt.de/print/wams/finanzen/article136743023/Provinz-reloaded.html

Hamann, Susanne: »Warum die Lebenserwartung weltweit steigt.« In: *Rheinische Post Online* 18. Dezember 2014. http://www.rp-online.de/leben/gesundheit/news/warum-die-lebenserwartung-weltweit-steigt-aid-1.4749058

Hehl, Gerhard und Ickler, Günter: »Kindertagesbetreuung 2014. Fast ein Drittel der unter 3-Jährigen wird tagsüber außerhalb der Familie betreut.« In: *Statistische Monatshefte Rheinland-Pfalz* 11 / 2014. http://www.statistik.rlp.de/fileadmin/dokumente/monatshefte/2014/11-2014-1027.pdf

Hilmer, Andreas: »Im Paradies der Glückseligen.« In: *ZEIT Online* 10. Januar 2009. http://www.zeit.de/2008/13/Bhutan

Himmelrath, Armin: »Chancengleichheit in Deutschland: Studie entlarvt Versagen des Bildungssystems.« In: *SPIEGEL Online* 11. Dezember 2014. http://www.spiegel.de/schulspiegel/wissen/chancenspiegel-studie-bildung-in-deutschland-ist-ungerecht-a-1007737.html

Honnigfort, Bernhard: »Dorf in Rheinland-Pfalz nimmt eigenständig Asylbewerber auf.« In: *Berliner Zeitung* 15. Mai 2015.

INSM-Initiative Neue Soziale Marktwirtschaft GmbH (Hrsg.): *Der Bildungsmonitor 2014.* Berlin 2014. http://www.insm-bildungsmonitor.de

Institut für Demoskopie Allensbach (Autor); Generali Zukunftsfonds (Hrsg.): *Generali Altersstudie 2013: Wie ältere Menschen leben, denken und sich engagieren.* Frankfurt a. M. 2012.

Jäncke, Lutz: *Macht Musik schlau? Neue Erkenntnisse aus den Neurowissenschaften und der kognitiven Psychologie.* Bern 2008.

Jung, Laura: »Ein Dorfladen als Erfolgsmodell.« In: *Allgemeine Zeitung Rhein Main Presse Online* 14. Februar 2015. http://www.allgemeine-zeitung.de/lokales/bad-kreuznach/landkreis-bad-kreuznach/ein-dorfladen-als-erfolgsmodell_15018774.htm

Keen, Andrew: *Das digitale Debakel: Warum das Internet gescheitert ist –
und wie wir es retten können.* München 2015.

KfW Bankengruppe (Hrsg.): *KfW-Gründungsmonitor 2014.* Frank-
furt a. M. 2014. https://www.kfw.de/PDF/Download-Center/
Konzernthemen/Research/PDF-Dokumente-Gründungsmonitor/
KfW-Gründungsmonitor-2014.pdf

Koelbl, Herlinde:»Bei ihm gab's keine Mutlosigkeit.« Interview mit
Malu Dreyer. In: *Zeit Magazin Nr. 21/2014.* http://www.zeit.de/
zeit-magazin/2014/21/rettung-malu-dreyer

Krauthausen, Raul: *Dachdecker wollte ich eh nicht werden: Das Leben
aus der Rollstuhlperspektive.* 2. Aufl. Reinbek 2014.

Kroke, Christine:»Zahlen und Fakten zur Pflege.« In: *SPD Online,*
Themenschwerpunkt»Dienst am Menschen.«(SPD-Parteivorstand)
24. August 2012. http://www.spd.de/aktuelles/75320/20120824_
faq_pflege.html

Kuratorium Deutsche Altershilfe (KDA):»Für mehr Selbstbestimmung
im Alter.« In: *KDA Online.* http://www.kda.de/tragfaehige-soziale-
infrastruktur-erhalten.html

Lampeter, Dietmar H. und Niejahr, Elisabeth:»Es geht ums Eingemach-
te.«(Interview mit dem IG-Metall-Vorsitzenden Detlef Wetzel)
In: *DIE ZEIT 14/2014.* http://www.zeit.de/2014/14/ig-metall-
detlef-wetzel-interview

Landeszentrale für Gesundheitsförderung in Rheinland-Pfalz: *Wohn-
Punkt RLP.* http://www.wohnpunkt-rlp.de

Landschaftsverband Rheinland (LVR) (Hrsg.):»Marie Juchacz
(1879–1956), Begründerin der Arbeiterwohlfahrt.« In: *Portal
Rheinische Geschichte.* http://www.rheinische-geschichte.lvr.de/
persoenlichkeiten/J/Seiten/MarieJuchacz.aspx

Landtag von Baden-Württemberg: *Auswirkungen der Handwerksnovelle
2004 auf die Qualität der Bauausführung im Fliesenlegerhandwerk
unter dem Aspekt des Verbraucherschutzes.* Antrag der Abg. Paul Lo-
cherer u. a. CDU und Stellungnahme des Ministeriums für Finanzen
und Wirtschaft. 13. März 2013. http://www.landtag-bw.de/files/
live/sites/LTBW/files/dokumente/WP15/Drucksachen/3000/
15_3229_D.pdf

Lewicki, Marie-Luise und Greiner-Zwarg, Claudia: *Eltern 2015* (Studie). (Hrsg. von der Zeitschrift *Eltern*.) Berlin 2015. http://www.eltern. de/public/mediabrowserplus_root_folder/PDFs/studie2015.pdf

Lobo, Sascha: »Verschwörungstheorien: Zweifeln ist ja so geil.« In: *SPIEGEL Online* 4. Februar 2015. http://www.spiegel.de/ netzwelt/web/lobo-kolumne-pseudoskepsis-zweifelt-an-allem-ausser-an-sich-selbst-a-1016636.html

Maier, Astrid: »Der Uber-Fall.« In: *Manager Magazin Online* 20. Oktober 2014. http://www.manager-magazin.de/magazin/artikel/wie-der-fahrdienstvermittler-uber-die-welt-ueberrollen-will-a-997038. html

Merlot, Julia: »Geheimnisse des Alterns: Was den Grönlandwal 200 Jahre leben lässt.« In: *SPIEGEL Online* 6. Januar 2015. http://www.spiegel.de/wissenschaft/natur/groenlandwale-warum-werden-die-tiere-200-jahre-alt-a-1011304.html

Ministerium der Finanzen Rheinland-Pfalz (Hrsg.): *baukultur Rheinland-Pfalz*. (hier: Wettbewerb »Mehr Mitte bitte!«). Mainz 2003 ff. http://baukultur.ldi-web01.rlp.de/ueber-uns/

Ministerium für Bildung, Wissenschaft, Weiterbildung und Kultur des Landes Rheinland-Pfalz: »10 Millionen Euro gehen für Ausbau der Inklusion an die Kommunen.« (Pressemitteilung) 19. Februar 2015. http://mbwwk.rlp.de/einzelansicht/archive/2015/february/article/10-millionen-euro-gehen-fuer-ausbau-der-inklusion-an-die-kommunen/

Ministerium für Bildung, Wissenschaft, Weiterbildung und Kultur des Landes Rheinland-Pfalz: »25 Millionen Euro pro Jahr zusätzlich für die Hochschulen.« (Pressemitteilung) 23. Februar 2015. http:// mbwwk.rlp.de/einzelansicht/archive/2015/february/article/25-millionen-euro-pro-jahr-zusaetzlich-fuer-die-hochschulen-1/

Ministerium für Bildung, Wissenschaft, Weiterbildung und Kultur des Landes Rheinland-Pfalz: *Weiterentwicklung der Inklusion im schulischen Bereich*. Ministerratsbeschluss Inklusion. 7. Februar 2103. http://www.mbwwk.rlp.de/fileadmin/mbwjk/Bildung/Minister-ratsbeschluss_Inklusion.pdf

Ministerium für Soziales, Arbeit, Gesundheit und Demografie des Landes Rheinland-Pfalz (Hrsg.): *Aktionsplan »Gut leben im Alter.« Den demografischen Wandel gemeinsam gestalten*. Unveränderte Neuaufl.

Mainz 2012. http://msagd.rlp.de/soziales/gut-leben-im-alter/
aktionsplan/

Ministerium für Soziales, Arbeit, Gesundheit und Demografie des
Landes Rheinland-Pfalz: *Porträt aus der Praxis: Dorfgemein-
schaft und Senioren-WG in Külz (Hunsrück)*. http://msagd.rlp.de/
wohnen/beispiele-aus-den-regionen/dorfgemeinschaft-und-
senioren-wg-in-kuelz/

Ministerium für Soziales, Arbeit, Gesundheit und Demografie des
Landes Rheinland-Pfalz: *Rede von Staatsministerin Malu Dreyer
anlässlich der 4. BFLK (Bundesfachvereinigung Leitender Kranken-
pflegepersonen der Psychiatrie e.V.) – Pflegefachtagung Rheinland-
Pfalz/Saarland und Verleihung des 2. BFLK-Pflegepreises Rheinland-
Pfalz »Pflege in der Psychiatrie Aktuell«* am 8. September 2011.
http://bflk.de/files/doku/2012/grussworte_ministerin_frau_malu_
dreyer.pdf

Ministerium für Wirtschaft, Klimaschutz, Energie und Landesplanung
Rheinland-Pfalz:»Nach vorne führen viele Wege« (eine Initiative
des Ovalen Tisches des Landes Rheinland-Pfalz für Ausbildung und
Fachkräftesicherung). Mainz 2013 ff. http://vielewege.rlp.de

MINT Zukunft e.V. (Hrsg.): *Mathematik, Informatik, Naturwissenschaften & Technik. Das Portal zu den MINT-Initiativen in Deutschland.*
http://www.mintzukunftschaffen.de/mint-kompetenzen.html

Nadolny, Sten: *Die Entdeckung der Langsamkeit*. München 1983.

Nell-Breuning, Oswald von: *Baugesetze der Gesellschaft. Solidarität und
Subsidiarität*. Freiburg u.a. 1990.

o.V. [dpa/dma]:»Apple jetzt mehr wert als die Dax-Top-10 zusammen.«
In: *Welt Online* 18. August 2012. http://www.welt.de/finanzen/
article108677588/Apple-jetzt-mehr-wert-als-die-Dax-Top-10-
zusammen.html

o.V. [nck/dpa]:»Bericht des Wohlfahrtsverbands: 12,5 Millionen Menschen in Deutschland sind arm.« In: *SPIEGEL Online* 19. Februar 2015.
http://www.spiegel.de/wirtschaft/soziales/armutsbericht-
deutschland-zerfaellt-in-arm-und-reich-a-1019315.html

o.V.:»»Der Meister der Zukunft ist ein Türke.'« In: *Süddeutsche Zeitung
Online* 17. Mai 2010. http://www.sueddeutsche.de/karriere/
ausbildungsmarkt-der-meister-der-zukunft-ist-ein-tuerke-1.484442

o. V.: »Ein nagelneues Moped als Gastgeschenk für den Neuankömmling.« In: *Frankfurter Allgemeine Zeitung Online* 9. September 2004. http://www.faz.net/video/bildergalerie/gastarbeiter-ein-nagelneues-moped-als-gastgeschenk-fuer-den-neuankoemmling-1180077.html

o. V. [stü]: »Höhere Bildung schützt vor Armut nicht.« In: *ZEIT Online* 29. Oktober 2014. http://www.zeit.de/gesellschaft/2014-10/migration-bundesregierung-bildung-migrationsbericht-aydan-oezoguz

o. V. [dpa/cl]: »In Europas Altersheimen grassieren die Schmerzen.« In: *Welt Online* 6. März 2013. http://www.welt.de/gesundheit/article114182705/In-Europas-Altersheimen-grassieren-die-Schmerzen.html

o. V.: »Malu Dreyer legt Bundesrat Entschließungsantrag zu ›Guter Arbeit‹ vor.« In: *LandesZeitung Rheinlandpfalz Online* 3. Mai 2013. http://www.landeszeitung-rlp.de/2013/05/03/malu-dreyer-legt-bundesrat-entschliesungsantrag-zu-gute-arbeit-vor/

o. V. [vbr]: »Netzausbau: ›Wir stehen gar nicht so schlecht da‹.« In: *Heise Online* 27. Juni 2014. http://www.heise.de/netze/meldung/Netzausbau-Wir-stehen-gar-nicht-so-schlecht-da-2242589.html

o. V. [afd.com]: »Obama für breite Strategie im Kampf gegen Extremisten.« In: *Welt Online* 19. Februar 2015. http://www.welt.de/newsticker/news1/article137611533/Obama-fuer-breite-Strategie-im-Kampf-gegen-Extremisten.html

o. V.: [DAPD] »Pflege macht viele Angehörige krank.« In: *Ärzteblatt Online* 28. Januar 2011. http://www.aerzteblatt.de/nachrichten/44480/Pflege-macht-viele-Angehoerige-krank

o. V.: »Presseschau: Pegida.« In: *bpb: Bundeszentrale für politische Bildung* (Website). 20. Januar 2015. http://www.bpb.de/gesellschaft/198115/presseschau-pegida

o. V. [cte]: »Studie: Depression kostet Deutschland 22 Milliarden pro Jahr.« In: *SPIEGEL Online* 13. April 2011. http://www.spiegel.de/wirtschaft/soziales/studie-depression-kostet-deutschland-22-milliarden-pro-jahr-a-756750.html

o. V. [hei/chs/dpa]: »Zufriedenheitsstudie: So glücklich sind die Europäer.« In: *SPIEGEL Online* 19. November 2008. http://www.spiegel.

de/wissenschaft/mensch/zufriedenheitsstudie-so-gluecklich-sind-die-europaeer-a-591421.html

o. V.: »Zuwanderung: Peinliches Possenspiel.« In: *SPIEGEL Online* 25. März 2002. http://www.spiegel.de/politik/deutschland/ zuwanderung-peinliches-possenspiel-a-188998.html

Öhler, Andreas: »Feigheit vor dem Freund.« In: *ZEIT Online* 26. Juli 2014. http://www.zeit.de/gesellschaft/zeitgeschehen/2014-07/ sterbehilfe-ekd-nikolaus-schneider

Plinius der Ältere: *Naturalis Historia libri* XXXVII. Lateinisch-deutsch. Hrsg. v. Roderich König, Gerhard Winkler. 2. Aufl. Berlin 2013.

Popper, Karl: *Alles Leben ist Problemlösen: Über Erkenntnis, Geschichte und Politik*. 2. Aufl. München 2003.

Popper, Karl: *Die offene Gesellschaft und ihre Feinde* (zwei Bände). In: *Gesammelte Werke* 5 und 6. 8. Aufl. Tübingen 2003.

Rosenberg, Martina: *Mutter, wann stirbst du endlich?: Wenn die Pflege der kranken Eltern zur Zerreißprobe wird*. München 2012.

Roßmann, Robert: »Merkels Mädchen. Frauen in der CDU.« In: *Süddeutsche Zeitung Online* 3. Dezember 2012. http://www.sueddeutsche. de/politik/frauen-in-der-cdu-merkels-maedchen-1.1540598

Schachter-Shalomi, Zalman: *From Age-Ing to Sage-Ing: A Profound New Vision of Growing Older*. New York 1995.

Scherf, Henning: *Grau ist bunt: Was im Alter möglich ist*. Freiburg 2007.

Schmid, Barbara und Verbeet, Markus: »Es geht auch ohne uns.« (Interview mit Hannelore Kraft und Sylvia Löhrmann) In: *DER SPIEGEL* 26/2012. http://www.spiegel.de/spiegel/print/d-86570531.html

Schmitt, Eric: »Bürgerschaftliches Engagement Hochaltriger.« In: *Bundeszentrale für politische Bildung (bpb) Online*. 16. Januar 2013. http://www.bpb.de/apuz/153121/buergerschaftliches-engagement-hochaltriger

Schmitt, Günther: »Das Internet soll aus der Wasserleitung kommen.« In: *General-Anzeiger Bonn Online* 20. März 2012. http://www.general-anzeiger-bonn.de/lokales/region/Das-Internet-soll-aus-der-Wasserleitung-kommen-article720995.html

Schützendorf, Erich und Helmut Wallrafen-Dreisow: *In Ruhe verrückt werden dürfen: Für ein anderes Denken in der Altenpflege*. Frankfurt 2012.

Schulz, Thomas: »Das Morgen-Land.« In: *DER SPIEGEL* 10/2015. S. 20 ff.

Schumacher, Hajo: *Restlaufzeit: Wie ein gutes, lustiges und bezahlbares Leben im Alter gelingen kann.* Köln 2014.

Schumacher, Hajo: »Typisch deutsch – Manfred Spitzer, Mediziner und Hirnforscher.« (Interview) *Deutsche Welle* 9. Februar 2014. http://www.dw.com/de/typisch-deutsch-manfred-spitzer-mediziner-und-hirnforscher/av-17420003

Seiler, Alexander Jean mit Zanetti, Gerardo und Frisch, Max: *Siamo Italiani.* Königstein 1965.

Siegele, Ludwig: »Germany on the Mend.« In: *The Economist* Online 17.11.2004. From The World in 2005 print edition. http://www.economist.com/node/3352024

Spath, Dieter et al. (Hrsg.): *Fraunhofer-Institut für Arbeitswirtschaft und Organisation IAO: Studie Produktionsarbeit der Zukunft – Industrie 4.0.* Stuttgart 2013. http://www.iao.fraunhofer.de/images/iao-news/produktionsarbeit-der-zukunft.pdf

Spitzer, Manfred: *Musik im Kopf: Hören, Musizieren, Verstehen und Erleben im neuronalen Netzwerk.* 2. Aufl. Stuttgart 2014.

Staatskanzlei Rheinland-Pfalz: »Arbeiten und für Hilfsprojekte spenden.« In: *Rheinland-Pfalz Die Landesregierung Online.* 1. Juli 2014.

Staatskanzlei Rheinland-Pfalz: »Ehrenamt braucht Anerkennung.« In: *Rheinland-Pfalz Die Landesregierung Online.* 26. Januar 2015.

Staatskanzlei Rheinland-Pfalz: Grußwort von Ministerpräsidentin Malu Dreyer anlässlich des Hambacher Disputs 2014 zum Thema: Parteienverdruss und Staatsgläubigkeit – Zwei Seiten einer Medaille? 20. September 2014. https://www.rlp.de/fileadmin/rlp-stk/pdf-Dateien/Ministerpraesidentin/Rede_bei_Hambacher_Disput_2014-1.pdf

Staatskanzlei Rheinland-Pfalz (Hrsg.): *Landesstrategie zur Fachkräftesicherung in Rheinland-Pfalz.* Mainz 2014. http://my.page2flip.de/1646916/2453231/2453266/index.html#/34

Staatskanzlei Rheinland-Pfalz (Hrsg.): Predigt von Frau Ministerpräsidentin Malu Dreyer im Rahmen des 2. Kaiserslauterer Universitätsgottesdienst im Sommersemester 2014 »Alles hat seine Zeit«. 6. Juli 2014. https://www.rlp.de/fileadmin/rlp-stk/pdf-Dateien/Ministerpraesidentin/20140706_Kaiserslauterer_Universitaetsgottesdienst_Alles_hat_seine_Zeit-1.pdf

Staatskanzlei Rheinland-Pfalz: Rede von Ministerpräsidentin Malu Dreyer »A Perspective on Women in Leadership« anlässlich des German Symposium am 7. Februar 2014, German Society London School of Economics and Political Science, London. (Redemanuskript) https://www.rlp.de/fileadmin/rlp-stk/pdf-Dateien/Ministerpraesidentin/Rede_LSE_-_Frauen_in_Fuehrungspositionen.pdf

Statistisches Bundesamt (Destatis): »70 % der Pflegebedürftigen werden zu Hause versorgt.« (Pressemitteilung Nr. 024 vom 18.01.2013) In: *Destatis Online.* 18. Januar 2013. https://www.destatis.de/DE/PresseService/Presse/Pressemitteilungen/2013/01/PD13_024_224.html

Statistisches Bundesamt (Destatis): »Mikrozensus 2013: 16,5 Millionen Menschen mit Migrationshintergrund.« (Pressemitteilung Nr. 402 vom 14.11.2014) In: *Destatis Online.* 14. November 2014. https://www.destatis.de/DE/PresseService/Presse/Pressemitteilungen/2014/11/PD14_402_122.html

Statistisches Landesamt Rheinland-Pfalz (Hrsg.): *Statistische Analysen* N° 16 2010. Bad Ems 2010. http://www.statistik.rlp.de/fileadmin/dokumente/nach_themen/stat_analysen/pflege/rp2050-pflege.pdf

Stief, Gabi: »Pflege-TÜV kostet 200 Millionen – und ist nutzlos.« In: *Hannoversche Allgemeine Zeitung Online* 21. Januar 2015. http://www.haz.de/Nachrichten/Politik/Deutschland-Welt/Pflege-TUeV-kostet-200-Millionen-und-ist-nutzlos

Universitätsklinikum Freiburg Abt. für Psychiatrie und Psychotherapie Sektion Klinische Epidemiologie und Versorgungsforschung (Hrsg.): *Demenz-Leitlinie.* Freiburg 2010. http://www.demenz-leitlinie.de

Vitzthum, Thomas Sebastian: »Jeder fünfte junge Deutschtürke ohne Schulabschluss.« In: *Welt Online* 13. Juni 2014. http://www.welt.de/politik/deutschland/article129030593/Jeder-fuenfte-junge-Deutschtuerke-ohne-Schulabschluss.html

Von Wallnitz, Georg: »Der große Schwund. Warum das Loslassen nützlich ist.« In: Nassehi, Armin (Hrsg.): *Kursbuch 179. Freiheit, Gleichheit, Ausbeutung.* S. 36 ff. Hamburg 2014.

Willems, Walter (AP): »Lebenserwartung in reichen Ländern: Generation 100 wird geboren.« In: *SPIEGEL Online* 2. Oktober 2009.

http://www.spiegel.de/wissenschaft/medizin/lebenserwartung-
in-reichen-laendern-generation-100-wird-geboren-a-652727.html
Wulff, Christian: *Ganz oben Ganz unten*. 2. Aufl. München 2014.
Zuckmayer, Carl: *Des Teufels General: Drama in drei Akten*. Frankfurt
a. M. 1995.

Bildnachweis

Alexander Heimann: Bild 3, 13
Sascha Kopp: Bild 9
L'Osservatore Romano: Bild 15
Martina Pipprich: Bild 4
Presse- und Informationsamt der Bundesregierung /
Henning Schacht: Bild 14
privat: Bild 1, 2, 6
Foto Peter Pulkowski: Bild 21, 22, 23, 27
Stefan F. Sämmer, Mainz: Bild 5, 12
Henning Schacht / actionpress: Bild 17
Kristina Schäfer, Mainz: Bild 10, 18
Alexander Sell: Bild 11, 20, 24
Staatskanzlei RLP / Bernd Hartung: Bild 16
Staatsministerium Baden-Württemberg: Bild 19
Harald Tittel: Bild 8
view-die agentur Reiner Voß: Bild 7, 25, 26

Register